Copyright za ovo izdanje © 2022 TEA BOOKS d.o.o.

Za izdavača
Tea Jovanović
Nenad Mladenović

Glavni i odgovorni urednik
Tea Jovanović

Korektura
Jelka Jovanović

Prelom
Agencija TEA BOOKS

Dizajn korica
Proces DIZAJN

Izdavač
TEA BOOKS d.o.o.
Por. Spasića i Mašere 94
11134 Beograd
Tel. 069 4001965
info@teabooks.rs
www.teabooks.rs

ISBN 978-86-6142-040-5

Aleksa Šantić

PESME

I tom

Ova publikacija u celini ili u delovima ne sme se umnožavati, preštampavati ili prenositi u bilo kojoj formi ili bilo kojim sredstvom bez dozvole autora ili izdavača niti može biti na bilo koji drugi način ili bilo kojim drugim sredstvom distribuirana ili umnožavana bez odobrenja izdavača. Sva prava za objavljivanje ove knjige zadržavaju autor i izdavač po odredbama Zakona o autorskim pravima.

Prolog

PRETPRAZNIČKO VEČE

Stevan Raičković

Već skoro pola veka, žive u nama svoj drugi, kao čarobnim štapićem izmenjen i omađijan život dve varoši, nevelike i dalje po broju žitelja, skučene u prostranstvu i neodmakle u visinu. Traju skrajnuto i pomalo usnulo u svojim predelima, a nezaboravno u našem pamćenju i živo u ovom jeziku i slovu njegove knjige. Više i trajnije od svake građevine, njih su u horizontu našeg duhovnog života uzvisila dva pesnika.

Dva pesnička imena postala su jedini i nezamenjivi sinonim za dva geografska naziva: Vranje ili Bora Stanković, Aleksa Šantić ili Mostar.

Skromno Vranje – živi u monumentalnom Borinom spisu, a ceo nenadmašni Mostar podseća na skromnog Aleksu. Jedan pesnik se rodio u Vranju i odlutao iz zavičaja, kao svi; Aleksa Šantić se rodio u Mostaru i umro u njemu, kao niko.

Što dalje od zavičaja, kaže Sen-Džon Pers.

Aleksin savremenik i prijatelj, Dučić, odlepio se od hercegovačkog krša i svoj duh primakao točilu, što ga je obrtala ona ista svetska Muza čiji je plen i ljubavnik bio i Tin Ujević.

Oči Alekse Šantića kao da je odnela Neretva, a srce do kraja istrošio vodenični kamen na Buni.

Poći u avanturu, to je, svakako hrabrost, ali je i ostati, često, mučeništvo. Na terazijama koje bi uspele da reaguju na unutarnju ljudsku težinu ne zna se baš na koju bi to stranu skrenuo onaj jezičak koji pokazuje meru tereta i cenu kojom se ona plaća.

U neprekidnoj ljudskoj igri sa svim i svačim, u kojoj ni prošlost, s pravom, nije poštedena, poneko ime koje se dugo činilo blistavim i neugaslim – potamni kao zauvek, poneko izroni iz mraka godina kao Severnjača u nebu. Količina svetlosti koja se stekla u Aleksi Šantiću i neizbežna senovitost koja meko pada sa njegove poetske figure, kao da ne podležu nikakvom dodavanju, nikakvom oduzimanju. Svaki preterani blesak koji bi bio bačen na njegov lik – delovao bi tuđe i izlišno, a svaka mutnija sena – sklizla bi za tren niz njegov glatki i definitivni sklad.

Pokušajmo sada nešto slično onome što je Isidora Sekulić uspela da nam nametne, kada nas je upozoravala da izgovorimo ime jednog drugog pesnika, Milana Rakića. Pročitajmo naglas ime našeg pesnika: Aleksa Šantić.

Taj tečni i umekšani spreg slova (koji je reka vremena još više zbila i uglačala poput belutka), kao da u našem jeziku ima svoju posebnu kadencu, neku naročitu boju, svoj ton i jačinu, liniju koja se ne može ponoviti, koja je svoj izvor i uvir, unikat – koji pripada svima. Jedno ime iza kojeg prepoznajemo samo jedan stav, kao što iza jednog šuma prepoznajemo kišu koju i ne vidimo, a iza drugog, samo lišće u vetru.

Fotografije i njegovi savremenici pričaju da je bio čovjek neobične lepote. Mi koji ga nismo videli i oni koji tek dolaze, a neće čuti ni živu reč svedoka njegova vremena, koju smo mi čuli, osetiće dah ove lepote u poeziji koju je za sobom ostavio.

Sve nam se više čini da Šantić nije sâm potražio azil u lepoti poezije. Pre bi se moglo reći da je sama poezija našla svoj azil u lepoti ovog čoveka.

Bio je srpski pesnik, a muslimani su ga, kažu, osećali da je njihov. Kada je umirao, mora da se ceo Mostar vajkao: Kuda će sad Aleksa? U raj ili dženet? Mostar se preko poezije i života Alekse Šantića izvio na jedan tako zagonetan način da nam se iz daljine pričinjava kao blizu i naš a kada smo u njemu – svečan i uzvišen.

Kada se iz svojih daljina približavamo Mostaru, pa ako se taj naš nailazak poklopi i sa sumrakom, pri prvoj, a neizbežnoj pomisli na Aleksu Šantića, prepustimo se malo i poeziji. Osetićemo se kao da ne ulazimo u grad, nego u pretpraznično veče.

Stevan Raičković: PRETPRAZNIČKO VEČE, *Zora* – svečani broj, Mostar 1968/69

Ako hoćeš...

Ako hoćeš da o zori
Pjevam tebi pjesme moje:
Oj, ne bježi sa prozora,
Da ja gledam lice tvoje!

Ako hoćeš da ti pjevam
O sunčanom toplom sjaju:
Oj, pogledni okom na me,
Divotanče, mili raju!

Ako hoćeš da ti pjevam
Onu tihu noćcu milu:
Razvij tvoju gustu kosu –
Mirisavu meku svilu!

Ako hoćeš da ti pjevam
Miris divnog pramaljeća:
Oj, razgrni njedra bijela –
Da udišem miris cv'jeća!

Il' ako ćeš pjesmu moju
O izvoru slasti bujne:
Hodi, hodi na grudi mi,
Da ti ljubim usne rujne...!

Ako hoćeš pjesme moje...

Ako hoćeš pjesme moje
Da su radost srca moga,
Ne sretaj me hladnim gledom,
Ni oblačkom s čela tvoga.

Budi uvijek ruža mila,
Što je puna slatke sreće,
Što miriše kad je vjetrić
Na razgovor tajni kreće.

Ja sam kao tica ona
Što s proljećem srce greje,
Al' kad hladnu zimu sretne,
Izgubi se, nestane je...

Ako moje pjesme...

Ako moje pjesme spomenom te more,
Pa bez sanka bdiješ sve do same zore,
    Ugušiću poj,
Čedo duše svoje što grli bez mira
    Sjajni prizrak tvoj,
Zvuk što u tvom srcu tihi pokoj dira,
Probuditi neće nikad moja lira.

Iskidaću žice... Kô dan kad se gasi,
Nek pod nebom umru pošljednji uzdasi
    I pošljednji poj...
No suze će moje biti moji glasi
    I uzdisaj moj;
I kad umre, pjesma umrla mi nije,
Jer besmrtnost njena u suzi se krije...

Akšam

„Alah il alah!", hori se s munara
S vrha Carine pa do na kraj Luke.
Akšam. I hrpa znojnih izmećara
Ispušta krasnu iz žuljave ruke.

Hitno iz niskih odlaze dućana
I pravoverni na česmi mošeja
Uzimlju avdes. Nad njima, sa grana
Sevlija, guču kumre. I dok s leja

I sofa miris alkatmera veje
I obasipa pendžere i streje,
I svud se „Alah" razleže, i čista

Neretva šumi kao bajka stara:
Mlad mesec, eno, svrh Orlačkih Para
Kô prelomljeni zlatni obruč blista.

Ali-begov sevdah

Pusto li je meni usred dvora moga!
Sâm jadujem 'vako s derta golemoga;
Niti ljubim pjesmu, ni lako ćemane,
Niti sebi zovem vesele jarane,
Niti gorom jezdim, ni za hrte marim,
Nit' jelene gađam džeferdarom starim;
Sâm samujem 'vako bez mira i stanka,
Sâm provodim dane i noći bez sanka.

Po baštama mojim popanula trava;
Tu mi nema đula, ni zumbula plava,
Ni šeboja gustog – kada sabah svane,
Da mi sabah-dušom mirisati stane.
Sve uvehlo, samo još sevlija stara,
Kada vjetar duhne, s vjetrom razgovara,
I tuguje bumbul sa zelenih trska
I hladni šedrvan hladnom vodom prska.

Evo, došô vakat bijelog behara,
Sve mirišu redom mahale Mostara;
Pod đerđefom moga komšije Šerifa
Razvila se ruža kao al kadifa,
A moj jaran prostrô šarenu serdžadu,
Pa mi sjedi tako do ruže u hladu,
I zove me da mu na razgovor dođem –
Ali ja ne mogu da se derta prođem.

A kako ću derte da sa srca skinem
Kad sam dženet viđô pa za njime ginem?!
Onomadne kad sam projahô na vranu
Niz mahalu staru prema Šedrvanu,
Na pendžeru vidjeh kitu od behara –
Mezimicu Zejnu starog teftedara;
Na njojzi je tanka đuvezlija svila,
Pa je Zejna ljepša od dženeta bila.

Ja sam prošô mnoge zemlje i atare,
Obigrô sam butum sve carske kotare,
Gledao sam ruže Stambola i Šama,
Al' ja nigdje Zejni ne vidjeh akrama,
Niti vidjeh 'nake trepavice guste,
Niti oči one, niti kose puste,
Niti ono lice, što kô sabah zori,
Što mi derte daje, što mi srce mori.

O, pa čuj me, Zejno, tako ti tvog nama,
Ti ne traži za se drugoga akrama,
Nego meni dođi, s babom se halali,
Pa mi ove derte u srcu razgali!
Kroz odaje moje, što sad puste stoje,
Nek miriše, Zejno, amber duše tvoje!
Dođi! Rumen-đuli dušek će ti biti,
A robinje moje rosom će te miti.

Dođi da ti ljubim grlo i merdžane,
Da ti kahvu nudim u zlatne fildžane,
Da ti ruho srežem od suhoga zlata,
I da rušpe nižem oko tvoga vrata!
Dođi, da uz tvoja behar-njedra stojim
I da dženet gledam u očima tvojim!
Dođi, ako imaš duše i amana,
Jer bez tebe ne znam učit' ni jezana.

Dođi, dođi, Zejno, pa me razgovori,
S tobom će mi, Zejno, propjevati dvori,
S tobom će mi, Zejno, ovaj verem proći,
S tobom će mi, Zejno, sabah-zora doći;
I sve bašte moje, kad se Zejna javi,
Mirisaće opet od zumbula plavi'
I rumenih đula kao al kadifa,
Baš kao u moga komšije Šerifa!

Ali zaman zborim što je srcu drago;
Za drugog je moje isprošeno blago:
Sjutra će mi Zejna iz Mostara poći,

Sjutra će joj svati iz Travnika doći;
Drugi će joj ljubit' trepavice guste,
Drugi će joj mrsit' one kose puste,
S drugijem će Zejna boraviti sanka,
A ja tužit' 'vako do suđenog danka.

Anahoreta

Sve više i više, ti kuda si htela
Pođoh žarom slepim,
I timora mojih planuše sva vrela
U dugama lepim.

Sve školjke s dna duše gde su mora bila
Plime, bure cele,
Sve brodove, žale s palmama kô svila,
Sav koral i bele

Albatrose tebi prinesoh na skute...
I klicah i poja',
Sledujući trajno samo tvoje pute
Kao senka tvoja.

No ti skrenu strmu... sve dublje u ždrela
U kaljugu bare,
Iz koje se kao paučina pela
Riđa struka pare.

Vran graknu... Sad vetar ne leprša na me
Plamen zlatni tvoje
Kose plave... Ti si iščezla, a same
Ovde hridi stoje.

Neke zgrčile se, kao rob do roba
Pun bola i treme;
Neke, kô buđavi kosturi iz groba,
Svrh ponora streme.

A tamo gde staza kô zmija se krade,
Gde crv panje šara,
Uz ruine ćute memljive arkade
I grobišta stara...

Vrhu sarkofaga, spomenika sedi'
Okrnjele pole,
Kô zgođeni zrnom ubojnici bledi
Posrnuli dole.

Pusto... Samo, gde se uza čempres gnio
Loza žuta vije,
Jošte trošna česma romori i ti'o
Voda mramor mije.

Lutam dalje... Gledam... Evo mora, žala!
Gle, uz koplja trska,
Skrhano korablje mutna pena vala
Po pržini prska.

S prelomljenim jedrom još, na hladnoj ploči
Počađale vode,
Jedva dve-tri lađe vide moje oči
Gde put zadnji brode.

Svrh njih u pređama maglina odela,
Gdeno potke crne
Sve to više rastu, kô tifona strela
Vrana jato srne...

I suton... No zvezda ne trepte dragulji,
Ne sja nebo lepo,
Samo što iz magle u me mesec bulji
Kao oko slepo...

I godine teku... A ja jošte, eto,
Iz karika ovih
Izlaza ne nađoh, put u novo leto,
U sjaj vrha novih.

No čamim i gledam, kao stena žala
Kraj kopalja trska,
Gde skrhane lađe mutna pena vala
Po pržini prska...

Anđeo ljubavi

Šta zvoni tako milo tihom ponoći tajnom,
Kao da rajsko čedo s usana pjesmu kreće?
Ili slavujak mali sanjivo njiha cv'jeće
S pjesmom uzdisajnom?

S talasa biserne r'jeke, na lahorovom krilu,
Šalju l' sirene bajne pozdrave čarnoj noći?
Il' zvukom frule sjetne pastirče u samoći
Draganu zove milu?

Bude li zvjezdice sjajne u plavetnom svemiru
Vječnosti neumrloj zanosne himne svoje?
Slaveći čednost tvoju, to anđô ljubavi poje,
I svetu grli liru.

Anđeoska slika

Jedanput Gospod reče
U krugu anđela svoji':
„Hajd', ko će od vas, djeco, da djelom svojim steče
I primi prvo mjesto, što do mog trona stoji!
Djeco, rašir'te krila, siđite zemnom sv'jetu,
Gdje ljudski narod živi i slavu poje po svetu;
Tu neka svaki od vas, po želji i svojoj volji,
Nacrta sliku jednu. Ko bude majstor bolji
I pokaže mi radom umjetnost i svoje znanje,
Taj prima moju hvalu, odliku i priznanje."
Tad rajska kliknuše čeda, razviše laka krila
I spustiše se zemlji na cvjetna mjesta mila.
I otpoče se djelo. Jedan je crtao cv'jeće
I jato leptira šarnih, kako ružicu grle,
B'jelo runato stado, kako se poljem kreće,
I bistre potoke male, što plavoj r'jeci hrle.
Drugi je anđelak slikô zoricu, kad se budi,
Kad u purpuru milom gore joj čedne grudi.
Jedan je vještom rukom snimao morske vale,
Sa tankim jedrima b'jelim ribarske lađe male
I mirne obale, što ih pokriva cv'jeće svježe,
Gdje l'jepa ribarka mlada tanane plete mreže.
I svaki Anđelak bješe predao svome djelu
Osjećaj, srce, misli i svoju dušu c'jelu.
I rad je svršen bio: anđeli su se digli
I s punom, slatkom nadom pred dobrog Boga stigli.
Uzvišen, blag i miran, svetim i mudrim gledom,
Anđelske slike l'jepe Gospod je motrio redom
I divio im se mnogo. A u tom času stiže
Jedan anđelak mali, što iza braće svoje
Na zemnom izosta krugu, pa stupi Bogu bliže
I predoči mu djelo, u kojem čari stoje.
Njegova slika bješe plamen, što srce pali:
L'jepo djevojče mlado, rujnih usana mali';

Nad njome cvjetna lipa lisnato granje širi,
A sv'jetlo sunašce žarko kroz zelen-lišće viri
I milo lice njeno, na kom se sanak svio,
Zlaćanim zrakom svojim cjeliva blago i ti'o;
Po bujnim grudima njenim gusta joj kosa pala,
A kao jagode rujne, sm'ješe se usta mala
I gore, silno gore, kô da bi na mah htele
Ispiti pehar slatki mile ljubavi vrele.
Kada je Vječni Otac sagledô djelo drago.
Osmjehom ljubavi svete sinu mu lice blago.
I milujući kosu nježnome anđelu malom,
Pred c'jelim nebeskim rodom božanskom ocu ga hvalim
I sv'jetlim raskošnim v'jencem, kog rajsko cv'jeće krasi,
Okruni svojom rukom njegove zlatne vlasi.
A bezbroj anđela malih razviše laka krila
I uvis podigoše vesela brata mila,
I zlatne dirnuše lire i kroz nebesa c'jela
Zabruja slatka pjesma u slavu remek-djela!

Apoteoza Zmaj-Jovanu Jovanoviću[1]

Lica:
Grgur, stari učitelj
Smiljka, učenica
Učenici: Vrleta, Momčilo, Genije
Narod, s decom, iz gradova i sela.

Jedna stara dubrava. Na sredini bine grobna humka okružena grmljem. Svetlo proletnje jutro.

Grgur (sâm):
Gde je oni što je naša duša bio
Šalio se, pevô, s nama suze lio?
Ovde, blizu starih čempresa i iva,
On sad mirno svoje lepe snove sniva...
O, besmrtni starče: Tebi venci! Cveće!
Tvoja draga humka sama biti neće –
Mnoga harna srca u spokojnoj noći
Posetiće tebe kao svete moći...
Gle, bezbrojne duše, kô gora behara
Mile, sjajne, lepe, sa Soče, Vardara,
S Neretve i Drine, Zete i Jadrana,
Skupljaju se grobu svoga velikana!

Muzika počne jednu tužnu pogrebnu koračicu. Narod pobožno stupa na binu, a deca, noseći cvetne girlande i pune korpice ruža, ljubica i krinova, formiraju jedan veliki polukrug oko grobne humke. Pred decom su Smiljka, Vrleta i Momčilo. Smiljka drži jedno malo stablo s korenom, Vrleta jedan ašov, a Momčilo motiku.

Hor:
Ti, u naše rodne leje
Što posadi mnogi cvet,

---

[1] Za ovu apoteozu osnovnu misao uzeo sam iz jedne nemačke pesme od A. Malmana. (Prim. aut.)

Svrh timora u trofeje
Svoj orlovski diže let:
Malo ovo
Stablo novo
Mi nosimo, sveta seni,
Uz proletni šum i poj
Da ga smerno, zagrljeni,
Posadimo na grob tvoj.
Tu, s oltara večne zore
Gde božanski trepti zrak,
Nek mu grane
U sve dane,
Toplih srca, duša sjajni'
Tiho šumi psalam tajni,
I u zlatu sunca gore,
Kô ljubavi naše znak!

Smiljka, Vrleta i Momčilo stupe na grob. Vrleta i Momčilo kopaju zemlju i sa Smiljkom sade stablo.

Smiljka:
Nek upije koren ceo
U tvoj pepô svet!
U tome se stablu spleo
Naših duša cvet –
S njim nek jednom na tvom grobu
Kô naš uzdisaj,
Tiho šumi poznom dobu:
Ovde spava Zmaj.

Stablo je posađeno. Sva deca kleknu oko groba i po grmelju vešaju cvetne girlande.

Hor dece:
Oče, sve si dao nama:
Lepi nauk, žića moć –
Pesme pune dragog kama,
Što se svetle dan i noć!

One su nam jutra bela
I radosti naše lug!
Na bregove carskih dela
Putovođe i naš drug!
Spavaj mirno! Spavaj ti'o!
U grobu, od svih nas
Primi danas, oče mio,
Zahvalnosti tople glas!

Hor naroda:
S verom, tamo gde je tuga,
Tvoju pesmu posla Bog!
Zahvalnosti naše duga
Nek sja u noć groba tvog!

Smiljka:
Amo cveća! Nek pokrije
Svetu humku, kivot taj!
S neba na nas on sad lije
Blagoslova mir i sjaj!

Vrleta:
Uznosimo carske oaze mu duše,
Što u naša srca cvetove prosuše!

Momčilo:
Ko će zvezde izbrojati
Na visini toj!
Ko li svetle duše znati
Svih dragulja broj!

Hor naroda:
Njegova će duša biti
Naš polet i snaga!
Sveto ćemo vrelo piti
Iz njenog krčaga...

Jedan Hrvat:
Ti si slamô gvožđe tamničkijeh vrata
Videlo za slepe Reč je tvoja bila...!

Jedan Slovenac:
Slogu Slovenaca, Srba i Hrvata,
Tvoje večne pesme nosila su krila...!

Hor:
Srbin, Hrvat i Slovenac,
Zahvalni ti pletu venac!
S kandilima duše svoje,
Jer njih
Svije,
Spaja,
Grije,
Tvoje zlatne pesme glas.
Slava bardu sviju nas!

Jedno nepoznato momče iskrsne iz Dubrave.

Momče:
Ko vas ovde skupi, o vi dobri ljudi,
Na to mračno mesto puno jeze, studi?
Šta će ovo cveće? Šta će venci ovi?
Nosite li dare na grob jedan novi,
Gde se vaša suza oproštajna lije?
Čija je to humka? Koga ona krije?

Svi:
Ko si ti što ne znaš, o mladiću strani,
Koje svetlo lice ova humka hrani?!
Stupi bliže! Ovde gore luči raja –
Ovo je grob svetli velikoga Zmaja!
On preminu sjajan, kô dan jedan letni,
I ostavi nama puno bašta cvetni',
Gde slavuji poje i sa sviju strana
Kô kandila visi plod zlatni sa grana...
On je nama mnogo blagodeti dao...!
Ko si ti, o momče, kad ga nisi znao?

Momče:
Pustite da mogu na grob sveti stati,
Pa ćete mi ime i zavičaj znati.

Stupi na grob i čudesno preobrazi se u Genija krilatoga sa zubljom u ruci.

Svi:
Gle, šta čini momče! Sad je anđô pravi!
S krilima u drugom obliku se javi!

Genije:
Ja dolazim amo iz lepoga kraja,
Gde se njiše cveće pokoja i raja,
Gde srce, što ovde svet poznavô nije,
Radosti i sreće blago vrelo pije,
Gde lišen svih spona i čemernih kupa,
Smoren čovek svome zavičaju stupa...
Ja tu često sletim, nevidno i tajno,
Svako srce lepo da nagradim sjajno...
Ja znam koga ova hladna humka grli,
Koga slave ovde ovi ljudi vrli.
Kad mu zanos dade serafimska krila,
Moja zublja s njime na putu je bila!
U zrcalu duše njegove je blistô
Jedan svet što beše lep kô sunce čisto...!
I u svetoj zbilji i u vedroj šali,
Rasipô je pesme sjajne kô kristali...
On, prijatelj dece, celih svojih leta,
Kô i deca čuvstva imao je sveta...
S njim se združi sve što ne zna smrti slepe:
Čoveštvo i anđô nevinosti lepe!
(gleda preda se u grob)
Gde su tvoji dani i života leje,
Istina i srca dobrota se smeje...
Ali zlatno doba minu... Samo jošte
Živi u lepoti dečje milošte...
Pokoljenja prođu i nova se rode,
Sve što vreme daje sa vremenom ode...
No što je nebesno tome nema kraja,
To je sjaj i večnost bogova i raja!
Njegov duh i pesme trajno će da krepe
Sva srca i duše otadžbine lepe.
Kako će mu slava u potomstvu teći,

Pogledajte! Ova slika će vam reći!

U pozadini tanka zavesa odleprša gore. Ukaže se raskošno dekorisan visoki slavoluk pod čijim svodom stoji veliko poprsje Zmajevo. Gore na čelu slavoluka trepte briljantna slova: Zmaj--Jovanu Jovanoviću

– Zahvalni narod.

Nevidljivi hor:
Slava tebi! Slava!

Glase harfe,
Zvuke struna,
Tople hvale
Topli poj,
Vetri dana

Sa svih strana,
S cvetovima
Lovor-kruna
Prosipaće
Na grob tvoj!
Slava tebi! Slava!

Hor naroda:
Slava tebi! Slava!
Ti se rađaš svake zore,
S tvoga visa gledaš nas!
I sa lepe Fruške gore
Tvoj proročki zvoni glas!

Svetlom ocu carskih dela
Ne gase se jutra bela!
On je zublja! On je sjaj!
On je večnost! On je Zmaj!

Slava tebi! Slava!

(Zavesa)

Avali

Sklopim oči, pa kroz mlade snove
Gledam tebe, leglo sokolova,
Pa mi misli po prošlosti plove
Kad se čula zveka od okova:

Gledam majke kako s čedom bježe
Da se skriju u gudure tvoje,
Gledam braću kako mrtvi leže
A glave im na koljima stoje...

U plamenu što milosti nema,
Sela gore i kućice skromne,
Srpska seja vapaj bogu sprema,
Rukom stiska svoje grudi lomne.

Grakće vrana kroz turobne strane
Veseli se krvavome piru.
Hram se ruši a vjera se guši,
Sveta krv se ledi u putiru.

No za vazda nije muka bila,
Genij Srpstva s ljutim bičem stiže,
S tebe, goro, b'jela kliknu vila –
Složno bratstvo put vraga se diže.

Gora jeknu daleko odjeknu,
Sunce sinu a mjesec pomrača,
Zrak slobode po Srbiji ode
Sa oštrice Srbinovog mača.

Okov pade odahnuše t'jela
A Srbiju, oj Avalo plava,
Uvis diže sjaju danka b'jela
Sveta krvca onih muških lava.

I sada se nad Srbijom sjaji
Dan slobode, kog očevi daše,
Al' ja strepim, oko suzu taji
Kad zavirim u podjele naše...

Na sve strane roje se partaje
A šljepost ih po bespuću vodi,
Taka sloga slabu nadu daje,
S takom krmom slabo brod nam brodi.

U tom djelu mi šljedimo tragom
Na kome se zaman sreća traži –
Trudi onda tek urode s blagom
Kad sve snage jedna misô snaži.

Ali đe je, đe je misô taka,
Naše snage da u jednu spoji?
Kad bez misli partija je svaka
Jer partija u partiji stoji.

Oj, Avalo, tako ti visova,
I izvora i mirisnog cv'jeta,
I tako ti vilinijeh snova
I sokola, što vrh tebe leta:

Oj zakuni moju braću dragu,
Zakuni ih mukom prađedova,
Da razdorom ne podižu vragu
Stan pakleni sred svoji' domova...

Neka sine ona misô čista
S kojom mržnja i šljepilo pada,
Pa neka se nad Srbijom blista
Sveto sunce ljubavi i sklada.

Samo tako sreća bi nam bila
A sa tebe, oj Avalo plava,
Pjevala bi Dušanova vila:
„Samo sloga Srbina spasava!"

Badnje veče

Večeri sveta, hoću li te i ja
Slaviti pjesmom radosti i sreće?
U mome oku, evo, suza sija,
I moje rane postaju sve veće.

Tvoj zlatni pohod i ubogu godi,
I vidi Boga u časima ovim;
Nada mnom samo mrak studeni brodi,
I dušu bije nemirima novim.

U pustoj sobi sam, kô sjenka bona,
U sebi slušam zvuk pogrebnih zvona
I stiskam srce jadno i kukavno.

Večeri sveta, dođi! Tiho, tiše!
Jer ovdje niko ne čeka te više –
Svi moji mili zaspali su davno.

Bajka

Ležô sam na žalu. Još u modrom visu
Imalo je nebo jednu zvijezdu zlatnu,
I nad lukom druge vidjele se nisu.

Po rastrtu moru, kô po meku platnu,
Padali su prvi galebovi. Neđe
Molitva je rana u zvonu i klatnu

Jecala. Sve grane, putanje i međe
Pjevale su pjesmu. Mirisô je zdravi
Vrijesak, i hridi sve sive i smeđe.

Ja sam gledô: tiho, kô san jedan plavi,
Nasmijana, topla, i kô ljiljan mio,
Okupana rosom, ona mi se javi,

I stupi mi. Jedan leptir, što je bio
Pun zlatnoga praška nad njom razvi krila,
Dok je srebrn veo titrajući krio

Purpur njenog t'jela. Iz kosa kô svila,
Iz njedara njenih, sa lica i čela
Padale su ruže, i svaka je bila

Kao krv crvena. I dok se svrh sela
Plava, tanka para u pramenju kupi,
Ona mi se prignu pa, sjajna i vrela,

Poljubi me. I njen poljubac se upi
U san moj, od zlatnih niti što se pleo.
Zatim nasmijana mekom rukom skupi

I podiže s trave svoj prozirni veo,
I pođe. Gdje srebrn talas o žal bije

Jedan krupan labud čekô je i bdjeo;

Lako, kô dah tihi što iz palma vije,
Na ustremljena mu ona sjede krila,
I s njom labud krenu što je mogô prije...

Planu more, posta kô crvena svila.
Pogorješe jedra, sve zasja! I lukom
Plovio je labud, a zora je bila

Obgrlila vrat mu ružičastom rukom.

Balada

„Kaži mi, dete, što si se pokrio
Zemljom i travom? Zar ti hladno nije?"
„Ne, mati. Ovde tako toplo mi je
Kô da uz naše ognjište bih bio."

„Preni se. Pođi svojoj rodnoj luci –
Kuća te čeka, moja slavo živa."
„Ne mogu. Tu se tako slatko sniva
Kô da na tvojoj zaspao sam ruci."

„Vaj, rano li te san studeni srete!
Kada ćeš iz te postelje olovne
Ustati, sine?" „U moravske čete
Kada me, majko, nova truba zovne."

„Sunce se vraća. Evo tica, gnezda,
A tebe nema. Šta ću tvojoj djeci,
Šta ljubi reći?" „Otišô je, reci,
Na nebo, za vas da nabere zvezda"...

Bard

Moje su pjesme rođene uz one
Udare teške maljeva i krasne,
Uz bïlo srca što ih muke gone,
No čija vjera samo smrću gasne!

Moje su pjesme stražarke što stoje
Na rodnom kršu orlovskih gnijezda
Vrsi, što streme usred noći svoje,
S borovima prepunim zvijezda...

Moje su pjesme ratnici što kroče
Naprijed vazda... Gleđe tvrde ploče
Na kojima se oštre srca tupa...

Moje su pjesme orlovi što gore
Lete i nose pozdrav bliske zore,
U zlatu krvi što iz groba stupa.

Beg Rašid-beg

Na čardaku starom beg Rašid-beg sio,
Puši. Polju gleda: gdje ono sve brže
Pust zelenko jedan odmiče i hrže –
I u srcu bega buknu plamen mio...

Sjeća se mladosti – bašte mirisave,
I đogata svoga, i uskih sokaka,
Gdje su cure lake iz svih mušebaka
Na nj bacale ruže i zumbule plave...

U snu gleda carske nizame i horde,
S mjesecem barjake zelene i gorde,
I borija turskih čuje jasne zvuke...

Sanja... No đaurska truba pisnu neđe.
On se prenu, trže, guste skupi veđe,
I obori glavu među suhe ruke.

Begler-beg

Rano jutro trepti sa dalekih strana.
Sâm Begler-beg sjedi pred kulom u hladu,
Tiho vjetar vije sa razraslih grana
Pa povija starcu dugu, meku bradu.

Pred njim puklo polje. Ispod tanke pare
Zrela žita šume umivena rosom,
I odmorni težak san sa oka tare
I u vrhu njiva zamahuje kosom.

Kô preplašen jelen u skrovište tavno,
Il' kô vjetar kada diže šušanj slabi,
Na domaku sela, niz prisoje ravno,
Pune, guste grive hitri konjic grabi.

Stari Begler puši. I dok dim se diže,
U novoj mu vatri sjaju oka oba:
Pod zorinim velom, sve bliže i bliže,
Njemu tiho stupa prošlo, davno doba.

I on vidi sebe za mladosti svoje,
Kad mu oko bješe i od munje brže:
Za pojasom ljute kuburlije stoje,
A pod njime snažno laki žerav rže.

Hitre iskre biju iz kaldrme stare,
Na prozore trče sve ruže Mostara;
Od groznice slatke lica im se žare,
Pa junaku mašu kitama behara.

A on, gord i silan kao ruka smrti,
Samo jezdi dalje uz carevu džadu;
Za njim jure brzi ogari i hrti –
I ravan mu niko ne bješe u gradu.

On je onda vladô sâm kako je htio,
I njegovoj volji ko je na put stao?!
Na čalmi mu zlatan polumjesec bio,
A u njemu zelen, krupan alem sjao.

Po poljima ovim širokim i travnim
Čadori su bili silnih turskih četa,
I zeleni barjak sa znamenjem slavnim
Vijao se gordo nizom dugih ljeta.

On sanja i gleda... Pod pokrovom zore
Vrh dalekih brda kao vatra rudi,
I begove oči tihom srećom gore,
I radosni uzdah ote se iz grudi.

Al' đaurska truba, čuj, sa grada pisnu!
Stari Begler prenu, i na kobne zvuke
On zajeca ljuto i od bola vrisnu,
Pa obori glavu među suhe ruke.

Staro drvo šumi. Negdje uvrh grana
Ogladnjeli kobac s plijenom se bori.
Meka, topla svila leti preko strana,
I kroz tanku paru zlatno jutro gori.

Begovima

Glas iz ponora

Ovamo, doli sa šiljteta! Doli
U puk i narod gdje pucaju rebra
Suha i mukom izmučena sebra,
Što s crnim hljebom samo smoči soli.

Ovamo! Čujte nevolje i boli
Onog što nikad sreće ružu ne bra,
Dok vi za oke svog zlata i srebra
Gradite londže... Doli! Doli! Doli!

Ako ste vjerni propisim' Kurana,
Sunca što blista sred noći i dana,
Ovamo, gdje se lomi snaga muška.

Nevoljnog brata, što rad suhe kore
Za draču hvata, stenje, vuče, ore,
Dok vas na šiljti mirno san ljuljuška.

Behar

Bumbul pjeva
Okolo Mostara,
Hodi, draga,
Evo nam behara!

Hodi meni,
Moje zumbul-cveće,
Tvoja majka
Karati te neće!

Tvoja majka
Tebi ruho sprema,
Što ga ljepšeg
U Mostaru nema:

Sve od svile
Košulje otkane,
I dušeke
Đulsom pokapane!

Za đevere
I za kitu svata
Sve čevrme
Od srme i zlata.

Za jenđije
I za mile kume
Urmašice
I slatke lokume!

I još hrpa
Gurabije same!
A najljepše
Ostavila za me:

Tvoja usta,
Sva od đula rana,
Tvoja njedra
Još nemilovana!

Tvoje grlo,
S kog je srce mrlo,
Da ga grizem
Noći u ponoći!

Bumbul pjeva
Okolo Mostara,
Hodi, draga,
Evo nam behara!

Beli zeka

Šta to nosi
　u kecelji seka?
U kecelji
　leži beli zeka.
Mile gleda,
　pa bi i on hteo
Zagrliti
　zeku kad bi smeo;
Al' se boji,
　jer on nikad prije
Belog zeku
　ni vidio nije.

Besmrtnom Ljubi Nenadoviću

I ti skrsti svoje ruke trudne,
Mirno pođe u nebesko krilo,
Gdje je uv'jek boravište bilo
Tvoje misli, tvoje duše budne.

Svjetlodjelče svršio si djelo,
Ono ti je sjaj nebeskog sv'jeta,
U kome će tvoja misô sveta
Snagom hranit' tvoje Srpstvo c'jelo.

Na tvom grobu vječno će da griju
Sv'jetli zraci životom i slavom,
Jer grobove, koji zv'jezde kriju
Ne pokriva zaborav sa travom;
Njima vile zlatne v'jence viju
I djela im dižu nebu plavom!

Bilo jedno momče Crnogorče

– *Alegorija* –

Bilo jedno momče Crnogorče
U planini, s orlom na visini.
Junačka ga sreća nanijela
Na izvore gdje se kupe vile,
Pa mu vile u pomoći bile:
Pružile mu krila i okrilje
I sve zlatne od nebesa kluče
Da poleti kud ga srce vuče.

Zaigralo srce u junaka,
Usplamćela duša u junaka,
„Pregaocu Bog daje mahove",
Pa se diže da je nebu bliže,
A nebo mu rastvorilo dveri,
Pokaza mu čudesa i tajnu,
Napoji ga izvorima svetim
Besmrtija, mudrosti i slave;
Nauči ga zboru i govoru
Što u duši zažiže plamove
I diže je put svijetlog sunca
Da propoje himnu Vaskrsenja;
Nauči ga zboru i govoru
Kojim samo vječni bozi zbore
Pod oblakom na vrhu Olimpa!
Dugo momče gledalo čudesa,
Divilo se nebu čudesnome,
I sva slova, što ih božja ruka
Zapisala u Knjigu Postanja.
Mudro momče zapamtilo mudro,
Pa on sađe vilam' u zahlađe
A sve vile u zahlađu bile,
Zbor zborile i junaka zvale
Pa mu gusle javorove dale –

Zlatne gusle sa strunama zlatnim
Kad zagude da mrtve probude...
Zaigralo srce u junaka,
na prsima teške toke zveče
Toke zveče, zlatne gusle ječe,
Dok uz gusle propojalo momče
Divnu pjesmu, kakvu čuli nisu,
Naše gore ni vile na visu...
Pa kô talas silovitog mora
Odbila se od krša i gora,
Razlila se u krajeve srpske,
Pojila ih viteštvom i snagom,
Kô što jarko proljeće napaja
Bistrom rosom cvijeće i travu;
Odbila se od krša i gora
I, kô jeka vaskrsnijeh zvonâ,
Orila se u dubokoj noći
I besmrtnim, proročanskim glasom,
Vječnu zublju uždila u tami.

Mnogi dani promicali letom,
Mnogo puta proljeće je jarko
Silazilo u gore i klance,
Donosilo darove i blaga,
A još tamo na planinskom visu
Sveti glasi umirali nisu,
Još su zlatno pozdravljali sunce
„Vješti zvuci divnijeh gusala".

Ali sunce za oblake zađe
Sunce zađe a mrak Goru nađe,
A u Gori proplakale vile,
Zlatno im se salomilo krilo,
Zlatno krilo i okrilje zlatno,
Jer izgorje srce u junaka,
Jer potamnje čelo u junaka,
Umno čelo što je *V'jenac* splelo,
Da se, „vile u v'jekove grabe
Da mu v'jence dostojno sapletu",

Da se sjaje dokle neba traje,
Da se slavi dok je sunca jarka,
Dok je Srba i dok je junaka!
O, Srbine, znaš li krše one
Uzdignute nebu pod oblake,
Što te zovu na široka pleća
Da sagledaš Jadran u daljini,
Kako hučnim zapljuskuje valom
Divnu Boku i Primorje milo?
Tamo, tamo, vrh Lovćena plavog
Tvog Genija sahraniše vile,
U lijepom zavičaju svome
Dadoše mu pokoja i sanka;
Tamo, tamo, na besmrtnom visu
Što ga nebo za bogove stvori,
Grob se diže besmrtnika tvoga!
Tamo kreni, ime mu spomeni,
Prekrsti se i dva i tri puta,
Grob celivaj i dva i tri puta,
On će nama sveti oganj biti
Da se njime griju pokoljenja...!

Bir Hadži-Bobo

Atanasiji Šoli

Svi mi vele: bolan, dozovi se tobe!
Kô da nema tobe u Bir Hadži-Bobe,
Kao da sam neki dinsuz bez imana,
Te ne slušam, sankim, sure iz Korana!
A ja davno, biva, klanjao na Ćabi
I znam sve što kažu hodže i ćitabi!
Pa što će mi ludi nasijat uleme
Kad Bir Hadži-Bobo hasul je u sveme?!
Ili je to đunah što dunjaluk volim?
Što se za dunjaluk svom Alahu molim?
Što mi hućum dođe pa po heftu dana,
Sâm u bašti slušam bumbule sa grana,
Kako haber daju s đula i behara
A ja merak vežem golem bez karara:
Uz nargilu pušim i rakiju pijem –
Bumbulovom pjesmom džan i hudžud grijem?!
Pa da li je stoga na me haram pao,
Što ja volim ono što je Alah dao?
Il' me belćim zato susretate mrko,
Za ženskim iksanom što ja, beli, crkô?
Što su za me, butum, sve mahale čule,
Što curama bacam u mušèbak đule?
I što one meni selam čine same
Pa narančom žutom hitaju se na me,
A ja činim hvalu i dovu Alahu,
Što žensko čeljade stvori na dunjahu?
Pa da li je s toga na me haram pao,
Što ja volim ono što je Alah dao?!
Neka žive mudri u svome hararu,
A ja ću i dalje 'vako u beharu
Slušati gdje bumbul pjesmom trese grane,
Kako haber daje na četiri strane,

I ko ima srca na ljubav ga zove,
Da ljubeći čini svom Alahu dove!
Ja ću tamo gdje mi primaju selame,
Tamo, crne oči gdje gledaju na me
Tamo, gdje je Zejna, Najla i Emina –
Što ih ljepših nema butum do Vidina!
Ja ću tamo, gdje mi džan i sevdah nude!
Pa nek hasum na me sva mahala bude!
A vi se kô hodže vladajte u svemu
I hajdete tamo u mudru ulemu,
A ja neću vaših sabura ni tobe,
Jar đunâhâ nema u Bir Hadži-Bobe!

Blago nama

Blago nama djeci
Evo naših želja;
U slađanoj jeci
Sreće i veselja
Hori nam se gaj!

Sa laganim letom
Malen leptir stiže,
A s' pjesmicom svetom
Tičica se diže
U zlaćani sjaj.

Ispod lisna granja
Srebren potok kreće –
A pod rosom sanja
Šarenkasto cv'jeće
Milinu i slad.

Kroz seoca b'jela
Nov se život javlja,
Vr'jedni ratar djela
A pjesmica slavlja
Pozdravlja mu rad.

B'jela stada pase
I čuje se svirka;
Vjetrić uzvija se
Pa lagano pirka
Kroz pitomi kraj.

Dobro došli danci
Pramaljeća mlada!
Vi ste naši sanci,
Srećica i nada
I mladosti raj!

Blago tebi...

Blago tebi, ako na svijetu
Nađeš srce, u kom vjera sjaji,
U kome se čista ljubav taji
Kao miris u rosnom cvijetu.

Ljepšeg dara od tog' dara nema –
U toj sreći tek bi sreća bila;
Čisto srce nebeska su krila,
Što ih Gospod s blagoslovom sprema.

Blago tebi, ako vjerno bije
Na tvom srcu jedno srce drugo:
Skrsti ruke i moli se dugo
Onoj Misli, što nad tobom bdije!

Bog se smilovao

Tiha noć je, zvijezde trepte,
Među njima mjesec sjajni;
Na sve strane proljetnoga
Širi s' cv'jeća miris bajni.

Sva priroda stišala se,
Svaka duša mirno spava,
Samo tamo jednu sobu
žižak slabi osvjetljava.

U sobici tužna majka
Pokraj svoje šćerke kleči,
Boga moli da s' smiluje,
Da joj šćerku izliječi.

Bog milostiv smilova se,
Pa podiže šćerku bonu.
Od radosti velje majka
Na zemljicu doli klonu.

A više nje šćerka stade,
Poljupcima majku osu;
I zorici bilo drago,
Pa na prozor zračak prosu.

Boginjo

Boginjo, đe si...? Zar hrami tvoji
Ostali n'jemi kô pustoš, zgar?
Il' u tvom srcu pepeo stoji,
Ugasio plamen, smrznô se žar...?

O, dođi, dođi, i plamom zraka
Moći ti svete okrepi nas...!
Podigni duše iz sumor mraka
Nek srpskog boga zagrmi glas...

Budi se, budi, boginjo sveta
Podigni nebu munjevni let!
Ne čuješ Srba na krst raspeta
Prezrenjem što progoni sv'jet?

More smo krvi za tebe dali,
Širili ruke prestolu tvom...
Kô tvrda st'jena uv'jek smo stali
Dušmanski kad je šibao grom.

Svaku smo stopu zemlje nam mile
Kostima našim napunili... oj...
Al' jošte zračak svete ti sile
Ne viđe Srbin – paćenik moj...

O, dođi, dođi! Il' snova neka
Nebesa ljuljne krvavi plam!
I krvi naše krvava r'jeka,
Slobodo sveta, digne ti hram!

Boka

Naša mila Boko, nevjesto Jadrana,
Pokrivena nebom kô od plave svile,
Ljepša si od tvoje primorkinje vile
I svjetlija si od njenog đerdana.

Nikada se tebe nagledao ne bi'!
No da mi je jedno: da postanem valom
Sinjega ti mora, pa pred tvojim žalom
Da vječito šumim i da pjevam tebi.

I da s tobom gledam na tvoj Lovćen plavi!
Pa jednoga dana, kad se Gospod javi,
Kad orlovi naši visoko zabrode

I sa tvojih ruka panu gvožđa tvrda,
Da pobjednu himnu slušam s tvojih brda,
I da s tobom slavim dan zlatne slobode!

Bolnik

U tiho, mirno doba, kad anđô sanka l'jeta
I nečujno krilom šumi poviše grešna sv'jeta,
Kad ciglog glasa nema da se otkuda čuje,
U sobi bolnik sjedi samcat, u tihom miru,
I oslabljenom rukom on željno grli liru,
Lagano žice dira i žice skladno bruje
    Kao anđelski hor.

Al' kakav šum prohuja? – Gle! „Pod v'jencem mirisni' ruža"
Pred bolnika blijeda sa neba anđô sleti
I blago zborit' poče ta neba čista duša:
„Čuo sam tvoju liru; pjevô si pjesmu sreće,
    Njom dizô narod sveti,

I tvoja duša nije nigda za tugu znala,
Al' sudba, eto, hoće da ti počupa cv'jeće;
Ja sam anđeo tuge i žalim tebe mlada."
To reče, a suza čista mu s oka kanu.
Sad bliže bolniku stupi, u skladne žice dirnu,
I lira tužno zabruja kroz tihu ponoć mirnu.
Al' bolnik snagu skupi, pa živom r'ječi planu:
„Tȁ zašto zvuci tuge da teku s moje lire?
    Srpske sam krvi ja!

Pa i oblaci nek se po mome nebu šire,
Viš' moje mlade glave; duša mi nema strave,
    U njojzi nada sja.

Pjevaću pjesme one koje sa duše gone
    Milog mi roda plač.
Ne, tužiti neću! Kô tvrda, jaka st'jena,
Zavičaja mi milog snosit' ću bola jad,
    Ja nisam slaba žena!

Hladno ću, ako treba, dočekat smrti mač!"
I na te žive zbore vinu se anđô gore.
A s crkvice malo zvono nav'jesti početak danka,
I sunce zlatno granu – iz čudnog tog sanka
Trže se bolnik mlad...

Bolovi

Vi mi niste došli u trenutku nekom –
Ja vas u rođenju svom donesoh svijeh:
Kô suze i smijeh, kô čednost i grijeh,
Kao krv i strasti s plimom i osekom.

Vi ste moga bića nerazdvojni dio –
U dnu duše moje rastete, i s grana
Vašijeh ja plod berem – blago svojih dana,
I bez vas bih samo puki sirjak bio...

Sve dok ste u meni, nikad putem grubim
Neće srce poći... Slavim vas i ljubim,
Vi, zvezde u svodu moje noći trajne!

Vi, jezera moja, što na hridi nage
Moga pusta žića prosipate drage
Rumene korale i smaragde sjajne...

Bona Najlo...

Bona Najlo, deder, kapidžik otvori,
Dženabetu jedan, više me ne mori!
U našem adetu nigda bilo nije,
Da se komšinica od komšije krije.
Kao da sam, asli, Moskov ili Švaba,
O veremu mome ne vodiš esaba,
No, čim tebi dođem, bježiš put hajata
I, kao šeitan, zamandališ vrata,
A nije ti žao što ovako džaba
Bol bolujem, evo, otkako je saba'.
Zar ni zehre nisam po tvom tabijatu,
Kada više voliš Šerifu Indatu?
Zar od njega nisam ferkliji u svemu?
Ma, kontali njega u prvu ulemu,
Ničijem se s njime mijenjao ne bi',
Ni po soju svome, niti po akrebi!
Ako mrziš moje harame i mane,
Što mi ćeif dođe pa volim mehane,
A, reci mi, crkla, kako neću piti,
Kako neću, Najlo, u mehani biti,
Kad ni jednu drugu, u butum Islamu,
Zavolio nisam razma tebe samu?
A ti malo haješ za svoga akrama,
Ne primaš mu Boga, niti li selama.
Nemoj tako, Najlo; haram ti je, beli!
Ili misliš, bona, biću ti hinleli?
Neću mog' mi dina i moje mi Ćabe!
Sjutra ću te zorom iskati od babe;
Pa nek budu svati kakvih bilo nije!
Neka zurne ciknu, neka bubanj bije,
A konjice lahke posjednu bećari,
Na konjima sitni zveknu adiđari;
Nek se čuje, biva, butum po ataru,
Kakvi svati bjehu u šeher Mostaru!

Borba

Gledajte ih, braćo mila,
Dva jelena, hrabra, čila
Kako s' bore
Usred gore.
Rod su jednog zavičaja.
Pa što čine okršaja?
E pa zašto? – ja ću reći:
S l'jeve strane jelen veći,
Primakô se tome manjem,
Sa poskakom i igranjem;
(I poljubit' šćeo ga je)
– Ali ovaj i ne haje,
Za to bratsko milovanje,
Nego zlobno rogovima
Igranje mu prima.
Tad i ovaj smjelo stade,
U borbu se s njime dade.
Al' gle tamo zv'jeri –
Što se vide s desne strane,
Kako svojim okom mjeri:
Al' će biti za nju hrane,
Ako oni ne slože se,
U ljubavi ne smire se!
Jer kad bratstvo, ljubav spoji
Dušmana se tad ne boji.

Bori se...!

Napojen slatkim miljem, sred majčinoga krila,
U svijet željno pođoh, opasan snagom bujnom,
Kô sretna tica ona moja je duša bila,
    Pjevala zorom rujnom.

Ja mišljah: sv'jet je ljubav; bez muke, borbe i jada,
Kô nilski čisti vali radosno vr'jeme miče,
Stazom ljudskog života samo blaženstvo vlada
    I vječno cv'jeće niče.

Al' tek u svijet stupih, uzdrhtaše mi grudi
A jata zlaćanih misli izgubiše se lako,
Mjesto snivanog raja, mjesto uzora ljudi,
    Ja vidoh samo pakô.

Ljubav? Ta gdje je ona...? U mrtvom sanku dr'jema,
Na njen se časni oltar sa blatom pakost hita,
Istina...? To je bajka, nje više nema, nema,
    Niti ko za nju pita.

Plakô sam... ali suza iz oka pala nije
U tajnom svome plaču duša je suze lila –
I tad se gorko sjetih sreće, što milo sije
    Sred majčinoga krila.

U tihom gorskom hladu potražih sebi mira,
Na mlado majsko cv'jeće sjedoh da duša da'ne,
Žuborom tihih vala, čistog kristalnog vira,
    Na srcu vidah rane.

I opet misli zlatne! Kroz dušu radost sinu!
A plamen rajske sreće u srcu mi se stvori:
„Život je tako krasan!", iz gore glas se vinu
    „Bori se, bori!"

Granje, cv'jeće i trava i vala žubor jasan,
I tice one male, što zrakom l'jeću gori,
Sve čilu pjesmu krenu: „Život je tako krasan –
Bori se, bori!"

I ja se borim, druže, i slijedim onom glasu
Što mi ga gora mila u svome krilu dade,
I ti se bori, brale, u muci, krvavom času
Nek je nebesne nade!

„Bosanskoj Vili"

U proslavu njezine desetogodišnjice

Klikni, „Vilo", veselo ti krilo!
Uzvijaj se unedogled tajni,
Tvoje čelo sunce je obvilo,
Sjajno sunce tvojih djela sjajni'.

Služeć' Bogu, koji diže slogu,
Deset ljeta ne umori leta –
Trudi tvoji – naši perivoji,
Gdje treperi zlatan cv'jet do cv'jeta.

Goneć' sumrak, oblake i tamu,
Nad Srpstvom si uzdizala krila,
Srpskoj sreći i u srpskom hramu
Ti si čedna sveštenica bila.

Čisto cv'jeće blagosti i mira
Ti si rodu u vijence plela,
I kô svjetlost nebeskog svemira
Ljubav sjala sa tvojega čela!

Na razvali Srbinove sloge
Tvoja suza sa pjesmom se lila,
A kroz ljeta i časove mnoge
Ti nam glasnik sv'jetle zore bila.

Kô što majka u kol'jevci čedo
Željno gleda, pa se sreći nada,
Tako narod u tebe je gledô
Iz ponora bolova i jada.

I sve što je tvoja snaga mogla,
To si rodu na žrtvenik dala,

Ti mu s pjesmom živiti pomogla
U nebesju sv'jetlih ideala.

Na tvom putu, trnjem obasutu,
Ne pokleknu, nit' te muka svlada,
Prezirući bol, nevolju ljutu,
Tvoja duša uv'jek osta mlada...

Tvoje gusle od javora suva
Bjehu glasi s kojim' slava leti,
Bjehu oltar, što svetinju čuva,
Naše ime, naš amanet sveti.

Služeć' Bogu, koji diže slogu,
Deset ljeta ne umori leta –
Trudi tvoji – naši perivoji,
Gdje treperi zlatan cv'jet do cv'jeta.

Sve što može, ti rodu pomože,
Sve što znade, to nam djelom dade,
Pa i odsad ti nam taka bila,
Na slavu se srpskom rodu vila!

Božanski poj

S putirom ljubavi nježne tihi, nečujni snovi
Blaženi šire let,
Uz šapat vjetrića malih slatko i blago miri
Orošen poljski cv'jet.

Kô kandioca mala po plavom treperi visu
Zvjezdica zlatnih roj,
A kao poslanik rajski, u hramu tišine blage,
Tajni se čuje poj.

To nije anđelak mali što nježnu pjesmu budi
Umilnog glasa svog:
Pod sv'jetlim nebeskim svodom to tebi himnu diže –
Ljubavi moje Bog!

Braća

Na prestolu, u porfiri, sjedi tiran mračna lika,
Oko njega ropske sluge, sami krvnik do krvnika.

Njegova je duša grotlo, crni ponor i strahota,
Gdje se klupko hladnih zmija u otrovu svome mota.

Svakog dana nove žrtve gavranovi gladni kljuju,
Svakog dana narod pišti i duge se kletve čuju.

Sve, što nije ropski znalo da pred grešni presto gmiže,
Sve, što bješe časno, sveto i pred njime glavu diže,

U podzemlju dubokomu, na gomili od kostura,
Sve ledenu samrt nađe od dželata i tortura.

Strepi zemlja, naroddršće, i tiranski jaram vlači,
Traži Boga, sunca hoće, al' se pusto nebo mrači.

Tako traja dugo, dugo, dok prekipi muka mnoga,
I brat bratu ruku steže i zakle se krvlju Boga:

Na lešinu svog Pilata, svog krvnika, nogom stati,
I njegovu mrsku glavu gavranima gladnim dati,

Sa bedema otadžbine nek zaori glas slobode,
I na mračnom, pustom nebu vaskrsne se zv'jezde rode.

Spremna družba čeka, vreba, al' prodade Juda brata:
Okovane osvetnike dovedoše pred dželata.

Mrko gleda krvnik stari na pedeset divnih glava,
Na pedeset plamenova, na pedeset mladih lava.

Mrko gleda, a satanski na licu mu osm'jeh igra,
I surova duše žedni divljom žeđu divljeg tigra:

„Tražite me...! Dobro došli...! Ja iroje take slavim!
Čekaćete u mom dvoru, dok darove za vas spravim..."

I na vrata od tamnica, čuj ključevi teški zvone –
Kao sunce na smiraju, divna družba u mrak tone...

Raduje se grešnik crni i igra mu srce hladno,
Pa premišlja: kakvim darom da dariva roblje gladno.

Misli dželat, a oko mu kô krvavi blesak mača!
„Sluge", reče, „k meni brže dovedite dva kovača!"

Za čas bilo i pred njime stajala su po dva roba,
Do dva brata mučenika – dva kostura iz dna groba.

Premjeri ih zvijer žedna pa satanskom mržnjom gori,
I, držeći žezlo sjajno ovako im krvnik zbori:

„Mislite li da vas vratim vašem domu i slobodi,
Čujte volju vašeg kralja, koga višnja pravda vodi:

Sakujte mi teške lance, kakvih jošte bilo nije,
Svaki kolut neka dere, neka čupa, neka rije!

U te lance, zažarene, povezaću psine ljute,
Što mi rusu glavu traže i moj vjerni narod mute.

Nek se viju crvi gladni, neka sikću kao zmije,
Nek ih gvožđe usijano u podzemlju gladnom zgrije;

Neka znade trulež pusta, kakve muke s neba slaze,
Kad nevjerni na svog kralja ruku dižu i tron gaze!"

Sretoše se dva junaka, na rukama sindžir zveknu,
Al' kô talas kada gruhne, glas duboki kroz dvor jeknu:

„Tiranine, ne bilo te, svojih duša mi ne damo!
Lance kovať braći svojoj, krvoloče, mi ne znamo!

Evo glave! Evo krvi! radi od nas šta ti drago,
Ali lance ne kujemo za sve tvoje gnusno blago!"

„Šta?!", kralj riknu... Gavran graknu, na nebu se oblak hvata,
Pred dželatom krvavijem dva krvava leže brata.

I dan gasne, sunce tone i dršćući, tužna lika,
Oreolom sjajnom kruži mrtve glave mučenika...

Braći

Milje, što trenut
Života krasi,
Mladosti ljupke
Zlatni su časi.
A mladost šta je
Neg' cv'jetak ubav,
S kime se grli
Sreća i ljubav.
Pa digni pehar, nek s' hore glasi,
Nek rujno vino žeđu nam gasi!

Kô srebren talas
Potoka čista
Nek sija lice
I oko blista!
Nek ognja plamen
Diže nam grudi,
A struja milja
Krvcu nam budi!
Kô orô što se s oblakom grli,
Na krilu sreće nek duh nam hrli!

(Vini se snagom
Mlađanog leta!
I traži čedo
Kô pupolj cv'jeta,
Podaj joj srce,
Krvcu i žiće –
Sa rubin-usta
Pij drago piće...
Ta mladost šta je, neg' cv'jetak ubav,
Pa ljubi, druže, život je ljubav!)

U poznu jesen
Našijeh dana
Život će biti
Kô gola grana;
Prsnuće putir
Nebeske slasti,
Klonuloj duši
Ushit će pasti...
Pa dok je mladost, nek s' hore glasi,
Nek ljubav sveta dane nam krasi...!

Brankova duša

Noć se sklanja... istok rudi,
V'jencem kiti zoru sjajnu,
A kroz dušu i kroz grudi
Čujem milu pjesmu tajnu.

Čujem kako glas se hori
Koji vjerom krvcu kr'jepi,
A od milja duh mi gori
U plamenu nada l'jepi'.

Kô da s neba čeda mila
Pružaju mi rajskog slada,
Kô da mi se zagrlila
S njima moja duša mlada!

O ti mila pjesmo tajna
Što mi duhu dižeš krila,
Jesi li se s neba sjajna
S b'jelim dankom razavila?

Il' to anđô zemlje moje
Pjeva himnu vaskrsenja?
Ili srpska vila poje
Sa visoka golog st'jenja?

Ne, sa jatom rajskog sv'jeta
Preko srpskih milih strana –
To Brankova duša lijeta
Na osvitku b'jelog dana...

Pa s visine sv'jetlog svoda
Gleda v'jenac Srbadije,
Gleda nadu svoga roda
Kako složno kolo vije;

Gleda kako bratac brata
Žarko ljubi, toplo grli,
Kako ruka ruku hvata,
Kako narod sreći hrli;

Gleda snove, sliku nada,
Što ih Branko s kolom spleo;
Gleda v'jenac bratskog sklada,
Što ga Branko započeo;

Gleda kako svete kosti
Miloševe nade zgr'jeva,
Pa od sreće i radosti
To Brankova duša pjeva...

Srbadijo, nado mila,
Kreni snagom gorskog lava,
Nek pod nebo digne krila
Srpska sreća, srpska slava...

Nek se kreće kolo lako,
Kolo sloge, bratskog rada!
Tako će se, samo tako
Razvit' cv'jetak naših nada.

Pričestimo duše mlade,
Pričestimo srce žarko
Onim pićem što nam dade
U „Rastanku đačkom" Branko.

Samo tako dušman slabi
Što nam sreći lomi krila,
Samo tako Brankova bi
Zadovoljna duša bila...

Ciganče

Crno mi je lice
Ali nisam vrag,
Tä i ja sam Bogu
I mio i drag.

I nebo je često
Crno kao mrak,
Al' pod tamnim velom
Prikriva se zrak.

Pod tom crnom kožom
Poštena je krv,
Ne grize mi srce
Zle pakosti crv.

Koliko ih ima
Što ih dobro znam:
B'jeloga su lica
Al' na licu sram.

Djela su im gnusna
A u srcu svom
Samo otrov nose
I poraz i lom.

Tä oni su crnji
Neg' ciganski soj,
Od takih se samo
Čuvaj, brate moj!

A Cigana hudog
Primaj u svoj krug –
Nek ti svaki čovjek
Bude brat i drug.

Cigančica

„Čergo moja, čergice
Od čađava platna,
Ti si moja kućica
Srebrna i zlatna!"

Tako peva Cigančica;
A da peva još,
Bacićemo u def njeni
Svi po jedan groš.

Crnku

Čini mi se, Srbo brate,
Cv'jetak sreće da t' ne cvate,
Kao da te mori jad;
Vesele ti nisu grudi,
U njima se već ne budi
Oni prvi vatren nad.

Tvoje srce suze l'jeva,
O veselju već se pjeva –
U pjesmi ti tuga, vaj;
Više nije kao prije
Sa radošću da ti sije,
Kô da joj je sreći kraj?

Al' ne kloni, Srbe brate!
Crna tuga obvila te
A ti mahni njom –
Nek propjeva opet vrela
Ona pjesma prevesela
U srdašcu tvom!

I patnika sirotana,
Koga gone sa svih strana
Neće satrt' noć!
Ne malakši bolom, jadom
Već se uzdaj s čvrstom nadom
U božju pomoć!

Crnogorka

Ja da sam lovor, u te kršne strane,
Vrhove ne bih dizô suncu vrelu,
No krunu svoju, svoje šumne grane,
Priklonio bih, sestro, tvome čelu!

Meni si viša od orla kad leti!
Jer tvoja djela digoše te visu.
Srce je tvoje jedan oltar sveti
Koga grijesi porušili nisu.

Ljubav je tvoja nepregledno more,
Njim pojiš rodni krš i ove gore,
Koje nam krvnik v'jekovima hara.

I dok tvoj plamen gori pred oltarom,
Vjerujem, da će u Prizrenu starom
Sinuti presto budućeg nam cara....!

Crv

Hodi, Srpče, bliže meni,
Hod', sokole moj,
Gledaj crva kako puzi
U prašini toj.

Iz potaje grize, truje
Sa korjena cv'jet,
I najvišoj plodnoj voćki
Bude zlotvor klet.

Od sv'jeta se vječno krije.
Ali za to znaj:
Ko se krije ništa nije,
Kukavica j' taj.

Nogom lupni, pogazi ga,
Svakom crvu smrt!
Koji gmili u prašini,
Truje cv'jetni vrt.

Ti ne budi, Srpče drago,
Sivi tiću moj,
Ti ne budi nikad crvak –
Sokolski mi stoj!

Cvijetak u rosi

U plamu rujne boje
  Daljni se istok sjao,
S ljubavlju pjesme svoje
  Slavuj je ružu zvao;

Večernjeg zvona zvuke
  Vjetrić je nosio širom –
Ti si skrstila ruke
  S pobožnim, slatkim mirom.

Molila ti se blago
  Za bolje roda svoga,
Za svoje Srpstvo drago
  Zvala si Spasa Boga;

Tvoje su usne male
  Šaptale r'ječju tajnom,
I čiste suze sjale
  U tvome oku sjajnom;

A ja sam u tebi, čedo,
  U tebi, zv'jezdo čista,
Najljepši cv'jetak gledô
  U rosi kako blista.

Časovi

Ovdje nikog nema. U mračnoj samoći
Sâm stojim kô munjom opaljeno drvo;
I huk vjetra, što se maloprije hrvô
S ogoljelim granjem, zaspô je u noći.

No ja dobro čujem hod, korake vječne
Nevidovnih snaga što kô straža bdiju,
Prodiru kroz kamen, zemlju, tmine riječne,
Plijene i nose i nište i biju;

I Boga i nebo, Život i Sazdanje,
Sve u isto doba. I u mojoj krvi
Ovaj grdni povor ja ćutim gdje vrvi,
I od moga žića sve ostaje manje.

I njihovu kobnu pjesmu: tika-taka
Ja slušam, i srce sve udara tiše;
I ja vidim jasno: sve više i više
Da postajem samo crne zemlje šaka.

Čekanje

Koliko je sreće u časima ovim,
Kad se mjesec rađa na plavoj visini,
Kada slavuj pjeva negdje u daljini
I razgara srce plamenima novim!

Ovdje drvlje staro duge sjenke baca,
U našoj rijeci brdo se ogleda;
Dođi, jer mi srce više mira ne da –
Ja sam žedan, draga, tvojih poljubaca.

Ne moli se, tamo, pred ikonom starom!
Ovdje, u slobodi, pred nebom – oltarom
Sa koga nam gospod o milosti zbori,

Dođi da zajedno molimo nas dvoje:
Ja ću sve da ljubim oči, usne tvoje,
A ti strepi, dršći i sa mnom izgori.

Čela

Gle kako je sitna, mala,
Tek je čuješ kad poleti,
Mala čela, al' je zato
Veličanstven rad joj sveti.

Hajd', zaviri u skromnu kuću
Gdje čelica vr'jedna živi,
Hajd' pogledaj, pa se čudi
I velikom djelu divi!

U košnice radne čele
Niko blago metnô nije.
Sama čela svojim trudom,
Slatkim medom napuni je!

Nikad nije čela marna
„Daj mi!" kao prosjak rekla,
Rano raneć', kasno kasneć'
Sama sebi blago stekla.

Pa hajd', braćo, kô čelica
Da smo uv'jek duha čilog,
Da zbiramo slatke plode
U košnicu roda milog.

Čestitka

Putuj, mala bebo,
U Nedičin kraj,
I ponesi njojzi
Ujin zagrljaj.

Pevajući stupi
U Nedičin stan,
I čestitaj toplo
Njezin rođendan.

Čežnja (I)

Haj, u ono doba sveto,
U djetinjstvu dragom,
Kada sam se vesô kretô
U spokojstvu blagom:
Srećnij' bijah od slavuja!
Kad bih našô jato guja
Oštro na me siktale su
U pomamnom svome b'jesu –
Al' bez groze i bez strave
Tukô sam ih sve do glave;
Pob'jede se barjak vio,
A ja tako srećan bio!
Pa se često sjećam toga,
Na minule dane,
Na djetinjstva milog moga
Bojeve, megdane;
A sveta se čežnja budi
I uzdahnu moje grudi:
Oh, da vječna sila sade
Meni lavske moći dade,
Pa da smrvim ljute guje,
Što im čeljust otrov bljuje –
Mrske guje što se roje,
Grob kopaju majke svoje...!

Čežnja (II)

Gdje ste...? Ja budan na prozoru stojim
Naslonjen čelom na staklo... Sve spava...
Noć sjajna, kô da po oknima mojim
Polako šušti vaša kosa plava...

U ove čase zvijezda i snova
U vašu baštu ja sam dolazio;
Mirisao je jorgovan i zova,
I mrki čempres povijô se ti'o.

U ove čase vi ste ruža bili,
Ja leptir bio što na cvijet pada;
Ah, vaše kose, oči, smijeh mili,
I vaše tijelo i ljepota mlada

Opiše mene... Mi bjesmo u raju,
Jabuke slatke berući sa grana...
Dok slavuj pjeva i zvijezde sjaju
I rasipa se miris jorgovana.

No sve je prošlo... Kô jablan bez rose
Sâm ginem sada i u čežnji stojim...
Noć, sjajna, kô da svila vaše kose
Polako šušti po oknima mojim.

Da li čuješ...?

Da li čuješ, usred ove noći,
Iz daljine neki tajni glas?
Punan milja i božanske moći
Tiho, blago dol'jeće do nas.

Da li glase iz gorice vile
Donosi nam lahorovi let?
Il' slavuja slatkopjesme mile
U dolini uspavljuju cv'jet?

Ne! To glasi heruvima sveta
Tiho bruje u ponoći toj,
Iz svemira on zemlji dol'jeta
Da sa pjesmom sladi sanak tvoj.

Oh, pa spavaj, tu na moje grudi
Glavom kloni, zaboravi sv'jet,
Štitiće te, dok zora zarudi,
Ljubav moja i heruvim svet.

Danilu Iliću i njegovim drugovima

Sokoli sivi, vi beste oluje
Što nose vesti sunčanijeh dana,
Gde ćemo jednom slušati slavuje
U gordom cvetu zavičajnih grana.

S visina vaših sleteli su beli
Anđeli, svuda trubama da jave:
Nedelje svetle i vidike plave,
I u hram bratstva skupe narod celi.

Iz vaših srca – iz vulkana živih
Izbiše vatre velike i lepe,
Kô zora rana svrh timora sivih.

I sva se srca ogrejaše bona,
I u tamnice studene i klete
Sleprša pesma spasovdanskih zvona.

Divna je zora

Divna je zora
Kad jutrom s gora
Razgoni mrak!

Divno je sunce
Kad na vrhunce
Prosiplje zrak!

Divno je cv'jeće,
U njemu sreće
Gledamo lik!

Al' ništa nije
Da dušu grije –
Kô pjesme klik!

Dok je snage...!

Dok je snage, dok nam dušu grije
Sveta nada rasplamćelim žarom,
Dok silnije srdašce nam bije
Krepkom voljom, pregnućem i marom,
Hajte, druzi, mila braćo, hajte,
Svome rodu cv'jeće prikupljajte!
Ne pustimo zlatne dane
Da ih zaman nosi let:
Kad nam čila snaga pane
I mladosti svehne cv'jet –
Tada su nam slabe sile
Za rad naše zemlje mile.

Za idejom! Onaj plamen živi
Nek nas vjere krijepi i vodi!
Za idejom, sokolovi sivi,
Jednu misô nek nam sloga rodi!
Za idejom, za nju borimo se!
Tä za borbu Srbin rodio se!
Ne pustimo zlatne dane
Da ih zaman nosi let:
Kad nam čila snaga pane
I mladosti svehne cv'jet –
Tada su nam slabe sile
Za rad naše zemlje mile.

Udruženim onim bratskim žarom,
Sletiće nam milost blagog Boga,
Darivaće svojim svetim darom
Paćenika, tužnog Srba svoga.
Trudi naši zaman biti neće –
Kô trn gazi nabraće i cv'jeće.
Ne pustimo zlatne dane
Da ih zaman nosi let:

Kad nam čila snaga pane
I mladosti svehne cv'jet –
Tada su nam slabe sile
Za rad naše zemlje mile.

Svi na branik, a prokletstvo neka
Pokoljenja izdajicu prati!
Svi na branik! Na nas narod čeka.
Svi na branik! Pozivlje nas mati.
Hajte, druzi, mila braćo, hajte,
Svome rodu cv'jeće prikupljajte!
Ne pustimo zlatne dane
Da ih zaman nosi let:
Kad nam čila snaga pane
I mladosti svehne cv'jet –
Tada su nam slabe sile
Za rad naše zemlje mile.

Duša

Ja vidim kad na te, topla i b'jela,
Kroz tvoj pendžer mala mjesečina pada...
I šum svaki čujem tvoga odijela,
Na dušeke meke kada kloneš mlada...

Kao sjenka tvoja svake te minute
Moja duša prati i uza te dršće...
I ljubice svoje, čežnjama osute,
Prosipa na tvoju stazu i raskršće...

U baštama tvojim ono rosa nije –
To su suze sreće što ih ona lije,
Pri sjaju zv'jezda u tihu pokoju...

U kandilu tvome kada žižak cepti,
Znaj, to duša moja prislužena trepti,
I prosipa na te zlatnu svjetlost svoju...

Đačka pjesma

Evo zore! Evo dana!
Hajd' na noge ko je zdrav,
Koji dugo leži, spava,
život mu je težak sav.

Eno škole, svetog zdanja!
Zvonom eno, zove nas,
Da nam dade sv'jesti, znanja,
– Znanje nam je slabim spas!

Pa hajdemo, krećimo se,
Složno, druzi, svi na rad!
Knjizi svetoj učimo se,
Dok je razum i duh mlad.

Razumu nam mlađanome,
Daje krila, svježu moć;
Ljubimo je, pa sa njome
Razgnaćemo srpsku noć.

Sreća će nam sa svih strana
Kao bujna r'jeka teći;
Bud'mo braćo sad valjana:
Sa učenjem snagu steći!

Na nas će se osmjehivat'
Anđô božji milostiv,
I krilima gonit', skrivat'
Teški sa nas oblak siv.

Sunašce će zasijati,
Da razvedri srpski kraj:
Prestati će naša mati
Da u grudi nosi vaj.

Eno škole! Krećimo se
Složno, druzi, svi na rad!
Knjizi svetoj učimo se –
Ona goni tamu, jad.

Đurđevo jutro...

Đurđevo jutro smijalo se na te,
Milo i plavo kao tvoje oko,
A ti si kradom gazila duboko
U bistri potok bijela i naga...

Okolo mlade šumile su vrbe
I svima leptir na ružama bdio,
A ja sam skriven blizu tebe bio,
Dršćô i sanjô san mladosti prve...

I dok je potok pričao ti tajno
Najljepšu bajku iz minulih dana,
Ja na te bacih kitu jorgovana
A rosna kita na njedra ti pade.

Ti lako prenu, kô stabljika vita,
I kosom prikri svoje njedro nago –
I ja sam viđô: tvoje lice blago
Rumenim stidom kako milo planu...

Tako i zora kad je putnik zgleda
Od stida gori, sva sveta i čista,
Al' od tog stida svo nebo zablista
I živa svjetlost ljudima se rodi...

I u mom srcu svjetlilo se rodi
I njim zavlada moć i sila tvoja,
I mlada duša veselo propoja,
Da tebe slavi u besmrću svome...

Đuri Jakšiću

Sa obale sinjeg mora
   Gledam jednu st'jenu golu,
Šibaju je b'jesni vali,
   Predavaju ljutom bolu.

Ona trpi sve udare,
   Trpi muke, jade same.
Ta stijena usred mora,
   Na tvoj život podsjeća me.

I tebe su boli trli,
   Lomila te crna tuga,
– Al' ti nisi, Đuro, vrli,
   Nikom htio biti sluga.

Trpio si... Nemilosno,
   Sudbina ti jade slala,
Al' za milost nije s' nikom
   Tvoja glava preklinjala.

Imao si divnu vilu,
   Mehlem tvojih ljutih rana,
Njoj si pjevô pjesmu milu,
   Lučom svetom obasjana.

Pa i Srpstvu pjevao si,
   Moć mu pjesmom srcu livô –
Tvoju pjesmu slava nosi,
   Vječnost joj je Bog darivô.

Oni mnogi, što su bili
   Za vremena tužna tvoga
U kadifi i u svili,
   Sred groba su ledenoga.

Za ime im ne zna niko
– Kô da nisu nigda bili –
A tebi se, naša diko,
Lovorovi v'jenci svili.

Tvoje ime svijet znade,
Tebe Srbin obožava,
Jer ga tvoja pjesma kr'jepi
I duši mu snage dava.

Pa dok srpsko sunce blista –
Kog, v'jekovi kivni, gase –
Dopiraće tebi gori,
Ti ćeš čuti roda glase;

„Neka mu je vječna slava!
Za Srpstvo je rad polagô,
Pjevao mu noću, danju –
Ostavio njemu blago!"

Ej konjicu...

Ej konjicu vjerni, ej ti moje krilo,
Gdje je doba ono, gdje su dani oni
Kad je srce puno rahatluka bilo?!

Kao laki vjetar što oblake goni,
Nosio si dugo svoga gospodara
Jutrom i večerom kad se sunce kloni...

Svud sam brao đule i grozde behara,
Mojoj sreći nigdje ravne bilo nije –
Sve od Banja Luke pa čak do Mostara!

Znaš li čase one...? Pozno sunce grije,
Vrhovi munara kao vatra gore,
A svuda iz bašte miris đula vije.

Mi se povraćamo iz lova, iz gore,
A ona na demir-pendžerima stoji
Ljepša od večeri i od sabah-zore...

Na me čeka... Gleda, i časove broji
Kad ću proći... A ja, kad bih blizu bio,
Slao bih joj pozdrav kuburlija svoji'...

A ona s pendžera đul i behar mio
Prosula bi hitro, i kô snijeg na me
Pahuljice meke padale su ti'o,

Kao da su sevdah ćutile i same...
O, kako je onda puno sunca bilo...!
A sad...? Svuda mutni oblaci i tame...

Ej konjicu vjerni, ej ti moje krilo...!

Elegija (I)

O rijeko draga moga zavičaja,
Kako si lijepa, kristalna i plava!
U dubini tvojoj nebo odsijava
I lomi se blesak sunčevoga sjaja.

Tvoj je šumor pjesma koju galeb laki
Na srebrna krila dočekuje zorom;
Za nju znade drvlje, list i kamen svaki,
Nju ti čuje oblak i nebo pod gorom.

Ja u njojzi slušam povijest iz danâ
Kad sin zemlje ove nije prahom bio,
No sa bojnih polja tebi dolazio
Da napoji žedna konja od mejdana.

Sa talasa tvojih, kô ljiljan bijela,
Pružala je njemu vila lovor-granu,
Grijala mu srce na podvig, na djela,
I konjicu plela grivu raščešljanu.

Ona i sad živi. Na obale krša
Ja dolazim često kad noć tiha brodi.
Slušam kako vjetar, okupan u vodi,
U smokvama starim polako lepršav.

Tu, u gluho doba, kad mjesec zasija
I tvoj talas plane sjajem dragog kama,
Jedan lik, od krina i od kamelija,
Na modroj stijeni pod omorikama

Pojavi se. Sama, u providnom velu
Od srebrne magle, ona stoji tako
Blijeda i tužna. I dok vjetar lako
Pramenove zlatne mrsi joj po čelu,

Njezin pogled bludi preko mrtvih strana,
Daleko po kršu, po rodnome kraju;
I dva plava oka suzom zablistaju –
Kô dva plava neba, kô dva vedra dana.

I sve dok ne sleti zora na vrh goli,
Kao stub mramorni tako stoji sama
Na modroj stijeni pod omorikama,
Pa plače i jeca i Bogu se moli.

O, ja znadem gdje je postojbina njena!
U dubini tvojoj, o rijeko plava,
U dvoru kristala, od davnih vremena,
Na velencu trave ona tiho spava.

I njezina suza, što se tužno sija,
Plač, jecanje ono što ga svake noći
Vlažni vjetar nosi po gluhoj samoći,
To je moga roda tužna elegija...

Elegija (II)

Zašto se meni javljaš tajno
Kada mi duša tiho sniva?
I zašto tvoje oko sjajno
Golemu tugu i jad skriva?

Zašto me kroz noć staneš zvati,
I šta ti jadno srce ište?
Tä ja ti nemam ništa dati,
O, ja sam pusto pepelište.

Sve što sam imô ja sam dao,
Nevjero hladna ljubavi moje –
Sve što sam svojim blagom zvao:
Mladost i oganj duše svoje.

Pa zašto meni stupaš snova,
Šta tražiš ovdje u mrtvaca?
Hladna je, hladna ruka ova
Što nekad na te ruže baca.

Pusti me! Pusti i ne mori!
Nek sâm ovako trajem dane,
Sve dok mi srce ne izgori,
Sve dok mi duša ne izda'ne.

Emina

Sinoć, kad se vratih iz topla hamama,
Prođoh pokraj bašte staroga imama;
Kad tamo, u bašti, u hladu jasmina,
S ibrikom u ruci stajaše Emina.

Ja kakva je, pusta! Tako mi imana,
Stid je ne bi bilo da je kod sultana!
Pa još kad se šeće i plećima kreće...
– Ni hodžin mi zapis više pomoć neće...!

Ja joj nazvah selam. Al' moga mi dina,
Ne šće ni da čuje lijepa Emina,
No u srebren ibrik zahitila vode
Pa po bašti đule zalivati ode;

S grana vjetar duhnu pa niz pleći puste
Rasplete joj one pletenice guste,
Zamirisa kosa ko zumbuli plavi,
A meni se krenu bururet u glavi!

Malo ne posrnuh, mojega mi dina,
Al' meni ne dođe lijepa Emina.
Samo me je jednom pogledala mrko,
Niti haje, alčak, što za njome crko'...!

Epilog

Razaram bola sve tamnice tvrde,
Gdje tako dugo akrepi me dave
I ujedima truju me i grde.

Letim i smrzle prsi mi se krave –
Rukama hvatam plamenove zore,
Oni me dižu u svodove plave.

I šume, trepte, šire se, i gore
U vihorima radosti, i sile,
Pobjeda slavnih što se jutros hore

Sve od Vardara pa do Soče mile.
Moj Bog, u meni što je mrtav bio,
Probudio se i u grotlo spile

Očaja moga sve izvore slio.
I sad kô more, gde svjetlilo grije,
Moja se duša širi. I niz cio

Okean njeni, kome kraja nije,
Galebi kruže, svud brodovi brode;
I s harfom, gorda i ljepša od svije',

Na krmi blista kraljica slobode!

Esad-paši

Gvozdenijeh vrata razbili smo brave
I pobili barjak na bedeme strme!
Po volji Alaha, jutros, mrki lave,
Vrhovi Lovćena pobjedama grme.

Ne strijeljaj okom i zube ne krši –
Ko junački pada nigda pao nije!
A znaš, i nas ovi rađali su krši:
Po baštama Skadra, gdje naranča zrije,

Kraljice su naše šuštale u svili.
Pašo, mi smo gradu neimari bili –
Još Jezero pamti i Bojana čista,

Gdje je Gojko utve lakokrile gađô.
Ovdje Balša svoje sokole je rađô –
Ovdje nek mu snova grb stari zablista!

Fantazija

U zapad duboko kada sunce ode
I pošljednji plamen mre u vrhu gora,
Mene laki snovi u samoću vode
Gdje vjetrovi šume iznad pustih dvora.

Pragovima hladnim, što ih dani krnje,
Ne pristupa niko u dvorane tavne;
Njih pokriva duga kupina i trnje
I crven velenac mahovine davne.

Nigdje glasa. Tamo gdje su bašte one
Ne žubori voda hladnog šedrvana,
U sjenkama vrbâ i guste topole
Nijem stoji svjedok preminulih dana.

Al' kasno, kad mjesec grane iza gora,
Kad ponoćni vjetar tamni čempres njija,
Jedno zlatno čedo niz pragove dvorâ
S kondirom u ruci slazi kô sjen tija.

Po obraslom putu, kroz drijen i smreke,
Lagano se krade i kuplje u rosi,
Dok srebrni blesak mjesečine meke
Pada joj i trepti po svilenoj kosi.

I u tome času sa visokih grana
Tajanstveni šapat u noć vedru mine,
A iz starih lula hladnog šedrvana
Zažubori voda i čarobno sine.

Ona lako stupi i dok voda prska
I u zlatan kondir kao biser pada,
U dubokoj čežnji, dršćući kô trska,
Tihu pjesmu poje i dragom se nada.

I dok laka pjesma, kô zvuk harfe, stiže
Ispod lisnih vrba i topola gusti',
Nad njom blagi Gospod svoje ruke diže
I v'jenac od zv'jezda na glavu joj spusti.

I u svetom strahu, u prisustvu boga,
Sve strepi: i listak, drvlje, i kam goli;
I moj duh, kô tica sa noćišta svoga,
U noć sv'jetlu prhne i Bogu se moli.

Gavranovi

Pjesma sa Kosova

Mrski
Prljavi gosti,
Oskvrniste nam stan...
Srce i naše kosti
Kljujte
   Svaki dan...

Proklet,
O proklet bio,
Ko igda ljubio vas...!
I proklet porod mu cio,
I stado,
   Polje i klas...!

Po plodu
Našijeh njiva
Kô oblak padate crn...
Naš znoj vam žetva biva,
A nama
   Ostaje trn...

No od tih
Ostruga, jednom,
Mi ćemo saviti splet...
I s njim na čelu lednom
Uz oštre
   Hridi se peť...

Uz hridi,
Putem Golgoti,
Ne, neće klonuti rob...!
U Vjeri – svojoj Ljepoti,

U sv'jetli
    Panuće grob...!

I zv'jezde
Osuće brijeg...
I kao Hristos, naš Brat,
Vaskrsa zlatni stijeg
S naših će
    Bedema sjat'...!

Gavrilo Princip

S bedema naših se vija tirana pogani steg,
I smrti trube se hore;
Svrh nas je nebo mračno i hladno kao sneg –
Mi bele nemamo zore.
Naši su
Dani
Konop i stub,
Magle
I vrani,
I zveri zub.

Pa dokle ćemo sramno snositi jaram crni
Nemi i pusti kô panj,
Gledati gde nam rodno ognjište hulja skvrni
I ruglo baca na nj?
Jesmo li
Stoka?
Jesmo li crv?
Gde je sev
Oko?
Gde plam i krv?

S burama osvete svete nek sveti bukne boj
I žuti lipsaju hrti!
S pesmom carski i gordo uprimo pogled svoj
U oči studene smrti!
Nek pun
Lepote
Sine kô maj
S naše
Golgote
Vaskrsni sjaj!

Gdje mnidijah...

Gdje mnidijah da je
  Mirisavi cv'jet –
Tu j' otrovna biljka,
  Tu je pakô klet...

Gdje mnidijah da su
  Izvori vrline –
Otrovna su vrela,
  Otrovne gorčine.

U kom srcu mišljah
  Da žar pravde tinja –
To je srce pusto,
  Kukavica sinja.

Koju dušu držah
  Da ljubavi diše –
Satana je mrska,
  Od pakla je više.

O kom mišljah da je
  Svojoj vjeri stanac –
Sa poganom dušom
  Rodu kuje lanac.

Koji za rod bjehu
  Na braniku prvi –
Sad eto ih – gmile
  U prašini crvi.

O kojima mišljah
  Da dom srećni krune –
Sa krvavom suzom
  Sad ih narod kune.

Kog čuh zborit: „Istina
Od sveg mi je draža!"
Sad je pljuje, gazi
Malodušna laža.

Gdje mnidijah da je
Mirisavi cv'jet –
Tu j' otrovna biljka,
Tu je pakô klet.

Gdje je razmah snage?

Sjeni Milorada J. Mitrovića

Gdje je razmah snage? Gdje je sila muška?
I svijetli podvig djela neprolaznih?
Ja vidim: nas redom sadašnjost ljuljuška,
Kô djecu, u mekoj zipci snova praznih.

Ko se prenu na glas bratovljevih muka
I s melemom blagim nevoljnima stiže?
Ko pogleda nebo raširenih ruka
I smirene duše krst na pleći diže?

Milioni zovu, pomoć ištu našu,
No bogova nema da ispiju čašu –
Trn ne bode čelo pokoljenja maznih.

Gdje je razmah snage? Gdje je sila muška?
Ja vidim: nas redom sadašnjost ljuljuška,
Kô djecu, u mekoj zipci snova praznih.

Gledao sam

Gledao sam potok bistri
Kako skladno bruji,
A prate ga razdragani
Sa pjesmom slavuji.

Pa mi srce zadrhtalo
Od tog skladnog hora,
Zadrhtalo, a ja kliknuh
Kroz tišinu gora:

„Čuj me nebo, čuj me Bože,
Na prestolu gori!
Čuj, što srce mlađano ti
Srbinovo zbori:

Daj i nama takvog sklada,
Ka'no sklad slavuja,
Pa da s' onda ne bojimo
Nikakvih oluja!"

Gledao sam...

Gledao sam mladu zoru,
Kada jutrom istok krasi,
I rumeno lice svoje
Kupa mora u talasi.

Pred čarobnim likom njenim,
Pred zracima silne moći –
Drhti, strepi, pada, bježi,
Iščezava tavna noći.

Pa i meni kad se smrkne,
Kad mi bolest grudi slama –
Ja pogledam tebe, zoru,
I s duše mi bježi tama.

Srce plane vrelim žarom,
I nada se dignu dvori,
Pa tad kliknem: „Pjevaj, srce,
Tä pred tobom zora zori!"

Gledao sam nebo...

Gledao sam nebo
  U po noći tije,
Nijedan oblačak
  Pokrivô ga nije.

Sijale su zv'jezde
  U divotnom čaru,
I pjesmice vile
  Svom noćnom stražaru;

I mjesec ih gledô
  Pa se osmjehivô,
Vasionom zlatne,
  Zrake je razlivô.

Sv'jetlile su gore,
  Sv'jetlile se dole,
I vječno sumorne
  One st'jene gole.

Ali najedanput
  Kao da se pakô
U razjari crnoj
  Na taj svijet makô.

Zaduvao vihor
  Pomamom demona,
Pomračalo nebo,
  C'jela vasiona.

Drhtala je zemlja,
  Strepile su strane;
Uzdisala gora,
  Lomile se grane.

Što god cv'jeća bješe
　Mirisava, divna,
Sve iščupa jarost
　Vihorova kivna.

Al' gle kako pade
　Ta paklena sila,
Razvedri se nebo,
　Svanu zora mila.

Skrili se oblaci,
　Razbjegle se tmine;
Eto b'jelog danka
　Da nam suncem sine.

Gojkovica

Vojvoda Gojko, odapni tetivu,
Svrh Jezera se hitra utva vije!
Obuci kalpak, toke i kadivu –
Jutros je Vaskrs mučenika svije'!

Peva i kliče naš zavičaj ceo!
Bojana trepti i bleske đerdana
Po Skadru baca, gde, crven i zreo,
Slatki plod na nju maše sa svih strana.

Gle, tamo, kuda šatori se bele
Uz plamenove vatara kraj vode,
S curama stasa vita kô u jele
Igraju kolo vesnici slobode!

Na poklon jezdi herojima zornim
I celuj lica sva, mlada i seda!
Oni junaštva mahom čudotvornim
I patnjom greh su iskupili deda...

S njima se vrati novi život nama –
I jutros, kad im pesma probi tame,
Moj hladni đemer od crnoga kama
Prsnu, i ruže zora prosu na me.

Ja sada, evo, na bedemu stojim,
Gde steg leprša slave davnih dana,
I čedo dižem na rukama svojim –
Neka vidi kraljeve megdana!

Vojvoda Gojko, odapni tetivu,
Svrh Jezera se hitra utva vije!
Obuci kalpak, toke i kadivu –
Jutros je Vaskrs mučenika svije'!

Gola nam je zemlja...

Gola nam je zemlja... Razdrte joj pleći –
Vržljava i pusta mutne gleda dane...
Posadimo stabla, nek razrastu grane,
U njihovom hladu da možemo leći...

Gladna nam je zemlja... Sve plodove zdrave
Pobio je vihor tučama stokratnim...
Nahranimo njive sjemenima zlatnim,
Nek se nova blaga naše žetve jave...

Žedna nam je zemlja, napitka bi htjela...
U njedrima njenim ugasla su vrela –
Vapijući rukom, prsi steže mati...

O dajte, nek barem naša suza kane,
Nek utoli njenu žeđ i vatru, rane,
Kad joj krvi svoje ne možemo dati...

Golom stijenju

Gledao sam sinje more,
Mnoge rijeke, mnoge gore,
   Mnogi ubav kraj;
Gledao sam mnoga sela,
Gdje žubore hladna vrela,
Gdje tičica prevesela
   Sunčev zdravlja sjaj.

Ali ništa, st'jenje milo,
Srce nije prisvojilo
   Mlađano mi – kao ti;
Ništa dušu moju tako,
Plahovito, silno, jako,
Bujno, snažno, vrelo, žarko,
   Sa ljubavlju ne napi.

S tobom mi se srce veže,
Tebi moje želje teže,
   Ti si predmet sanka mog;
Tu mi srpsko cvijeće cvjeta,
A vila ga čuva sveta,
Oko njega brižno lijeta,
   U nadi je štiti bog.

Pa zdravo mi, st'jenje golo,
Milo gnijezdo sokolovo,
   Gdje s' Milošev rađa soj!
Ja te ljubim žarko, vrelo,
Kao majka čedo bijelo,
Kao slavuj goru, vrelo –
   Za te živi sinak tvoj!

Gondže ružo...

Gondže ružo
U zelenom sadu,
Lijepo li
Mirišeš u hladu!

Ljepše nego
Sav bosiljak rani
I zumbuli
Rosom pokapani.

Gondže ružo
U zelenom sadu,
Lijepo li
Mirišeš u hladu!

Ali zaman!
Ja te neću brati,
Niti brati
Niti dragoj dati;

Moja draga
I ne haje za me,
Niti haje
Niti čeka na me.

Na srcu mi
Teški jadi stoje,
Jer ja više
Nemam drage svoje.

Nemam drage,
A sve mislim na nju,
I kunem je
I noću i danju:

Ne utekla
Od moga harama
Što je mene
Ostavila sama –

No bog dao
Pa u dertu svome
Zaplakala
Na mezaru mome!

Gore naše...[2]

Gore naše propojte veseljem:
Jarko vas je pohodilo sunce,
Jarko sunce Bogom darovano,
Da vas novim ogrije životom
I napoji izvorima živim.
O, raduj se, lavro sedmovratna
Sveta Žičo na Moravi hladnoj!
Uždi svoje plamene oltare,
Otpoj slavu Bogu velikome,
Zadužbino Bogu posvećena;
Ispod tvojih mirnijeh svodova
Kô glas božji kad spasenje javlja
Nek zazvone zvona osveštana
Blagim zvukom vaskrsnoga slavlja!
O, raduj se, Šumadijo ravna –
O, raduj se, majko Obilićâ:
Birčanina i Lazarevićâ,
Hajduk-Veljkâ i Hadži-Ruvimâ,
Čarapića i hrabrih Mutapâ,
Sinđelića, Loma i Glavaša!
O, raduj se vječnim radovanjem:
Željno ti je zaigralo sunce
Na istoku spram Avale plave,

Tebi majko ljubljena i draga,
Vječna Pravda, evo, opet vrati
Iz daljine sina rođenoga,
Da mu čelo ukrasiš vijencem,
Da visoko, u oblake sive,
S blagoslovom Boga velikoga
Podigne ti zastavu slobode,
Uz odjeke pobjednijeh truba

---

[2] Ovu je pesmu deklamovao gospodin M. Gavrilović na svečanoj predstavi u Narodnom pozorištu 29. juna 1903. godine. (Prim. aut.)

Da se tamo zlatna zavihori
Prô Balkana do svetih Dečana
I još dalje, daleko, daleko,
Tamo, tamo, gdje je tužno groblje,
Gdjeno cvili okovano roblje
A bez zore i bijela danka,
U dubokoj noći bez osvanka...
O, raduj se, postojbino draga,
O, raduj se vječnim radovanjem,
Blago tebi odsad dovijeka,
Blago nama na oba svijeta:
Na unuku lava topolskoga
Odsijeva kruna Lazareva!
Blistaj, kruno, i sretno ti bilo,
Srbija se zaželjela sjaja,
Srbija se zaželjela dana,
Srbija se zaželjela tića,
Obilića, orla i poleta –
Ti poleti djedovskijem letom,
Na bedemu srpskijeh krvnika
Neka zvekne ubojno nam gvožđe,
Da te s neba blagosilja Đorđe;
Od Vardara do sinjeg Jadrana
Uz brujanje vaskrsnijeh zvona
Da propoju duše miliona:
Slava onom koji lance skida!
Slava onom koji rane vida!
Slava onom koji lomi gvožđa –
Slava krilu besmrtnoga Đorđa!

Gori

Oj ti goro, čarna goro,
Što te volim tako?
Iz tvoga se ne bih nikad
Zagrljaja makô.

Tu bi mojoj mladoj duši
Najmilije bilo,
Kao čedu kad ga majka
Postavi na krilo.

Tu bi gledô surog orla
Sa sokolom sivim,
Kako iklikću u slobodi,
Sa poletom živim.

Tu bi srce zaplamtilo
Sa tvojom milinom,
A pjesma bi horila se
Širom i daljinom.

Tu bi s' grudi osnažile,
Napile se raja –
Nestalo bi njima bola,
Nestalo bi vaja...

Oj ti goro, čarna goro!
Ja te volim jako!
Iz tvoga se ne bih nikad
Zagrljaja makô.

Goro moja...

Goro moja, ko te tako ljuto kleo?
Goro moja, zašto crni nosiš veo?

„Ostala sam pusta... Ostala sam sama,
Sve sokole moje pobila je tama."

Iz dubine tvoje mene zima bije,
Ne čujem ti više pojanje kô prije.

„Hladno inje pade naših praznih dana,
Pa moji slavuji odletiše s grana."

Sve si, eto, reda! Kamo krune s vrha?
Ko ti vite jele i borove skrha?

„Meni gluho nebo posla vječne jade –
Pod sjekirom tuđom sve mi blago pade."

A kamo ti vile pokraj bistrih vrela,
Da polete letom preko naših sela?

„Nestalo je snaga, junaka i krila...
Više srca nema, pa nema ni vila."

Gorštak

Pustite me! Meni nije
    U toj vrevi život drag;
Gdjeno ljepše sunce grije
I plavo se nebo svija,
Gdjeno zlatno klasje njija
    Slatkim dahom vjetrić blag;

Tamo, tamo, za tom gorom
    Gdje plodove štiti Bog,
I gdje rano, ranom zorom,
Uz šuštanje bistrih vrela,
Zvone zvonca mirnih sela –
    Tamo nađoh mira svog!

Tamo, tamo u samoći,
    Na me čeka neven moj...
I u danu i u noći
O njemu mi duša sniva –
U dva ona oka živa
    Gleda sunce i dan svoj!

Ne treba mi drugog blaga –
    Svega mi je dao Bog!
Moje blago moja draga,
Sa nje mi je život mio,
U njoj mi je svijet cio
    I sva radost srca mog!

O, slatka su njena usta –
    Poljubac joj tako blag!
A kosa joj meka, gusta,
U njedrima ruže dvije,
Pod ružama srce bije,
    Divno srce – alem drag!

Pustite me! Tamo, tamo,
 Gdjeno slatki slušam poj,
Gdje me radost sreta samo
I gdje ljepše sunce grije,
Tamo mi je, tamo mi je,
 Nebo moje, život moj!

Gospođici

Bjanki Kurinaldi

Nekada sam i vas na koljenu cupkô,
I donosio vam slatke šećerleme,
I ljubio dugo vaše plavo tjeme,
I čelo, i lice nevino i ljupko.

No dani su prošli kô rijeka nagla,
Kô trenutni snovi, kao puste varke;
Sad na vašem licu sjaj mladosti žarke,
A na mome jesen i turobna magla.

Ja znam, vaše srce sada vatrom gori,
Moje hladna zima okiva i mori;
Vaše oči sjaju kô dva neba plava,

A moje su mutne kao magle sinje...
Mladost, ljubav, oganj, sve u grobu spava –
Po kosama mojim popanulo inje...

Grivna (I)

I

Kupiću ti zlatnu grivnu,
Divnu
Grivnu!
Nek se niže, ružo b'jela,
Oko tvoga grla b'jela,
Pa kad skočiš, sele laka,
Neka čini, cika, caka,
Cika, caka!

Kupiću ti zlatnu grivnu,
Divnu
Grivnu!
A u grivni biće slova
Od bisera, alemova:
Ovaj darak onaj dade,
Što pred tvojim sjajem pade,
I što sniva bez pokoja
Do dva mila oka tvoja!

Kupiću ti zlatnu grivnu,
Divnu
Grivnu!
A svi snovi, želje moje
Nek u zlatnoj grivni stoje,
Nek ti šapću blago, ti'o:
„Zoro moja, danče mio,
Slatki raju moj,
Do groba sam tvoj, pa tvoj...!"

II

Šta su, dušo, zlato moje,
Šta su mile oči tvoje?
Ono blago blaga svije'
Što sv'jetove božje grije,
To su, dušo, zlato moje,
To su mile oči tvoje!

Što su mile kose tvoje,
Kose tvoje – želje moje?
Ono, od čeg' nebo plete
Anđeoske snove svete,
To su mile kose tvoje,
Kose tvoje – želje moje...!

Što je blaga duša tvoja?
Duša tvoja – duša moja?
Ono, s čime diše cv'jeće,
Rana zora i proljeće,
To je blaga duša tvoja,
Duša tvoja – duša moja!

III

Jednom danku
Na uranku,
Kraj potoka, bistra vrela,
Pohvali se ruža b'jela:
Što je cv'jeća i što cvati,
Sve što znade mirisati,
Da se njojzi klanjat' mora
Sa mirisa i ljepote.
To začuo, pa se ote
Lagan vjetrić sa vrh gora,
Oteo se, uzvio se,
Pa dodirnô ruse kose
Čeda mog;
S njih slađani miris svio,

Pa ružici odletio
Usred njedra bijeloga.
Ruža prenu,
Suncu glenu,
Suncu ode uzdah njeni,
Pa od stida ruža ranka,
B'jela ruža mirisanka,
Pred vjetrićem porumeni.

IV

O, ne sklanjaj milo lice
S prozora ti visokoga,
Pusti nek me ozgo zgr'jeva
Sv'jetli odsjaj lica tvoga.

Tako sunce sa visina
U dolini cv'jetak grije,
A on strepi, žudi, želi,
Pa slađani život pije.

O, pa čuj me, sunce sjajno,
Pred kojijem žudno stojim:
Gri' me, gri' me sa visina
Rajskim plamom – okom tvojim!

V

Reci meni, b'jeli krine:
Ko ti taki miris dade?
Da l' sa zv'jezda, sa visine,
U čašice tvoje pade?

Il' te noću bajne vile
Svojim čistim vrelom rose,
I po tebi druge mile
Razapleću zlatne kose?

„Ovaj miris – sreću vedru,
Ja ne primam s neba plava:
Svake noći na mom njedru
Tvoje drage duša spava..."

VI

Vrt prepunan slatkih snova,
Slatkih snova i cvjetova,
To je ovaj sv'jet!

Ja u vrtu tiho snivam,
Na nebo se osmijehivam,
Najmiliji grleć' cv'jet.

Oko tvoje puno sjaja,
Miris tvoga uzdisaja
To je ovaj sv'jet;

Ja u oku gledam Boga,
Od mirisa slađanoga
Njemu svijam slave splet...!

VII

U stablo sam urezao
Ime tvoje – sreću svoju;
Oko njega tice poju,
I cvjetni ga ljube dasi.

Tu potoci slatko šume,
A vjetrići s neba nose
Čiste kaplje blage rose,
Pa na milo ime nižu.

A podnevni žar kad plane:
Umoreni slavuj tada
Na premilo ime pada
I golemu žeđcu gasi...

VIII

U ružičast sanak mio
Ja sam tebe obavio,
Pa zagrljen s tobom letim
Nebu, suncu, zv'jezdam' svetim,
I kroza te, ružu milu,
Ja saznajem onu silu:
Što nad sv'jetom sudbu snuje,
Što se blago osm'jehuje
U pozdravu sunca rana,
U svjetlilu b'jela dana,
U treptanju rose čedne,
Kad sa cv'jeta zoru gledne;
Silu, što se blago javlja
U pjesmici nježnog slavlja;
Što kroz ravna polja vodi
Bistar potok u slobodi;
Silu, koja ljubav stvori
Da u ljudskom srcu gori;
Silu, one tajne sile,
Što od tvoje duše mile
Punu sreće, punu nade,
Anđelima dušu dade...

IX

Zar ne čuješ šapat granja
Što te mojom čežnjom zove?
Zar ne čuješ uzdisanja
Duše ove?
Zar ne ljubiš dolju travnu
I taj potok što se gubi?
Gle, pun mjesec kako ljubi
I miluje noćcu tavnu!
Kako ovdje slatko diše
Poljsko cv'jeće puno rose?
Kô da čezne i uzdiše
Za pramenjem tvoje kose.

Zar ne vidiš zv'jezde ove
I anđela u tom miru?
On zlaćanu grli liru
I pjesmicom tebe zove,
Da ti priča mile tajne,
O ljepoti zore sjajne;
O zv'jezdama tihe noći
O jezeru u samoći
I o sreći milovanja,
I o svemu, o čem' sanja
Duša moja, duša tvoja!
Dođi! Dođi! Sve te zove:
Ljubav, cv'jeće, šume ove,
Nebo, zv'jezde pune sjaja
I glas Boga i glas raja...!

X

Već se svija sanak tajni
Da zagrli sv'jet,
Da razapne biser sjajni
Na mirisan cv'jet,
I da ljubne gdjegdje te
Oči tvoje premile,
Moga žića raj i moć –
Laku noć!
Spavaj, spavaj! Srce tvoje

Nek je tihi raj,
Tu nek anđô slatko poje
Blage sreće sjaj!
Slatko snivaj, cv'jete moj,
Nek u mili sanak tvoj
Nebo svija mir i moć –
Laku noć!

Kad te iz sna lako prene
Jedan glas,

I s trepetom željno krene
Tvoju vlas,
Ne buni se: glasak taj,
Poslao je blagi raj,
Da otpjeva tvoju moć –
Laku noć!

Kad zvjezdana noćca mine,
Klone mrak,
S neba će da ti zasine,
Zlaćan zrak;
Sred njedra ga primi svog,
To je ljubav srca mog;
Ljubav koja neće proć' –
Laku noć...!

Grivna (II)

I

Oj, tičice lakokrile,
Primite me svome krugu,
Da pjesmice vaše mile
U zelenom slušam lugu.

Na grudi ću skrstit' ruke,
Moja crkva lug će biti –
Pa slađane vaše zvuke
U mlado ću srce skriti.

Pa kad moje čedo drago
Na grudi mi glavom klone,
Nek joj sveto, nek joj blago
Uspavljive pjesme zvone.

II

Što ste stale
Tice male,
Gdje je ona pjesma vrla?
Il' su sada
Srca mlada
U grudi vam obamrla?
„Naše pjesme žive stoje,
Al' sad ćuti, tiše, tiše:
Mi slušamo čedo tvoje
Kako u tvom srcu diše."

III

Zlato moje, srce moje,
Daj da ljubim oči tvoje!
Za te mile oči tvoje
Daću tebi pjesme svoje,
Nek te grle svakog danka,
Svake noći, svakog sanka.
Zlato moje, srce moje,
Daj mi slatke usne tvoje!
Za te slatke usne tvoje
Daću tebi srce svoje,
Neka ono bude tvoje,
Zlato moje, srce moje!

Zlato moje, srce moje,
Daj mi vjernost duše tvoje,
Da je mogu svojom zvati!
A za vjernost sve ću dati:
Mladost, sreću, žiće svoje,
Zlato moje, srce moje...!

IV

Mirno ćute usne tvoje,
Ne miču se ruže majske –
Al' u tvome oku stoje
Ispisane r'ječi rajske.

Tako sunce tajnu krije
Na visini neba vedra:
Ono ćuti, ali grije
Mladom cv'jetu mlada njedra.

V

Ja sam suncu darovao
Ljubav svoju – srce svoje;

Zlatni zračak s neba pao,
Pa zemljicu ljubnuo je:
Iz sna mrtvog zemlja prenu,
Bistar potok gorom krenu,
Zašumiše hitri vali,
Krila diže vjetrić mali,
Spletoše se lisne grane;
Kroz sva polja, kroz sve strane
Slavuj pjevnu, pjesma kliče,
Rosa blisnu, cv'jeće niče,
Pa zagrli liske svoje
S milom dušom drage moje.

VI

Kud god hodim ja
Gledam oka dva,
Tavno-jasna,
Stasna
Krasna,
I kô kaplja povrh lista
Sv'jetla, čista.

Dan i noć,
Neba moć,
Vlast i sila,
Nježnost mila,
I sve draži,
Koje traži
Srce moje –
Tamo stoje!
O, vi oči, jasne noći,
Da l' će nebo čuti glas:
U pokoju, u samoći,
Da ja vječno ljubim vas?

VII

Nisam grešan, jer grešniku
Nikad nebo raja ne da,
A ja srećan ljubim sliku
Anđeoskog divnog čeda.

Ljubim, ljubim, a ko ljubi
I kad gr'ješi grešan nije –
Sunce uv'jek osta sunce
I kad oblak zrak mu skrije.

VIII

Znaš li, kad se sunce skrije,
Cv'jeće tuži, suze lije,
I uzdiše u samoći
C'jele noći,
Tako i ja, cv'jete mio,
Tužio bih, suze lio,
I uzdisô bez prestanka
Svake noći, svakog danka,
Kad bi tvoja ljubav mila
Mojoj vjeri mrtva bila...

IX

Sunce spava, slatko cv'jeće miri,
Blaga rosa listiće mu mije,
Lagan vjetrić kroz grančice piri,
Pa se ruži u njedarca krije

Zv'jezde sjaju, s neba sanak leti,
Lakim krilcem na veđam' ti maše,
A anđelak, pun milošta sveti',
Pjesmu poje kroz poljupce naše,

Slatko poje, a pjesmica živa
S cvjetnim dahom lagano se gubi;

Ponoć diše, a zemljica sniva,
Plavo nebo zv'jezdama je ljubi.

X

Od sreće sam suze lio
Na samotni cv'jet,
U suzama tvoj lik bio –
Malen vjetrić ožednio,
Pa umorna krila svio
Na samotni cv'jet,
Htjede piti, al' mu ne dô
Nježni cv'jet:
Kad u drobnim suzam' zgledô
Tebe, moje milo čedo,
Jednim dahom duše svoje
Drobne suze ispio je
Nježni cv'jet.

XI

Kada gledam oči tvoje,
Proljećnja se noćca svije,
Nada mnom se nebo širi
A na nebu zv'jezde dvije.

Moje želje uvis letnu,
Pa s molitvom Bogu sl'jede:
„Daj mi, Bože, zv'jezde ove
Da me tako vječno glede."

XII

Sve nek prođe, sve nek mine
Mladost, sreća, burni snovi,
Samo jednu ciglu želju
O, ti Bože, blagoslovi!

Blagoslovi želju moju,
Koja kliče tebi, Bogu:
Daj mi vječno srce mlado
Da vječito ljubit' mogu!

I ljubiću, vječno ljubit',
I mogila kad me skrije,
Moja duša, moje srce,
Moja ljubav mrtva nije.

Na krilima pjesme moje
Oni će se suncu viti,
I grleći tebe milu
Raj i vječni život piti.

XIII

Ako hoćeš pjesme moje
Da su radost srca moga,
Ne sretaj me hladnim gledom,
Ni oblačkom s čela tvoga.

Budi uv'jek ruža mila,
Što je puna slatke sreće,
Što miriše, kad je vjetrić
Na razgovor tajni kreće.

Ja sam kao tica ona
Što s proljećem srce greje,
Al' kad hladnu zimu sretne
Izgubi se, nestane je...

XIV

Vi krasne, jasne zvijezdice,
Dajte mi zrake sjajne,
Da svijem v'jence zlaćane
Na divno čelo zlata mog!

„Ne sm'jemo, dragi poznanče
Naše bi zrake minule,
Kad bi pred njima sinule
Milosti njenih očiju."

Ti plavo more široko,
Pruži mi biser ubavi,
Svom čedu, svojoj ljubavi,
Da nižem nizak divotni!

„Ne smijem, dragi poznanče
Ja sam ti čedo vidio,
Moj bi se biser stidio
Na b'jelom grlu labuda..."

XV

O, što nisu časi duži,
Što je doba tako kratko,
Kad sam pokraj tebe, dušo.
Pokraj tebe, čedo slatko.

Ja milujem lice tvoje –
Milovanje sreću daje –
Ja milujem dugo, dugo
Al' kô jedan trenut da je.

Mi šapćemo noćcu c'jelu
Pa kad danak zabijeli,
A meni se, dušo, čini
Kao da smo tek počeli...

Ja bih htio da te uv'jek
Tako grlim u samoći,
Da te ljubim i da s tobom.
Bdijem slatke, duge noći...!

O, što nisu časi duži,
Što je tako doba kratko,

Kad sam pokraj tebe, dušo,
Pokraj tebe, čedo slatko...!

XVI

„Ti si moja!" Tako anđô
Na dverima rajskim piše.
„Ti si moja!" Cv'jeće zbori,
Kad u tihom sanku diše.

„Ti si moja!" Potok šumi,
Pa veselo dalje jezdi.
„Ti si moja!" Zora šapće,
Noćca nebu, zv'jezda zv'jezdi.

„Ti si moja!" Tica pjeva,
Kad pozdravlja istok plavi.
„Ti si moja!" Moj genije
Iz tvoje se moći javi.

Ti si moja, sad i odsad,
I na javi i sred snova,
Od početka do skončanja,
Od v'jekova do v'jekova!

Grivna (III)

I

O, ljiljane, cv'jete dragi,
Ko ti dade miris blagi,
O, ljiljane cv'jete dragi?

„Ona, što je vjetrić mio
Iz ružicâ rajskih snio,
Ona meni, druže dragi,
Dade ovaj miris blagi!"

O, ljiljane, dobro moje,
Ja, kakvo je čedo tvoje,
O, ljiljane, dobro moje?

„Ljupko, smjerno, sveto, vjerno,
Nježno, blago, milo, drago,
Puno sunca, neba, raja,
I anđelskog uzdisaja."

O, ljiljane, dobro moje,
Đe je, đe je čedo tvoje,
Da ja viđu čedo tvoje,
O, ljiljane, dobro moje?

„Tu sred male čaše moje,
Tu je, tu je zlato moje,
Zlato moje – zlato tvoje,
Zlatna duša drage tvoje!"

II

Zlatno sunce za gorama spava.
Nad sankom mu propojalo slavlje.

Slatko smilje i ljubica plava
Zlatnom suncu mekano uzglavlje...

Moja draga, mori li te tama?
Hodi k meni, pa ne budi sama...

Tvoje ruke nek su mi uzglavlje,
Tvoje grlo nek natpoje slavlje,

Tvoja duša nadmiriše milje,
Slatko milje: ljubice i smilje.

III

Jorgovan – grana procvala,
Pod granom draga hladuje;
Jorgovan – cv'jet se raduje,
Pa joj na krilo propada.

Sa neba sunce gledalo
Pod granom seju rođenu
Pa ravna polja ođenu
U b'jele ruže mirisne.

Ja uzbrah ruže mirisne,
Pa bijele ruže dadoh njoj,
A ona meni poljub svoj –
Najljepšu ružu rumenu...!

IV

O, vjetriću, druže mio,
Reci meni gdje si bio?
O, vjetriću, druže mio.

„Mlad junače, druže mio,
Ja sam s tvojom dragom bio,
Mlad junače, druže mio."

Oj, vjetriću, druže dragi,
Ja šta moja draga radi?
Oj, vjetriću, druže dragi!
„Tvoja draga preko platna
Sitno veze slova zlatna,
Tvoja draga preko platna."

Ja šta vele slova zlatna
Preko njenog b'jelog platna,
Ja šta vele slova zlatna?

„Vele s platna slova zlatna:
'O jeseni blago meni!' –
Vele s platna slova zlatna!"

V

Prisluškujem šapat zvijezda daleki',
U kosu mi mjesec zlatne zrake svija;
Sa maslina struji povjetarac meki,
Pa grozdove mlade na lozici njija.

Ponoć je... Nebesa trepere i sjaju,
Priželjkuje slavuj u džbunu kraj staze,
I negdje daleko slatki glasi staju,
Kô da u grobove pokojnima slaze.

Ne kida me nemir, nit' me boli dave.
Noć mi ljubav šapće, pruža sreću blagu;
Kô bor, što se diže u svodove plave,
Ja sam jak, ja nosim u svom srcu snagu.

Moja draga, dođi! Duša mi je jako
Zaželjela milost i poljupce mlade,

Ti sa milog oka zbriši sanak lako
Pa mi hajde kradom, da majka ne znade.

Pod maslinom modrom, pun zvjezdanog zlata,
Potok se krivuda i sa šumom vala
Gubi se u sjenke rumenih granata,
Što su vite drške savili do tala.

Dođi! Kao nebo ponoć će te meka
Zvjezdicama ljubit' i mjesecem sjajnim;
Maslina te modra sa vjetrićem čeka,
Ja s mahnitom žudnjom i uzdahom strasnim.

Guslama

Sjajni hrame, u kom Srbin čuva
Svoje ime, svoj amanet sveti,
Oj vi gusle od javora suva,
Vašem zvuku moja duša leti!

Kô blagoslov, što sa neba bdije,
On je sila, što mi srce žari;
S tankih struna, kad se nebu vije,
Čujem usklik sokolova stari'.

Čujem glase sa kosovskog groblja,
Što ih tajno svete sjenke zbore;
Čujem jauk potištenog roblja,
Kome rane sve bivaju gore...

U njemu je sve, što Srbin želi,
Jer u želji srpskoj se i zače:
Jel' veseo, Srbin se veseli,
A kad cvili, tad i Srbin plače.

On je duša, kojom Srbi dišu
I v'jekovi srpskih pokoljenja;
On je knjiga, u kojoj se pišu
Naši jadi, naša iskušenja...

On je slovo, što leti bratimstvom,
U kome se srpski genij budi;
On je putir, iz kog' se jedinstvom,
Pričešćuju Srbinove grudi.

Oj, kad guslar tanano prevuče,
Koji Srbin ne osjeća žarko?!
Ta guslama sve se silno vuče,
Iz njih zbori: Lazar, Miloš, Marko...

A što glasi besmrtnika vele,
To je vjesnik, što se vjerom kune:
Da će skoro svjetlost zore b'jele
Zlatit' alem Nemanjića krune.

Pa nek stiže, nek se pakô diže,
Nek još bude i višijeh zala:
Srbin neće pokleknuti niže
Dok je Srbu srpskijeh gusala!

Biće dana, već se zračak javlja,
„Doć će hora, koja doći mora!"
A s gusala horiće se slavlja
Uz molitvu dečanskijeh zvona...!

Hadži-Patak

Mili Pavloviću

U našega Hadži-Patka
Džuba kratka.
A zašto je džuba kratka
U našega Hadži-Patka?
Hadži-Patka srce boli,
Hadži-Patak Fatku voli
Svakog dana Fatki hodi
I čim akšam ukuiše
Ne čeka ti Patak više –
Zakuca mu srce jače,
Preko plota Fatki skače
I sa Fatkom sevdah vodi,
Jer je Fatka,
Kao patka,
Nazli hoda,
A od roda!
Pa još ima jedna zgoda:
Ima Fatka svog miraza
Osim dizê i almaza –
Pet hiljada i pô groša –
Sve lantoša! –
S toga Hadžu srce boli,
S toga, alčak, Fatku voli.
Iako je star i kratak
Još kuhveta ima Patak,
Pa na svaki Fatkin mig
Preko plota, preko drače,
Patak skače
Kao gig!
Ali harzus Biba stara
Mrzi Patka ihtijara,
Pa šćer svoju Fatku kara:

„Okani se ihtijara,
Ihtijara Hadži-Patka!"
Al' u ženske pamet kratka –
Sve jednako sevdah vodi
I čim akšam ukuiše,
U sobi je nema više:
Na kapidžik Patku hodi
I veremi bez karara,
Čeka svoga ihtijara,
Ihtijara Hadži-Patka.
Ali sinoć bi belaja,
Bi belaja i rusvaja! –
Preko plota Patak skoči,
Na kapidžik Fatki kroči,
Al' odjednom, kao zvrk,
Haber dade harzus-namet
I ustade na kijamet –
Da iščupa Hadži brk.
Bježi Patak –
Tur mu kratak,
Ali duga, džuba pusta
I naš Hadži-Patak susta;
A onako, na dohvatu,
Po bijelu, biva, vratu,
Zaušnicu jednu kratku
Privezala Biba Patku.
Hadži-Patka srklet spopa,
Pa, hajđidi! Hopa! Hopa!
Ni hatlija brži nije –
Za njime se džuba vije!
Aman! Aman!
Tri mizdraka i pô, taman,
U visinu Patak sukne
A nit' hukne, nit' jaukne!
Iako je star i kratak
Još kuhveta ima Patak,
Pa junački stisnu oči –
Hopa! Hop!
Preko plota jekten skoči

I gdje pade
Haber dade
Kao top!
Al' kubura dođe druga:
Belaj-čoha džuba duga,
Pejdek-bradi za trn zape,
Pa ga sape –
Dršće Patak kao prut!
A ugursuz Biba stiže,
Ruku diže
Pa ostriže
Makazama Patku skut.
U baščine Patak šmignu
A vas crven kao crep! –
U mahale haber stignu,
Za njime se džumbus dignu:
„Odrezali Patku rep!"
Eto što je džuba kratka
U našega Hadži-Patka.

Hafizov raj

U krilu raja blagog; noseći milost svetu,
Jednom se Gospod javi,
Da vidi djecu svoju, što zlatne v'jence pletu
Njegovoj moći i slavi.
Sve što u raju živi, s ushitom sreće mile,
Zapjeva laku pjesmu u hvalu božje sile,
Uz žubor bisernih r'jeka, kroz krilo rajskog mira,
Brujahu slatki zvuci sa zlatnih anđelskih lira.
Samo na jednom licu sreća lebdila nije,
Tužno, kô suvi listak, kog' zaman sunce grije,
Pod jabukama rajskim, gdje zlatne tice poju,
Odvojen od c'jelog zbora, sanjaše prošlost svoju.
„Hafize", Gospod reče, „što si se tamo skrio
Sa bolom i sa tugom? Zar tebi nije mio
Život nebeskog sjaja i milje rajske draži?
Šta znači tuga tvoja, šta tvoja želja traži?"
„Oče! Tvoje sam djelo, i tebi nije tajnom
Što moje srce skriva,
Samo na jednom licu sreća lebdila nije,
Ti znadeš što mi lice u tvome raju sjajnom
Tužno i sjetno biva..."
Gospod se osmjehnu blago, pa jatu anđela mali'
Prišapta nešto ti'o;
Anđeli letnuše letom, i za čas jedan tili
Čedan anđelak mio
S njima na nebo stiže. To bješe Selmina bajna.
„Ovo je nebo moje, ovo je sveta tajna,
Što u mom srcu živi! Ovo je raj i sila,
Što s dveri duše moje pjesmici diže krila!
Oprosti Hafizu, Bože, al' sad nek pjesma živne
U slavu milosti tvoje i slavu Selmine divne!
U slavu anđela novog, u kome sveto sjaju
Sve ove l'jepe draži, što u tvom žive raju!"
I Hafiz uze liru, i c'jele nebeske sile

Slušahu slatku pjesmu besmrtne ljubavi mile.
U svakom zvuku bješe oganj, što srce pali,
I smjerna molitva čista, što blagog Boga hvali!
I od tog časa Hafiz, kroz krilo božjeg sjaja,
Bezbolnu pjesmu kreće
I s b'jelim anđelom svojim, po vrtu sv'jetlog raja,
Mirisno bere cv'jeće.

Haj, nek planu srca mlada![3]

Spjevano za proslavu dvadesetpetogodišnjice srpskog pjevačkog društva u Srbobranu

Haj, nek planu srca mlada,
Nek ih digne oganj sveti!
A ti, mila pjesmo naša,
Širi krila, leti, leti!
Preko mora,
Preko gora,
Nek se hori svuda, oj,
Srpska pjesma, srpski poj!

Bože bratstva, mira, sloge,
Neka tvoja sila vlada!
Od razdora, mržnje, zlobe
Štiti naša srca mlada!
Daruj nama
Ognja, plama,
Da smo uv'jek vragu svom
Smrtna strava, bič i grom!

Haj, gdjegod je bratac koji,
Sa Avale, Durmitora,
Sa Lovćena, svetog visa,
Sa Jadranskog hučnog Mora
Nek nam stiže
Kolu bliže,
Pa nek svuda jekne, oj,
Milog bratstva poj!

---
[3] Komponovao Hugo Dubek. (Prim. aut.)

Haj veselo!

Studen minu, trava niče,
Pomalja se nježni cv'jet,
Razdragano malo tiče
Svoju milu pjesmu kliče
I pod nebo diže let;
Potok bruji,
Milo zuji
Skladnih čela roj;
Sunce blista,
Rosa čista
Ljubi cv'jetak svoj;
Haj, veselo pjevaj poj,
Brate moj!
Nek odjekne pjesma mila
Kroz poljane i kroz lug!
I nek s vjerom digne krila
U besmrtni božji krug!

Haj, kako su krasni časi
Što ih nebo šalje sad!
Svaku granu pupolj krasi
Novu sreću da razglasi,
Novu sreću, novi nad!
Svuda snova
Radost nova
Sv'jetom širi let!
Nadom, snagom,
Mirom, blagom
Pozdravlja nas cv'jet;
Haj, veselo pjevaj poj,
Brate moj!
Nek odjekne pjesma mila
Kroz poljane i kroz lug,
I sa hvalom digne krila
U besmrtni božji krug!

Hajde, dušo...

Hajde, dušo,
Razvedri se, sini!
Evo noći,
Evo slatke tajne!
Veselo se
Uznesi i vini
Plavom nebu
U zvijezde sjajne!

Zaboravi
Da si ikad bila
U mukama,
Jadu i oluji!
Utri suze,
Laka digni krila,
Na pjevanje
Zovu te slavuji.

Hajdemo, muzo...

Hajdemo, Muzo, iz ovoga kruga,
Iz lude vreve i huke i praske;
Željan sam lica bez laži i maske,
Željan sam polja, dubrava i luga.

Pogledaj tamo te kolibe gole,
Trošne i tamne kao magle zimne;
U njima žive duše gostoprimne –
Srca što griju, što trepte i vole...

Njihov je govor mome srcu lijek,
I s njima tako proveo bih vijek
Pa hrana bila samo crna kora.

Hajdemo, Muzo, iz te lude praske;
Željan sam lica bez laži i maske,
Željan sam tople riječi i zbora.

Harfi

Staze su pune ljiljanovih zvona...
Povratak ruža i rođene duge
Pozdravi i ti bez bola i tuge,
I suncem ogrij svoja njedra bona...

Ovdje, uz potok, gdje se grmen spleo
Pun ljubičice i srebrne astre,
Bolove naše neka tiho zastre,
Kô stara groblja, zaborava veo...

Ja hoću pjesme, sunca i behara!
Hoću da pijem iz puna pehara
Radosti! Hoću, kô duga nad lukom,

Da sjajan treptim uz glas tvojih struna!
Zvoni...! Gle kako, s jabukovih kruna,
Proljeće zlatno na nas maše rukom...!

Harfo moja...

Harfo moja, dobro moje,
Cigli druže u toj tami,
O, ne budi glase svoje:
Sreća spava, mi smo sami...

Sa svih strana pustoš hladna,
S ognjišta me milog goni;
Samo čujem samrt gladna
Kô da o prag kosom zvoni,

Kô da pruža crne ruke,
Da mi i tu sreću zbriše,
Da i tvoje sledi zvuke,
Da i tebe nemam više...

Pa i našto pjesma draga
Kad nas usud jadu predô,
Kad su mrtva lica blaga
U kojim' sam radost gledô?

O, ta znaš li noći krasne,
Kad su tako vedri, mili
Sve do danka, zore jasne
Na tom mjestu s nama bdili?

Horila se slatka šala –
Srce zdravo, duša vrela,
A pokraj nas sreća stala
Pa mirisne v'jence plela...

A sad...? Stojte, strune jasne:
Sreća spava... mi smo sami;
I kandilo eno gasne
da ne smeta mrtvoj tami.

Il' ne! Snova kroz noć tiju
Daj mi zvuke, mila struno,
Preko groblja nek se viju –
Po groblju je cv'jeća puno...

Pod tim cv'jećem čuće zvuke
Draga lica, sjeni vrle –
Pružiće nam svoje ruke
Da nas tamo vječno grle.

Hej, slavno je Srbin biti

Ja sam sinak onog roda
Kr'jepke snage, volje jake,
Što se diže smjelom dušom
Kao orô pod oblake,
Ja sam sinak onog roda
Što mu čelo slave kiti,
Ja sam sinak koji pjeva:
„Haj, slavno je Srbin biti!"

Ja sam sinak onog roda,
Onog jata, onog krila
Koga kr'jepi pjesmom milom
Sa Kosova sveta vila;
Ja sam sinak ovog roda
Što se ne zna gromu kriti,
Ja sam sinak koji pjeva:
„Haj, slavno je Srbin biti!"

Ja sam sinak onog roda
Što se časnim krstom krsti,
Koga muka petstoljetna
Ne oslabi, neg' očvrsti;
Ja sam sinak onog roda
Što ga vjera snagom štiti,
Ja sam sinak koji pjeva:
„Haj, slavno je Srbin biti!"

Ja sam sinak ovog roda
Koji krv i život daje.
Ali ime, čast i vjeru
Nikad podlo ne prodaje;
Ja sam sinak dičnog roda,
Za koji ću krvcu liti;
Ja sam sinak koji pjeva:
„Haj, slavno je Srbin biti!"

Hercegovac na molitvi

Pošljedni zraci, eno, velikog sunca tonu
    Za daljne mračne gore, i danak ostavlja nas;
Pod krilom blagog mira u večernjemu zvonu
    Molitve bruji glas.

Umorne teškim radom i moje ove grudi
    U čistom onom zvuku pokoja nalaze svog,
I u meni se sada tiha molitva budi
    U plamu srca mog.

Oj, čuj je, vječna silo, i primi želje ove;
    Skromna je molba ova što u tvoj l'jeće sjaj:
U borbi pakla crnog, o, daj mi sile nove
    Za novi okršaj...

Okr'jepi dušu moju nebeskom tvojom nadom,
    U moru navale adske da ne klone mi grud;
Oživi tvoje grome, nek cikne zmija jadom
    I strašni vidi sud...

Hercegovac na stijenju

Tȁ što će život kada
   Otrgne sreću grob?
Bez želja i bez nada
   Zašto da živi rob...?
Nit' kućišta imam, nit' ognjišta svoga,
U čemeru gorkom dočekujem dane...
Kameno je srce u svijeta toga,
On prezire moje mučeničke rane;
Niotkuda zračak utjehe da sine,
Da me lanac tuge i čemera mine.

Kako se gorko sjećat'
   Blaženstva prohujana...!
I mišlju svojom krećat'
   U doba sretnih dana...
Hej, u ono doba – sjećam ga se vazda –
Kad Azijat vlada u sili, bijesu,
Imao sam svega i bio sam gazda,
Dječica mi hljeba željela nijesu;
Pa kad za slobodu sve ustade redom,
I ja za junacim' pošao sam šljedom.

Za roda ime sveto
   Kad treba, valja mret',
I ja sam tako, eto,
   U bojak pošô svet.
Ostavih ognjište, ostadoše dobra,
Zaboravih na sve što mi bješe milo,
A kad našom mukom tuđin sreću pobra,
Kad stradanje naše sve je zaman bilo,
Povratih se kući. Ali šta je tamo?
Pustoš, crna pustoš i garište samo.

Gdje mi je ognjište bilo
Tu zmije sikću sad,
Sve dobro moje milo
Gromom spržio ad.
Nit' zatekoh ljubu u životu svome,
Dječicu mi redom posijekli su vuci,
A žalosna majka u prizoru tome
Sama život uze, izdahnu u muci;
Zagrljenu s djecom grobu su je dali,
Zagrljenu srećom nju su zakopali.

Prošla je svaka sreća,
Iščezô svaki nad,
A svakog časa veća
Tuga i gorki jad.
Prosit', prosit' moram... Nebo mi je mračno,
Sa graktanjem gavran više mene kruži.
Svuda oko mene jadno je i plačno,
Sve uzdiše bolom, jadikuje, tuži.
Mrzim ovo biće. Oj sudbino, što me
Nemilosno ganjaš na svijetu tome...?

Tä šta će život kada
Otrgne sreću grob?
Bez želja i bez nada
Čemu da živi rob?
Oj ti golo st'jenje, kućo moja mila,
Tebe jošte samo ljube ove grudi;
Za tebe se moja vrela krvca lila,
Pa i kosti moje nek ostanu tudi!
Iz tvog zagrljaja neću se od'jelit',
Jošte ću te jednom mojom krvlju prelit'...

Hercegovče

Maleno sam jošte d'jete,
Al' mi duša velika je!
Sve dušmanske bajonete,
Pune puške i napete
Meni straha ne zadaje!

Tu u st'jenju, kuda soko
Siva svoja širi krila,
Tu me majka rodi mila,
Tu mi najpre glednu oko.
Sunce, nebo previsoko.

Pa i ja sam st'jena jaka –
Stalni otpor ljutog groma!
Dični sinak Srb-junaka,
Voljno padam posred mraka
Posred groba, za čast doma.

Još mi slatka pjesma bruji
Uz kol'jevku majke moje:
„Kao vihor na oluji
Budi taki svakoj guji,
Što grob kopa zemlje tvoje.

„Ne prestani, moja nado,
Svome rodu vjeran biti,
Ma u lance muka padô,
Sve za Srpstvo trpi rado,
Na branik mu prava hiti.

„Nemoj da te demon hudi
Zlatnim mamkom ne zavara,
Da ti umlje ne poludi,
'Izdajnik je!', reknu ljudi,
Svoje majke grudi para."

Pa te r'ječi, slatke, mile,
Kô Gospoda, pune slave,
Dušu su mi obgrlile,
Pa slabe su svake sile
Od duše ih da rastave!

Maleno sam jošte d'jete,
Al' mi duša velika je!
Sve dušmanske bajonete,
Pune puške i napete
Meni straha ne zadaje!

Himna (I)

srpsko-pravoslavnog crkvenog pjevačkog društva „Gusle"[4]

Pojmo pjesme, nek se hore
Kroz dubrave, mračne gore,
Kao silnog groma jek!
Paćeniku petstoljetnom,
Bolnoj duši, srcu sjetnom
U pjesmi je sveti l'jek –
Tä samo je nebo dade
Da Srbinu vida jade!

Pojmo Bogu! Nek pod krila
Prigrli nas sloga mila
I uvede u svoj hram!
Pa kô roda sinci vrli,
Nek se bratac s bratom grli –
Nek nas vjere zgr'jeva plam!
A neslogu, zmiju mraka
Neka vječna krije raka!

Pojmo Bogu! U očaju,
I u jadu, i u vaju
Da smo stanac kamen ljut,
U kom sila groma jaka,
Kad zaplamti iz oblaka,
Nađe otpor svaki put!
Ako prsne u komade,
Još je kadar snosit' jade!

Pojmo Bogu! Kroz sve dane
Nek je volje postojane –
Nek poteče s čela znoj!
Da djedovi naši slavni,

---

[4] U note stavio Josif Marinković. (Prim. aut.)

Iz grobova svojih, tavni',
Ne proklinju porod svoj!
Pojmo! Pjesmu nebo dade,
Da Srbinu vida jade!

Himna (II)

Srpskog pjevačkog društva „Vila" u Prijedoru

Haj, nek jekne pjesme glas!
Roda vila
Svoja krila
Nek raširi više nas;
Kroz oluju, muke, tamu
Povede nas sv'jetlom hramu
Bratskog sklada.
Sloge, rada –
U tome je spas!

Haj, nek jekne pjesme glas!
Bože mora
I vihora
Silom tvojom daruj nas!
Štiti, kr'jepi, blagosloveni
Naše trude i rad ovi
Da nam c'jelo
Bude djelo
Na ponos i čas'!

Haj, nek jekne pjesme glas!
Voljom, snagom
Rodu dragom
Služićemo svaki čas!
Ti s Kosova naša vilo,
Razvi tvoje sv'jetlo krilo,
Srpskog tića
Obilića
Silnim žarom kr'jepi nas!

Himna (III)

U slavu prenosa Vukovih kostiju

Srpske gore krunisane
Slavom, danom, zorom b'jelom,
Odjeknite na sve strane
Živim glasom, pjesmom vrelom!
S vama danas od radosti
Propojaće svete kosti
Oca Vuka,
Otrgnute iz tuđina
U vaša će njedra leći,
Da o divnoj sniju sreći,
I sa vaših sa visina,
Da slušaju jasnu kliku:
– Slava Vuku besmrtniku!

Slava onom, koji znade
V'jencem krunit' umno čelo,
Koji svome rodu dade
Dar božanski – divno djelo,
Da pram jasnom suncu sjaje
Kroz daleke naraštaje
I v'jekove!
Slava prahu, koji sada
Srpska zemlja u se prima,
On će biti nama svima
Izvor djela, truda, rada –
V'jekovi će horit' kliku:
– Slava Vuku besmrtniku!

Himna (IV)

Srpskog Crkvenog Pjevačkog Društva u D. Tuzli

Bože silni
Naših djedâ,
Ti, u kom je moć i vlas',
Danas bratstvo
U te gleda –
Blagoslovi, Bože, nas!

Blagoslovi
Srca ovi'
Sveti plamen silom svom!
Ti nas budi,
Da nam trudi
Slavi vode mili dom!

Ne daj da nam
Sile klonu,
Neka bude vragu lom!
Pošlji blagu
Milost onu
I pomozi Srbu svom!

Oj, pomozi,
Da u slozi
Divlje čete nađu nas!
Nek se plaše
Sile naše,
Bože silni, čuj nam glas!

Himna (V)

Beogradskog pevačkog društva

Zaigrajte, srca živa,
    Jednom željom roda svog!
Što Avala davno sniva
    Neka blagi dade Bog!
Kao zvona Vaskrs-dana,
    Koja vjerom dižu nas,
Da odjekne pro Balkana
    Srpske slave burni glas!

Bože, što si od v'jekova
    Čeličio srpski nad,
Blagoslovi nas sinova
    Povjekovni trud i rad!
Blagoslovi i probudi
    Naša srca silom svom,
Da i odsad naši trudi
    Proslavljaju mili dom.

Blagoslovi stijeg ovi,
    Blagoslovi, pjesmu, poj,
Da slobodu dani novi'
    Svuda javi braći svoj:
Tamo gdje se čuju kletve
    Sa Kosova žalosnog,
I sa Drine i Neretve
    Sve do Mora Jadranskog.

Blagoslovi i obdari
    Naše gore, njive, plod,
Sv'jetlom zorom ti ozari
    Srpske zemlje, srpski rod!

Kao zvona Vaskrs-dana
 Koja vjerom dižu nas,
Da odjekne pro Balkana
 Srpske slave sveti glas!

Himna društva „Prosvjete"

Podignimo zublje svete –
Nek ozare svod Balkana,
Nek plamenja zlatna lete
Od Timoka do Jadrana!

Svuda gdje se magla svodi
Nek svjetiljke živo gore!
Sjaj prosvjete nek nas vodi
Milom času srpske zore!

Omladino, preni, leti –
U te gleda narod cio!
Ti mu slave lovor spleti,
On ti vječni pomen bio!

Podignimo zublje svete –
Nek ozare svod Balkana,
Nek plamenja zlatna lete
Od Timoka do Jadrana!

Hljeb

Parobrod spreman. More se koleba.
Pošljednji plamen na zapadu trne;
Suton se rađa i s jesenjeg neba
Polako pada na hridine crne.

Paluba puna. Ruke uzdignute
Pozdrave šalju i rupcima mašu.
U mnoštvu ovom vidim čeljad našu,
Naslonili se na pervaz pa ćute...

Zemljaci moji, dokle ćete, dokle?
„Tamo daleko! Jer nas Usud prokle
I na nas pade tvrda tuča s neba..."

A zar vam nije zavičaja žao?
„Žao je brate... Bog mu sreću dao...
No hljeba neba... Zbogom! Hljeba... hljeba..."

Hodi, draga...

Hodi, draga, da pletemo v'jence,
Da beremo proljetne prvjence:
Divlju ružu i Đurđevo cv'jeće –
Tvoja majka karati te neće.
Tvoja majka tebi ruho sprema,
Što ga ljepšeg u svoj Bosni nema:
Meke čevre i košulje tkane,
A po njima od bisera grane;
Za dva bora – dva đevera sama
Dva pojasa iz dalekog Šama;
A za kuma i za starog svata
Svu odoru od suhoga zlata;
Za jenđije, za rođe i kume
Vezen-čohu i slatke lokume,
Pa još uz to šećer i aršlame;
Al' najljepše otpremiće za me:
Tvoje kose što mirišu smiljem,
Što ih majka milovala miljem –
Tvoje oči – dva duboka sanka,
Da ih ljubim do suđenog danka.

Hodi, milo čedo moje

Ala l'jepo tvoje grudi
To ubavo cv'jeće krasi,
Pa slađani miris budi
Kô svilene tvoje vlasi.

I ja imam cv'jeća bajna
Koje tako milo cvati,
Sve ću cv'jeće, zv'jezdo sjajna,
Sve ću cv'jeće tebi dati.

Duša moja perivoj je,
A u njemu čisto vrelo,
Hodi, milo čedo moje,
Ti uzberi cv'jeće c'jelo!

Hor Srpkinja

Kô zv'jezdama nebo plavo,
Jedna majko sviju nas –
Srpska majko, naša slavo,
Tebi pozdrav, tebi glas,
Tebi ovaj poj,
Domovino, oj!

Zagrljene vjerom, skladom –
Kô sa cv'jetom mili cv'jet,
Širićemo našim radom
Tvoje, majko, slave let!
Sve smo listak tvoj,
Domovino, oj!

U grudima kćerka tvoji'
Gdje je ljubav digla hram,
Tvoja sveta slika stoji
I srbinski sveti plam!
Vjerne vjerom svom
Ljubićemo dom!

Srpska majko, naša slavo,
Tebi pjesma, tebi glas!
Rode mili, zdravo, zdravo,
Primi pozdrav sviju nas!
Neka blagi čuva Bog
Uv'jek Srba svog!

Hraniteljka

Tek što dan je
Osvanuo rani,
Kraj ćumeza eno Neda stoji;
One lepe
Svoje koke hrani
I piliće
U gnijezdu broji.

Hristos plače

Ovdje pusta polja, tamo brda siva,
Gdje žalosno šumi kupina i drača;
Red ubogih sela san pokojnih sniva –
Ja ne vidim nigdje rala i orača...

Pod tavnim drvetom, uz mirnu rijeku,
Ne čuje se zvono prethodnika ovna;
Svud grob i čemer, mrak, magla olovna,
I zapjevke tužne što srce sijeku.

Sela naša, gdje su vaše ruke radne?
Gola, crna njivo, gdje je orač, brana?
Ah, drugove vaše, nevoljne i gladne,
Odvela je sudba preko Okeana.

U podzemlju crnom, bez sunca i neba,
Sad kopaju oni komad crna hljeba,
Dok za vama srce sve im cvili jače.

O, žali li kogod tebe, zemljo gola?
Nigdje za te suze, nigdje jednog bola.
Samo negdje blizu, čujem Hristos plače...

Hristov put

Ovdje nema hrama; ovdje nigda nije
Zazvonilo zvono prazničkijeh dana;
Al' meni se čini preko ovih strana
Da sâm gospod stupa i blagoslov lije.

Poljima se ovim sveto sjeme sije –
Svi su ljudi braća, plod sa jednih grana;
Tu krv pala nije sa bratskih mejdana,
Ja čujem gdje svuda jedno srce bije.

Ovdje nema hrama. Al' sveta i čedna,
Tu u svakom srcu stoji crkva jedna,
Gdje se služi služba pravedna i čista...

O vi što se lažno molite u hramu,
Ne idite amo! Ostajte u sramu!
Jer tu gdje vas bude neće biti Hrista!

Hrizantema

Noć je. Moja sjenka sa mnom tiho stupa
Po obali ovoj gdje nikoga nema.
I dok srebrn mjesec u moru se kupa,
Ja u duši ćutim miris hrizantema.

Po ovome kraju ona često hodi,
Ispod ovih grana sinoć sam je sreo,
I kada sa lica smače tanki veo,
U mome se srcu nova vatra rodi.

Smijući se na me, sve slađe i slađe,
Niz mramorne skale lakoj barci sađe,
I stari je mornar odveze daleko.

Od onoga časa ja mira ne steko',
No lutam i sanjam nju, što ravne nema,
I u duši ćutim miris hrizantema.

I opet mi duša sve o tebi sanja

I opet mi duša sve o tebi sanja,
I kida se srce i za tobom gine,
A nevjera tvoja daleko se sklanja,
Kao tavni oblak kad sa neba mine.

I opet si meni čista, sjajna, vedra,
Iz prizraka tvoga blaženstva me griju,
Pa bih opet tebi panuo na njedra
I gledô ti oči što se slatko smiju.

Tako vita jela koju munja zgodi
Još u nebo gleda i života čeka,
I ne misli: nebo da oblake vodi
Iz kojih će nova zagrmiti jeka...

Idila

Pritajeni vjetrić u prisjenku spava,
Mirisom ga zove ljubičica plava.
Al' nestaško ćuti, za listak se krije –
Ljubičica tuži i suzice lije.

Tud prolazi momče, pa o dragoj sniva,
Pa uzabra cv'jetak što suzice liva.

Uzdahnuo vjetrić i od bola ludi,
Pa mlađanom momku trže cv'jet sa grudi.

Cv'jet uzdiše, vene, al' mu nije žao,
Draganu je svome na krioce pao:

„Nek i žiće mine, sudbu neću kleti,
Dragome na krilu slatko je umreti...!"

Igralo se more...

Igralo se more, a sad mirno spava;
Blag, mirisan vjetrić na polja mu plava
    Sleće prepun tajne;
Kao zlatna kruna – nad njim zlatna luna;
    A zv'jezdice sjajne
Na putima svetim trepereć' zastaju,
Pa mu tako milo nad valima sjaju.

I ljube ga svojim poljupcima dragim,
I miluju blago sa željama blagim;
    I svu milost liju,
U dubine tajne, gdjeno školjke sjajne
    Dragi biser kriju,
I nad plavim kraljem, uz pjesmicu tiju,
S anđelima zlatnim zlatan vijenac viju.

Imade vas mnogo...

Imade vas mnogo – tä ko bi vas mogô
Izbrojati,
Svijeh znati?!
Imade vas mnogo bogatih gospara,
Sa srebrom i zlatom, milionim' para.
Dvori vam se velji u visinu dižu,
Ali nikad, znajte, do neba ne stižu –
U nebu je vječnost, u njima je nije,
Vrijeme će da ih sve s prašinom skrije.

Imade vas mnogo sivih sokolova!
R'ječi su vam jače od burnih valova,
Al' sokoli nikad ne puze, ne gmile
Ni onda kad na njih jurnu groma sile,
A vi znate, znate, oj „sokoli s r'ječi",
Puziti kô crvi, sred prašine leći,
Ostaviti braću nek ih dušman tare,
Samo da stečete „obećane dare"...

Imade vas mnogo sa blagijem likom,
E bi rekli: o zlu ne mislite nikom,
E bi rekli: da ste s neba anđô pravi,
Što istinu ljubi, koji boga slavi,
Al' u duši vašoj ništa drugo nije
Do crnog demona – tu se zlobno krije.

Imade vas mnogo... Kakvijeh vas nema?!
Ali vas je malo
Kojima je stalo
Do naroda svoga
Tužna, paćenoga.
Malo vas je, malo sa poštenja da se,
Sa vrlina vaših imena vam glase;

Malo vas je, malo na braniku prava,
Malo vas je glava –
Malo vas je, malo sa srcem u grudi,
Malo vas je – ljudi!

Istočni zraci

I

Oj ljubavi, oj ljubavi,
Ti božanstvo duše moje,
Nije sunce – tvoje krilo
Sv'jetovima sv'jetlilo je!

Jasno sunce nije sunce,
To je odsjaj tvoga krila –
Bez boga bi nebo bilo
Kad ti tamo ne bi bila.

II

Dotakla se jedna želja,
Dotakla se srca moga;
U toj želji bješe plamen,
Bješe plamen oka tvoga.

Ja ne mogoh želje kriti,
Povjerih je jednom cv'jetu;
Cvijet, uzdahnu, a uzdah se
Po nebesnom rasu sv'jetu...

Nebo prenu, svjetlost krenu,
Propjevaše pjesme tajne –
A do ognja oganj planu:
Stvoriše se zv'jezde sjajne.

III

U jezeru duše tvoje
Biserje se sjajno skriva –
Moje srce pjesmu poje,
O biserju milom sniva.

O, stišaj mu uzdah mili
Što u svetoj želji plane:
Jezero mu to raskrili
Da u sjajni biser pane.

IV

Izdahnuću... Izdahnem li,
Ne žali me, čedo drago,
Izdahnô sam gledajući
Tvoje milo oko blago...

Izdahnô sam od plamena
Poljubaca tvojih vreli'
I s njedara, gdje se krije
Pa miriše ljiljan b'jeli...

Izdahnô sam ne zbog smrti,
Niti s tuge, niti s vaja:
Zbog beskrajne sreće svoje,
S tvoga milog zagrljaja...

V

Hoćeš da ti slatki sanak
Uv'jek rajske slike zbira,
Da ti bude blago oko
Blago nebo tihog mira?

Hoćeš da si tako sjajna
Kao svjetlost šarne duge,

Il' kô osm'jeh zore rane,
Seje tvoje, tvoje druge?

Hoćeš da ti uv'jek s duše
Anđeoska pjesma zvoni?
Bježi, čedo, i od ljudi
Daleko se kloni, kloni...

Što je sunce uv'jek sjajno?
Što daleko s neba bdije,
I što nikad ljudska ruka
Dotakla mu lice nije...

VI

O, kako je tiha, blaga
Tajanstvena ponoć ova!
Sve počiva svetim mirom
Pod zakriljem slatkih snova.

Zv'jezde sjaju, a pun mjesec
Mirno brodi, tiho blista –
Po poljima s niske trave
Odsijeva rosa čista.

Sve miriše, kô da s neba
Spuštaju se rajski dasi,
Kao da se plavim zrakom
Lepršaju tvoje vlasi!

VII

Plavo nebo što se širiš
Iznad moga zavičaja
I krševe gole ljubiš
Sa osm'jehom milog sjaja;

Plavo nebo pod kojim se
Prva moja pjesma rodi
I zapjeva rodu svome
O ljubavi i slobodi:

Ja ne mogu ostaviti
Tvoju zoru, sunce sjajno
Što mi grli rodna polja
Sveto, žudno i beskrajno!

Ovaj zračak duši godi,
U njemu se sreća taji,
Jer po ovom milom zraku
Njezini su uzdisaji.

Pa kad duša uvis prhne
Najmilije zvuke krene,
Jer udiše slatki miris,
Slatki miris duše njene.

O, pa čuj me! Kad premine
Moje biće, snovi, jave,
Nek vjetrovi prah mi dignu
U visine tvoje plave...!

VIII

Oj tičice, znanci moji,
Kud vas lako krilo kreće?
Tražite li vedra neba
I pod nebom rosno cv'jeće?

Oj, tako vam pjesme mile
I u pjesmi želje blage,
Ostanite u mom kraju,
Ostanite, tice drage!

Ne bojte se sive magle
Što jesenji dah je prati,

Ja ću vama, tice mile,
U svom srcu mjesta dati.

U tom mjestu neće biti
Niti zime, niti leda,
Gledaće vas, ljubiće vas
Osm'jeh jednog milog čeda;

Milog čeda, kog mi nebo
Iz svog rajskog visa dade,
Pa s proljećem vječnog sjaja
U mlado mi srce pade.

IX

Kô mirisni tajni snovi,
Vjetrić leti s rosnih grana,
I po vedrom zraku plovi
Blagi v'jesnik milih dana.

Kô da nebom ruka tajna
Ružičasti veo spleće,
A sa njega rosa sjajna
U mirisno pada cv'jeće.

Mlađan život punan zdravlja
V'jence baca na sve strane,
A blago se sunce javlja
Sa njedara zore rane,

Da poljubi, da ogrije
Milo cv'jeće puno rose,
Da od njega v'jenac svije
Oko tvoje mile kose...

X

Ko je čednoj ruži dao
Tol'ko milja, tol'ko sjaja?

Njeno milje prosulo se
Iz sunčeva zagrljaja...

Otkud suncu tol'ko milja
U zrakama zlaćenijem?
Svakog dana, svake zore
Ja ga svojom željom grijem.

A u želji šta se taji?
Tvoja slika puna čara;
Iz te slike, iz tog raja
Sjajno sunce ruže stvara...

XI

U jedan sam v'jenac svio
Rajsko cv'jeće želja vrli' –
Jedan anđô, blag i mio,
Na svome ga njedru grli.

Pa grančicom b'jela krina
Tu ti milo ime piše,
I dižuć se put visina
Tvojom dušom slatko diše...

XII

U dubini duše moje
Ti što stvaraš nebo tajno
Pa mu nježnom rukom pružaš
U zagrljaj sunce sjajno,

Ti pred kojom srce moje
U najljepši cv'jet se stvara
Pa pijući slatki život
S prirodom se razgovara,

Ti koja si želje moje
Splela zrakom raja sjajna,
Ti pred kojom mrem i živim –
Ko si? Ljubav, bog, il' tajna?

Iz Bir Hadži-Bobina dolafa[5]

E baš ti ja nemam nimalo igbala!
Na mene se digla velika avala:
Dva dilbera, demek, birindži junaka,
Iz mahale stare, Kalhanskog sokaka,
Dva iluma, džanum, što pišu džeride,
A što su im, biva, veoma šefide –
Dva dilbera, aman, Alija i Duran,
Što napamet znadu ćitab i Kuran,
Na četiri strane pušćali avaze,
Iskupili, pobro, paše i kavaze,

Pa ti medžliz drže i sve što je gore
O Bir Hadži-Bobi podjednako zbore:
Da on, sankim, nema dina ni imana
I svome Islamu da je od zijana;
Te ti ferman pišu na bukadar strane,
Da se mene klone svi što Islam brane,
Jer Bir Hadži-Bobo i svi mu ahbabi,
Nevjerni su butum Proroku i Ćabi.
I vas medžliz slavni složio se s davom
I kadije mudre zaklimale glavom.

Jadni Hadži-Bobo, sada druge nije,
Nego savi like, pa hajde što prije
Bježi domu svome, bježi, nosi bradu!
Ne izlazi više ni na carsku džadu –
Zamandali vrata, pa pod jorgan oni
Legni, bolan, jer te, eto, tabor goni!
Pomoći ti neće Meka i Medina,
Ni dlake ti neće ostat' od perčina,
Jer Bir Hadži-Bobo i svi mu ahbabi,
Nevjerni su butum Proroku i Ćabi.

---

[5] Pesma se ova odnosi na Dušana (Durana) i Aleksu (Aliju) Radović, koji su u Mostaru izdavali list (džeride) *Srpski vjesnik*, u kom je napadan Šantić i njegovi drugovi iz lista *Zora* i pevačkog društva „Gusle". (Prim. ured.)

O, Durane mudri! O, fitnijo Ale,
Koga butum zemlje ćesarove fale,
Javaš, malo, javaš! Sef ste u računu!
Uzaman ste digli tabore na bunu,
Hadži-Bobo nigda nije od vas prezô,
Pa da vam je kalkan za nebo prizevô!
I kada bi bio odavde do Šama
Jedan golem denjiz od katrana sama,
Vi ne biste Bobu ocrnjeti mogli,
Niti bi vam jalan-zapisi pomogli!

Jer u Bobe ima tilsum bez filána,
Što bi ga, biva, brani od svakoga hajvana,
Od rike i bleke, od pogan-avaza,
Od fitnije Ale i Duran-kavaza.
Ima Bobo tilsum što kô mjesec sjaje –
A na čiju svjetlost svako pašče laje;
Ima Bobo obraz što pred svakog smije,
Jer ga nikad podlost okaljala nije;
Ima Bobo srce veliko a smjerno,
Puno haka čistog, kojim ljubi vjerno
Svoj narod i zemlju, ove krše gole,
Od gromova ljutih što ih rane bole...
A vi što imate? Jedan jezik ludi,
Koji podlom lažju orlovima sudi,
Iznad crnih vrânâ što visoko lete
U svijetlo sunce puni snage svete.
Vi, služeći, sankim, Islamu i rodu,
Na mlinove svoje navraćaste vodu –
Prepuniste svoje duboke džeride
(A što su vam, biva, veoma šefide)
Imenima slavnim sve akrebe vaše,
Od koje se, džanum, svi kauri plaše,
Jer da ona nije pod pusatom bila,
Danas ne bi bilo Muje ni Alila –
Sva bi turska vjera u perišan, aman,
Od Neretve naše do Stambola taman!

Faljaste se tako, kô baba o kozi,
I pune dolafe pisaste o slozi;
A ta bratska sloga ispod vašeg krova
Jednoga nam dana vas šeher otrova –
I dost dosta jekten za kiku dokopa,
Boj se ljuti zače bez puške i topa,
A muftije naše mirno glade bradu
I seire bratski teferič u gradu.
Ačkolsum vam bilo! E, baš ste junaci!
Bedemi su vaši, vaši su barjaci –
Napuniste, bogme, pregrštima torbu,
Sad „otur efendum", pa kusajte čorbu!

Al' slušajte samo, što ću vam još reći:
Sad, kada ste narod svoj priveli sreći
I kad mu je dobro svakim danom veće,
O, Durane, Ale, dajte mu još sreće!
Pokažite rodu, da niste šefide,
Skinite mu s vrata te jalan-džeride.
Jer kô što je hajvan stvorio da pase
Tako i vas Alah stvori za džambase
I dade vam ferman i svoje berate,
Da papire naše talumiti znate,
Pa hajdete tamo, kud vas Alah šalje,
Na papire brze, dalje, od nas dalje!
Jer džeride nisu za te glave prazne,
Uzaman ste išli u mejtefe razne,
Vaš je mozak i sad kao u jetima,
Tä magare u Rim magare iz Rima –
Jer, kô što je hajvan stvorio da pase,
Tako i vas Alah stvori za džambase,
Pa onamo, džanum, kud vas Alah šalje,
Na papire hitre, dalje, od nas dalje!

A sad, ejdovale, o naši junaci,
U čijoj su ruci snaga i barjaci!
Pozdravite vojsku i akrebu slavnu
I branite od zla Herceg-Bosnu ravnu...!
A ja iđem amo, da sjednem u hladu

Pod bajamom starim na mehku serdžadu,
Pa da gledam sunce kako s neba grije,
Kako hladna voda iz kamena bije,
Dokle bumbul-pjesma zvoni sa svih strana
I bijeli behar miriše sa grana.
A kada vam opet Bobo na um pane,
Da vam malo dođe, da vam na rep stane,
Učinite haber, on se neće kriti,
S čibukom u ruci on će hazur biti.

Iz bolničke ćelije

Kako si lepa,
Sestro Pavina!

Ponoć je, je li?
Svrh vrata bije
Časovnik stari.
Napolju vije
Vetar, i sipa
U okna naša
Pahulje bele.
Zaklopi zbornik
Pa sedi bliže
Uz odar moj.
Pogledaj kako
Vatra se žari,
I hukti, i bukti
U peći toj.

Gle kako njena
Koralna pruga
Veselo igra
Po zidu gore!
Veruj mi, tako
I moje srce
Hukti i bukti,
Igra i besni,
Mahnito, ludo –
Ne zna šta radi,
Sasvim se smelo;
I evo, evo, izgore celo,
Izgore celo!

A znaš li zašto
Ono poluđe?
U moje srce

Ti noćas uđe,
Pa s njega ode
Svih bola tama,
I ti ga vatrom
Zapali sama –
Jer iskre same
Iz tebe biju,
Lepše od sviju
Anđela raja,
Što nežno šušte,
Kô behar beli,
U toploj reči
Molitve tvoje.

Pogledaj: širom
Ćelije naše
Te svetle iskre
Lepote tvoje
Kako se viju,
Kako se roje
I rasipaju
Po svakoj strani,
Kô zapaljeni
Sami đerdani!
I svuda, eno,
Gde koja pane,
Po jedno zlatno
Kandilo plane...

Položi zbornik
Na stočić tamo,
I mani sada
Anđele cele,
Pa sedni ovde
Uz odar moj,
Do zore bele
Da gledam samo:
Kako si lepa,
Sestro Pavina!

Iz daljine

Među rosnim cv'jećem, na pitomoj ravni,
Ja o tebi sanjam, moje milje bajno,
A slađana pjesma iz šumica tavni'
Podiže se k nebu u sunašce sjajno.

Uokolo mene gledam vite jele,
  Što ponosno vrhom u nebo se penju,
A u polju mome, rumene i b'jele,
  Uz pjevanje milo zlatno klasje ženju.

Po stazici uskoj, što iz gore vodi,
  S punom korpom cv'jeća i jagoda rujnih,
Planinsko djevojče kao paun hodi,
  A vjetrić joj mrsi pramen kosa bujnih.

Naokolo mirna seoca se b'jele,
  Iz pastirske frule slatki glas se vije,
A strašivi zeko, letom lake str'jele,
  Protrči kroz travu i u džbun se skrije.

Iz daljine ove ja ti širim ruke
  I u sanku grlim struk tvoj, cv'jete bajni,
I dižem se s tobom kroz čarobne zvuke
  U nebesa zlatna heruvima sjajni'...

Iz „Ljubičica"

I

Mila mi je mlada zora,
Kada jutrom istok krasi;
Mio mi je hladak gora
I tičiji glasi.

Mio mi je šapat cv'jeća,
Kad ga lahor krilom krene;
Mio danak pramaljeća,
Kad iz sanka sve se prene.

Milo mi je sunce sjajno –
Plavog neba kruna čista;
Trepetanje rose bajno
Sred zelenog majskog lista.

Mile su mi vedre noći,
Kada sanak spusti krila,
Kad se b'jela u samoći
U jezeru kupa vila.

Mio mi je miris bilja,
Što uzdisaj sjete gasi,
Al' od svega toga milja
Ti mi, dušo, milija si!

II

Krv i život, mlado doba,
Srce čilo, oko oba –
Na svijetu sve,

Za Srpstvo ću dati milo
I za tebe – moja vilo,
I za oči te!

III

Kô lagana srna,
Kô na lahka krila,
Trčala si mila
U zeleni raj.
A kosa ti crna
Po grudima s' razvila –
Mirisna kô raj.

U tom svetom času,
U blaženom trenu –
Srce mi se prenu –
Posta sami žar;
Zlatne iskre rasu,
Tije pjesme krenu,
Da tvoj slavi čar.

Pa slavimo te, zoro!
Slavim neprestano
Kao obasjano
Sunce slavlja poj!
Kô visinu orô –
Biserova grano,
Slatki danče moj!

IV

Gledaj r'jeku kako čista
U sunčanom zlatu blista
Kao alem sâm,
Tako isto – vjeruj cv'jeće –
U mom srcu punan sreće
Blista vjere hram!

V

Gđe si bio,
Oj lahore mio,
Da l' si letom
Grlio se s' cv'jetom:
Sa ružicom,
Ili sa ljubicom,
S ruzmarinom,
Il' sa dragim krinom,
Il' sa miljem,
Sa gustim koviljem,
Te ti mila
Rajem mire krila?
Gđe si bio,
Oj lahore mio?
Zašumori
Lahor pa prozbori:
Mojim krilom
Ljubljah ti se s milom.

Iz „Salona"

1. Perika

Otmeno društvo. Tonu lake dirke
Pod prstićima jedne lepe gospe;
U svakom zvuku kao da se prospe
Miris od ruža. I kraj slatke svirke

Sve nemi, ćuti i čeka svršetak –
Pa onda tapšu i razgovor krenu:
Svi hvale gospu i veštinu njenu.
Ona se smeje i popravlja cvetak

U gustoj kosi. Lepo oko njeno
Gori i vara... Najedanput smijeh
Osu se svuda i u dama svijeh
Lepezom beše lice zaklonjeno.

Šta je?! Mlad docent, zdravo bleda lika,
Ljubeći ruku jedne dame plave,
Slučajno kihnu i s njegove glave
U njeno krilo pade mu perika.

2. U tuzi

„Ja znadem, gospo, da vas srce boli
Za vernim mužem, što ga sudba uze;
Al' šta se može? Ubrišite suze –
Tä Bog je dobar, on vas i sad voli.

Neće vas tako pustiti, madama,
Da vaša mladost bez utjehe vene."
„Jest, Bog je dobar, i on voli mene,
Al' recite mi, šta ću 'vako sama?"

I mladi doktor setnu damu motri
I zapita je tiho, s bolom pravim:
„Kad mogu doći da vam društvo pravim?"
„Sutra po podne, tako, od dva do tri."

3. Ona

Lep je to čovek naš ministar pravde!
On voli društvo i pojmi mu značaj;
Večeras, eto, pozvao je na čaj
Gospodu stranu i mnoge odavde.

On vam je uzor i dobrota sama!
Pa kako mome mužu piše blago:
„Meni će biti osobito drago
Ako večeras gospu vidim s vama!"

Ah, jedva čekam da nastupi veče!
Staviću na se svileno odelo.
„Divno vam stoji, kao sneg je belo!"
Nekih mi dana on ljubazno reče.

Uvek me tako predusreta lepo
I poštuje mi mimo druge dame,
I sve bi, sve bi učinio za me,
Pa stoga mnoge zavide mi slepo.

On sa mnom često šeta starim parkom,
U lepom zboru provedemo vreme,
I više puta, u smehu, pun treme,
Ruku mi stisne svojom rukom žarkom.

Učtiv je jako i pun mudrog takta!
On mi je mužu učinio mnogo,
Bez njega ne bi ni koraka mogô,
Vječno bi samo prepisivô akta.

I zato njega moj muž jako štuje,
Ceni mu razum i karakter vrli –
Pa sada sretan zanosno me grli
I moju čednost u zvezdice kuje...!

Izabranik

Sjeni Save Bjelanovića

Po blagoj noći, koja mirom diše,
Usamljen luta i pogledom bludi,
Pa čita tajnu, što po nebu piše
Stvoritelj bića, samrti i ljudi.

U daljne sfere, što nad smrtnim stoje,
Nosi ga duša slobodna i mlada,
I raj mu nudi sve prostore svoje
I vječno carstvo ljubavi i sklada.

On je izabranik. Na njegovom čelu
Božanska misô zapisana stoji,
On napr'jed stupa u borbi i djelu
Nebesku misô da s ljudima spoji.

Kô tresak groma nad porokom ljudi,
Njegova riječ diže se i zvoni,
Pa gdje je tama tamo svjetlost budi
I s jasnog sunca crni oblak goni.

I mnoga ljeta kad dovrše pute
Njegova misô živiće i sjati,
U strašnom času, posred borbe ljute,
Sputanom robu nove sile data!

Izgnanik

„Von allen Helden, die der Welt
Als ewige Gestirne glänzen,
Vor jenen Tausenden, die Ruhm
und Sieg bekränzen,
O, Patriot, bist du mein Held."

Prva pjesma

Oblače lagani, putniče daleki,
Kud promičeš tako nevoljno i tmurno,
Kô mračni izgnanik, što na čelu nosi
Red dubokih bora, što ih dugi dani
Borbe i mejdana urezaše tamo
Oštricama svojim...?
Dok široka polja i šumice žedne
Zovu te i ginu za kapljama slatkim,
Dok smoreni ratar sa nadeždom milom
Gleda te i čeka i bogu se moli –
Bez odziva, hladno, ti se gubiš, eto,
U daljine mirne prostranih nebesa
I odnosiš žetvu – radost gladnih duša,
Što ih kruta java prebija i lomi
U vrtlogu crnom nemilosti svoje...
O, stani! Ja znadem jad koji te davi,
I taj ljuti nemir što je s bolom pao
Preko tvoga čela...
Tebe mračni vihor s dragog mjesta goni,
Na kome si snivô raj slatka života
I ljubio cvijet što je njedra mila
Poklonio vjerno kapljicama tvojim
I u mirne noći, na brdskom grebenu,
Pod tvojijem krilom tresô se i ginô

Od milosti slatke i šaptao žudno:
„Ja te ljubim, dragi...!" A mene, oj druže,
Sa grobova svetih, nad kojima Slava
Kroz v'jekove duge zlatne luči pali
I svijetli puhor pradjedova mojih –
Hladna srca gone... Haj, iz zemlje drage,
Gdje me dobra majka na njedrima toplim
Othranila brižno, pjevajući pjesme
Uz kol'jevku meku, koje slatkim sankom
Zaklapaju oči nevinašcu malom;
Sa pragova svetih, po kojima stupa
Moje pleme jadno i, pognute glave,
Kô žrtve Nerona, u karike gleda
Što mu misô pute i istinu dave –
Mrska volja jurnu... Ispod rodnog neba
Što se milo plavi, kô rosne ljubice
Što ih mlado jutro iz kosica zlatnih
Kô uzdarje čedno po brdu prosulo;
Ispod zlatnog neba, po kome sam nekad
U slatkom djetinjstvu brojao zvijezde
I ruke im pružô da prebrodim s njima
Prostore beskrajne; ispod zlatnog neba,
Pod kojim se griju poljane mi rodne
I draga rijeka, kraj koje sam mladost
U sreći uživô i s obala mirnih
U večeri pozne divlje ruže brao
I čekao dragu u zagrljaj topli;
Ispod zlatnog neba, kud mi duša sada,
Kô tica kad prhne iz krletke mračne –
Gubi se i tone među uspomene:
Sotonsko prokletstvo foruma krvavog
Progna me i vrže tuđini dalekoj –
Pustari beskrajnoj, gdje mi srce plače
Kô jadno siroče na kamenu golom...
Ja svjetlosti htjedoh – ja slobodu htjedoh
I vaskrsno sunce, da ozarim njime
Nijemu Golgotu, gdje Istina dršće,
Pod strašnim mučenjem umiranja svoga,
Sa kojom pristupah pred ohola lica

Što kolajne zlatne pripeše za grudi
Ne sa sv'jetlih djela no s bestida svoga –
Sa niskog tiranstva, kom su oltar digli
Na razvali mrtvoj svetijeh amvona,
Gdje grmljahu glasi Čovjeka i Boga.
Kao blaga jeka vaskrsnijeh zvona.
Htjedoh snažnom rukom da otrgnem zlato
I taj drski raskoš razvratnih salona,
Da obaspem njime te blijede sjenke
Što ozeblom rukom suhu koru mole
I slušaju kikot svoje crne jave...
Htjedoh svetu Misô iz ponora gluhih
Da povratim s danom na blijeda čela
Okovanih duša, što proklinju nebo
I bogove hladne... Htjedoh da zagrlim
Iznurena t'jela, pa na žarko sunce
Da poletim s njima, da u jadna srca
Živu radost vratim, kô proljeće toplo,
Na gluhoj strmeni opaljenom grmu
Što mladicu vraća i nadeždom grije...
O, ja Ljubav htjedoh! Ja Milosti htjedoh,
Da sa njome zbratim ohole i silne
Sa prezrenim robljem, što krvavom rukom
Pustu žetvu zbira u koševe pune
Gladnih gospodara... Htjedoh... Al' kô vihor
Plodove obilne što ih zdravo stablo
Sa nadeždom toplom na granama svojim
Suncu iznijelo, poruga i smijeh
I satanska volja vrgoše u ponor
Sve podvige svete, sa kojima htjedoh
Pred grešne Kajafe da iz groba vratim
Poniženog Boga i mir među ljude...
I sad, kao i ti, putniče daleki,
Ja gledam nebesa koja me ne znaju,
Nebesa što nikad sunca mi ne daju,
Nebesa što dušu satiru i dave –
Pustoš, ponor mračni, u kome mi očaj
Kao gladni gavran jadno srce kljuje.

Druga pjesma

Sanjam...
Nebesa plamte, krvav oganj gori,
Pustara gluha ljutom vatrom bije;
Kako sam žedan, kako li me mori
U grlu požar pa duboko rije –
Dušu mi hvata, lomi je i davi,
Usijan otrov po krvi mi lije!
Zovem... Al' niko neće da se javi...
Nijedne palme u blizini nije,
Širokim hladom da žar zbriše s čela
I da mi pruži svoje grane lisne...
Nijedne kaplje! Ah, nijednog vrela,
Kô slatka nada da preda mnom blisne
I blagom strujom da pozdravi mene
Srebrni talas – njegov žubor meki,
Smorena duša da radosno prene
U plavo kube nebesa daleki'...
Posrćem, padam, kao galeb oni
Na mračni talas burnog okeana –
Široko krilo kad mu vihor lomi
Pa krvca teče iz dubokih rana,
Dok daljni druzi pod svodom azurnim
Krilima grle svu miloštu blagu
I slave život s kliktanjem burnim
Uz vedru radost i slobodu dragu...
Života dajte...! Oblače sa gora,
Donesi hladak stradalniku mladom...
Ognjevi dršću, kô krvava môra
Talasaju se s porazom i jadom.
Umirem... Eto, crna žena stupa,
Oči joj sjakte kô paklene zublje –
Gladno i žedno moje prsi čupa
I kandže pruža sve dublje i dublje –
Hoće mi srce... O, ne kolji tako
To dobro janje, kom je Ljubav misô!
Ja sam s njime mnoge dane plakô

I mnoge suze nevoljnima brisô...
Pravo i sveto ljubili smo brata,
Stradali s njime u mračnom životu;
Dubokom maglom kad se oluj hvata,
S drugom smo svojim gledali Golgotu...
Na jauk ranô mi smo budnim sluhom
Pružali ljubav i meleme drage,
I grlio nas patnik rukom suhom
Na svoje prsi smorene i nage.
Lagali nismo! Kô što sunce vodi
Slobodni danak prostorima plavim,
Istina, što se na strah Mraku rodi,
Stupaše s nama po stazama pravim.
Pusti me...! Stani...! Ne kidaj života!
Tä ja ga volim, ja ga tako volim...
Al' zaman vrisak: nijema Strahota
Sve dublje rije s kandžama golim...
Umirem evo, dok tamo daleko
U zlatnom bl'jesku oaza se sjaji,
Vjetrići struje i šaptanje meko
Visoka palma nad vodama taji...

Treća pjesma

Proljeće je... Pojte, o vi, srca zdrava!
Proslavljajte vijek i nebesa plava!
   Pletite vijence!
A ti, mila momo, u kosice svijaj
   Proljetne prvjence!
Mladost, život, zdravlje i vesele dane,
Eto, jarko sunce nosi na sve strane.

Al' ne meni... Ja sam sumoran i nijem...
Ne diže se duša nebesima tijem –
   Hladan mi je zrak...
Kô da mutne sjenke prate me i gone
   U duboki mrak;

Kô da čujem vrisak duge kletve one
Što u moru suza davi se i tone...

Gdje sam...?! Nema sunca, zrak mu je posrnô.
Da, božje čelo pusto je i crno,
   Kao crna kob...
A pod njime zemlja, ta krvava gruda,
   Duboki je grob,
U kome je davno istruhnula Misô
Što je Bog i Čovjek svetom rukom pisô.

Gdje sam...?! Da, na grobu, gdje rđa i gasne
Oreola zlatna Nevinosti časne
   Što je besram tre...
Haj, proljeća nema... U vrtlogu crnom
   S nebom sunce mre...
Mraz je... Duh se ledi... Širom Zloduh bludi
I satana vrišti iz pogleda ljudi...

Četvrta pjesma

Kao crna jata, štono odliječu
Sa krvave gozbe – s gomile tjelesâ,
Ja vjekove gledam kako prolijeću
U daleke magle nijemih nebesa...

Njima neće ljudska zapisati ruka,
Na širokom listu povjesnice danâ,
Ni slavu ni trijumf, nego kletve mukâ
I krvava slova krvavijeh rana...

Kolijevka njihna odnjihala nije
Milosti ni srca za utjehu suza
Što ih golo roblje bez prestanka, lije
Pod krvavim knutom usred tvrdih uzâ...

Pod njihovim bdenjem, na plač miliona,
Nijesu se digli oni hrami sveti,

S njihovih amvona, uz vaskrsna zvona,
Da slobodna riječ zagrmi, poleti...

Da zaštiti Pravdom zgažene i slabe,
U dubokoj tami što nevoljno pate;
Da porazi silne, što tuđ hljebac grabe
I ljudima pune mračne kazamate...

Tigrovima gladnim tapšali su oni
I sa njima grezli u nevinoj krvi,
Nit' su čuli kletvu, koja suze roni,
Niti jauk srcâ kad ih samrt mrvi...

Oni su vijence Neronima pleli,
Smijali se s njima s gomilom slugâ...
Pa i Boga živog oni su odveli
Na mračnu Golgotu da mu s' rulja ruga...

Da, Bog! Bog je mrtav, a s njim i sloboda...
Eno, ja je vidim... Hladna i nijema...
Okovana rukam' farisejskog roda
Ljude zove, traži, ali ljudi nema...

Samo zmije krv joj iz njedara piju,
A vrag maljem svojim pritvrđuje lance...
Noć je... Žarka sunca u tmini se kriju
I vukovi viju kroz gore i klance...

A kô crna jata, štono odlijeću
Sa krvave gozbe – s gomile tjelesâ,
Rob vjekove gleda kako prolijeću
U daleke magle nijemih nebesa...

Peta pjesma

U nijemoj noći pohodi me ona –
Moja mrtva majka čelo mi celiva,

I kô dalek pozdrav vaskrsnijeh zvona
Njena blaga riječ mehlem duši biva:

Ja ne dođoh, sine, da plačem i jadim
Nad sudbinom tvojom nevolje i tuge,
Nego tvoju dušu da vjerom podmladim,
Da je dignem s mraka u šarene duge!

Znaš grobove one, svijetle i drage,
Što se nižu širom Otadžbine tvoje?
Iz pepela njihna ja ti nosim snage
I zlatne zvijezde da pred tobom stoje.

Hajde, kreći dalje! Ne zalazi pute
Kojima te Misô Svetiteljska vodi!
Danas milioni pogledaju u te,
Kô u sunce kad se iza magle rodi.

Tvojim glasom zbore bezbrojni i mnogi,
S jadima tvojim hiljade se druže
Što, proklinjuć' život gladni i ubogi,
Gospodskome kutu u verigam' služe...

Preni i povedi to roblje bez nada
Na svjetlilo žarko radosnog života;
Udruženim mukam' mučitelj se svlada –
Vaskrsenje sprema bič, krst i Golgota...

Gledaj! Burno more u nebesa pljuska
I pjenama mutnim u oblake bije,
A brod tamo-amo, kao prazna ljuska,
Diže se i pada i u maglu krije.

Al' on propast neće! U noći, u mraku,
Budni mornar kliče – ne poginje čelo,
Na kormilo meće svoju ruku jaku
Pa u ponor gleda i prkosi smjelo.

Gle vodilje zlatne, gle zvijezde one
Što kroz oblak tinja! Ona borca vodi!

Kad mu ruka pane, kad iznuren klone,
Zlatna mu zvijezda novu snagu rodi.

Da, još korak jedan i u mirnu luku
Stradalnik će doći da odmori snagu;
On će svome rodu pružit' jaku ruku,
I poljubit' čedo i zagrlit' dragu.

Preni! Ja ću dati snage čedu svome –
Moja ljubav i sad umrla ti nije:
Zar ne čuješ, sine, da u srcu tvome
Moja krvca struji, moje srce bije?!

Preni i povedi to roblje bez nada
Na svjetlilo žarko radosnog života!
Udruženim mukam' mučitelj se svlada –
Vaskrsenje sprema bič, krst i Golgota...

Šesta pjesma

Vjetar huji, kroz mrak srne,
Kao jauk gladna tigra,
A po čelu noći crne
Krvavi se plamen igra;
Kô da strašni trenut kuca,
Nebo dršće, zemlja puca.

O ti koji nemaš krova,
Što te tamni očaj veže,
Kako li ti ponoć ova
Život lomi, grlo steže,
I s oblakom crnih jada
U dno tvoje duše pada!

O, da mi je dvore one
Po kojim' je raskoš pao,
Skupio bih duše bone

Pa im topli odar dao –
Sve riznice pusta blaga
Nek nevolja nosi naga!

Nek se zgriju ruke mrtve,
Nek ožive lica suva,
Što ih sudba, kao žrtve,
Niz ponore mračne gruva,
Što im mirnog ne da sanka
Cigle noći, ciglog danka.

Ali zaman želja zbori!
Moj je stanak mala soba,
Slabi žižak jedva gori,
Kô plamičak više groba,
Kô da i on sa mnom plače,
Pa zadrhti bolom jače...

O, koliko sred palata,
Gdje se crni Zloduh skriva,
Gladnih jata i dželata
Sad na mirnom odru sniva!
A moj stanak – pusta soba,
Kao duša jadnog roba...

O, da bijah tiran hudi,
Što nevolju jadom kinji –
O, da bijah nebrat ljudi,
Ne bih bio patnik sinji;
Poda mnom bi sada bila
Za ložnicu meka svila...

Ali neka, nek se pati
Pod teretom snaga trudna,
Nek za mukom muka prati –
Neće klonut' duša budna,
Nit' će ikad biti druga
Crnog jata, niskih sluga.

Ozarena Mišlju svetom,
Što joj pruža vjere jake –
Ona će se dizat letom
Kroz oluje i oblake,
Da prokune grešne doli
I svom Bogu da se moli.

Onom Bogu što je stao
S teškim krstom na Golgotu,
I sa svojom smrću dao
Svjetlost duhu i životu –
Bogu snage, smjele žrtve,
Što iz groba diže mrtve!

Sedma pjesma

Pred silama mojim gradovi ne strepe,
Nit' s bedema mračnih tučna grla riču
Niz prostore mutne širokijeh mora
Pred mojijem skiptrom ne počinju roblja,
Nit' iz njihni' grla prolama se jeka
Što proslavlja drskost zemaljskih bogova.
Pred prestolje moje ne zgrću se rpe
Iz majdana zlatnih, u kojima gladnik,
Za zalogaj suhi okorjelog hljeba,
Hladno gvožđe stiska i udarom trese
Iznurene prsi i dušu ozeblu...
Ne, bogati istok ne nudi mi raskoš,
Niti draga moja pod grocem b'jelim
Sitni biser niže i u kose spleće
Trepetljike zlatne... Ne, sudba mi nije
Pogladila čelo, nit' šarene duge
Izvela na zrenik – da iskrama zlatnim
Progore i sinu nad stazama mojim...
Moj je život stepa, sumorna i pusta
I beskrajna stepa... Zalud mračna duša
Uzljeće žudno preko mrtvog groblja:

Tu nebeske kaplje ne nalazi ona,
Niti jednog vrela – da duboku žeđcu
Ugasi i tiho, pod širokom palmom,
San usnije blagi. Haj, široka krila
Orlu su preb'jena – u grotlu me vežu
Karike krvave... Ja sam rob... Ne! St'jena
Otadžbine drage, što visokim čelom
Kroz oblake stiže i o jake prsi
Gromove razbija i vihore lomi...!
Ja sam kralj! O, čujte vi bozi zemaljski!
Ja sam kralj! O, čujte vi gorde palate,
Gdje orgija pjana i pošljednju kaplju
Ropske krvi pije! Ja sam kralj, o, čujte,
Kralj što veze kida i mačeve lomi
O satanska rebra niskijeh dželata!
Ja sam kralj što služi patniku i robu,
Ja sam kralj što diže narode i pravdu,
Ja sam kralj slobode, što će svetom Mišlju,
Kao zlatno sunce vaskršnjega dana,
Oživiti groblja i sputanoj ruci,
S grančicom krina, vratiti spasenje
I zlatna nebesa, da propoju glasom
Probuđenog boga...!

Osma pjesma

Što me zoveš, tico mala,
Iz prisjenka noći tije?
Šta na zlatnoj mjesečini
Tvoja slatka pjesma zbori?
Jesi li mi doletila
Sa poljana pitomije',
Gdje masline modre šume
I rumeni granat gori,
Gdje se plavo nebo svija
Na proplanke i na luge
I po b'jelim oblacima

Šara one mile duge,
Gdjeno slatko vjetrić struji
Kroz prutove loze tanke
I gube se s leptirima
Niz osjeke i pristranke?

U tvom glasu kô da čujem
Glas koji mi duši godi,
I uzdisaj toplih želja,
Što molitve Bogu zbore
Ah, ta mila pjesma tvoja
Moju bônu dušu vodi
Na lijepe veđe one
Ispod kojih sunca gore...
Gle, preda mnom kuća mala
Sakrivena pod topole...
Ona čeka, ruke širi,
A milo joj srce bije;
Kô na cv'jetku što je ostô
Sâm na vrhu st'jene gole,
Na dva neba – na dva oka
Readovanje Dršće svjetlost suza tije'...

Ona zove... Ali zaman
U tvom srcu žudnja gori,
Zaman širiš ruke drage,
Zaman ti se srce nada;
Ja sam mornar što se diže
Na vihoru da se bori,
Da prebrodi vrtlog mračni
I ponore mutnih jada.
Al' u magli kada blisne
Zlatna kruna željnih dana;
Kad vaskrsna zvona grmnu
S milog kraja, rodnih strana;
Kad prelije život krepki
Uspavano, mrtvo groblje,
I pred silne s vedrim čelom
Kad slobodno stupi roblje:

Nadaj mi se...! O, nek tada
Tvoje milo srce bije,
Da na njemu mladi borac
Iznurenu dušu zgrije!
I snivajuć' na tvom njedru
Tihi pokoj zlatna raja,
Da rashladim prsi žedne
Slatkim dahom rodnog kraja,
Gdje se plavo nebo svija
Na proplanke i na luge
I po b'jelim oblacima
Šara one mile duge,
Gdjeno slatko vjetrić struji
Kroz prutove loze tanke
I gube se s leptirima
Niz osjeke i pristranke?

Deveta pjesma

U mutne magle, uz strme pute,
Kud vihor mumla i divljim krilom
Oblake bije i previja ih
O tvrdi greben humova mračnih,
Po kojim' ljuti gromovi režu
Imena strašnog krvava slova –
Ja krepko stupam i kroz san zlatni
Ja tebe gledam i tebe ljubim,
O drago krilo rodnog mi kraja,
Mučena grudo naroda moga...!
Kô lako tiče iz hladnih mreža
Slobodi dragoj rosnih planina,
Gdje s prvom pjesmom i letom krila
Pozdravi sunce i nebo plavo
I slatki žubor voda bisernih –
I moja duša s pozdravom slatkim
Gubi se tebi i željno pada,
O krvi moja, o zemljo moja,

O majko moja, na prsi tvoje
Svete i mile...
Niz rodna polja i gore tvoje
I visok greben – što zv'jezde ljubi
I sluša kako pod njime doli,
Kroz rosne grane ružica divljih,
Šuškaju kose bijelih vila –
Prelazi ona i traži stazu
Po kojoj šumi odora zlatna
Slobode drage... Al' staze nema...
Svuda je pustoš, svud mračni ponor,
Svud cvile dusi otaca silnih...
Svuda su rane, svuda su suze,
Oj, suze tvoje...
Al' blago onom ko suza ima:
U toga srce umrlo nije! –
O, taj će opet, kô titan silni,
Zagrmit' glasom osvete drage
I vrućim mlazom rumene krvi
Preliti pute koji ga vode
Širokom carstvu pobjede zlatne.
O, plači majko! I nebo plače,
Al' od tih suza, na pustoj grudi,
Kô slatka nada što sreću nudi,
Zašumi talas visokih žita,
I bôno srce ratara trudnog
Prelije zvukom radosti nove.
O, plači majko! O, plači rode!
Jer jednog dana od suza tijeh,
Što ti ih vihor po grud'ma ledi –
Veliko sunce, kô milost Boga,
Kroz tvoju ponoć blisnuće blago
Sa zlatnim žezlom slobode drage,
I moja duša s dušama mnogim
Gledaće tada kako se kriju
Cezari silni, strvine žedne,
Kô tavne varke duboke noći
Od zlatne iskre vaskrsnog dana
U mutne magle, jazbine gluhe.

Deseta pjesma

Priklonite grešna čela,
Vašoj sili ura bije!
O, kajte se, grešni dusi
Nad razvalom volje drske!
Bog koga ste razapeli,
Na strah vama, mrtav nije!
On iz groba uskršava
I verige lomi mrske!

Bog sve vlasti i života
Vašu nisku volju gazi,
I pred silom duha krepkog
Bedemi se vaši ore –
On u ponor mračnom robu
S grančicom krina slazi,
I smorene duše vodi
Na svjetlilo blage zore.

O, kajte se, mrski bozi,
Vi što niste boga znali!
Priklonite grešna čela,
Poprskana ropskom krvi!
Vaša carstva i bedemi
U krvav su talas pali,
S vaših glava silno pleme
Pozlaćene krune mrvi.

O, ja čujem iz daljine
    Mutni žagor, krvav boj;
To survani demon gine
I, kô potres silnih vala,
Na bedeme crnih zala
    Polijeće narod moj.

O, ja čujem kako grmi
    Silnog roblja sveti glas;

On sa svojih puta strmi'
U poljane plodne slazi
I slobodnom stopom gazi
    Mrtve sile, mrtvu vlast!

O, ja čujem kako bije
    Jako srce roda mog!
Sveta Misô pala nije:
Iz pepela žar je blisnô,
Brat je bratu ruku stisnô,
    Iz groba se javlja Bog!

O, kajte se, mrski bozi,
Vi što niste Boga znali!
Priklonite grešna čela,
Poprskana ropskom krvi!
Vaša carstva i bedemi
U krvav su talas pali,
S vaših glava silno pleme
Pozlaćene krune mrvi.
Bog se rađa! Čujete li
Glas pobjede i strahote?
On prokletstvo vječno baca
Na forume i Golgote...

    I presta silni klik...
Dok je kroz varku snova kroz suze gledô on
a rodnoj, dragoj grudi pobjedne Slave tron
    I Spasiteljev lik:
Iz magle samrt pisnu i zgasi srca plam,
I on je nijem ležô na pustom odru sâm...
Vjetrovi tuđih gorâ prelaze njegov grob –
On sanja... a zgažen narod i sad je krvav rob...

Ja i moj prijatelj

Sve me srce mome prijatelju vuče!
On je bačvar. Ovdje stanujemo oba.
Još od rane zore pa do gluho doba
On teše i bije i maljima tuče

Mi smo jedno isto – ljudi sa zanatom,
I s nama se samo čedne misli druže:
Ja stihove gladim, a on dúge struže,
Pa velika djela stvaramo alatom!

Među nama sasvim razlika je slaba,
Samo to toliko: dok on svoje stvari
Prodaje za novce i pošteno ćari,
Ja stihove svoje vazda dajem džaba...

Moj susjede mirni, nek blagoslov Duha
Uv'jek te prati da si dobre volje.
Samo, ja te molim, odsad lupaj bolje,
Jer ogluhnuh, brate, na obadva uha.

Ja mišljah...

Ja mišljah da je, u dnu duše moje,
Preminô davno svaki spomen na te,
Na tvoju baštu, na guste granate,
I ruže što ti pod prozorom stoje;

I da te mrzim silno i beskrajno
Za ljute rane što ih srcu zada,
Da nikad neću pun suza i jada
Pred tvojim likom uzdahnuti tajno.

Al' kad me usud dovede da s drugom
Besvesno panem u ljubavne mreže,
Ah, moje srce oštro gvožđe reže,

I tada poznah, s bolom i tugom,
Kako sam jadan i kako te volim.
Pa sklapam ruke i za te se molim.

Ja na brdu – zora sviće

Ja na brdu – zora sviće,
 Vas miriše kraj,
A rosica na cvjetiće
 Prosula je sjaj.

U rumenu mile zore
 Jedna zvjezda sja,
Mrakovi se s njome bore –
 Danica je ta.

Podigô se orô suri –
 Krilim' goni mrak,
I soko se s njime žuri,
 Polet mu je jak.

U tišini, u milini,
 Slušam tičji hor;
Pogled bacih: – u daljini
 Jedan srušen dvor...

Vas u gustoj crnoj tami
 Krije mu se lik,
(Iz daljine izgleda mi
 Kao mučenik.)

Sve mu mrtvo, mukom muči,
 Iščeznô mu glas,
Katkad samo sova buči –
 Noći na užas.

Kam po kamen sve se ruši,
 Hladan kao led,
A u zimskoj crnoj duši,
 Otrova je jed.

Prema njemu ona stala –
Tä on joj je rob...
Sa radošću zaciktala,
Njegov vidi grob...
Po njemu se bršljan vije.
S kraja do na kraj –
Kô da tužne suze lije
Za minuli sjaj...

Oh, i jeste slavan bio
Obasjavô nas,
Ali ga je porušio
Jedan tužni čas...

Na njemu je sunce sjalo
Rasipalo moć,
Al' se sunce stropoštalo
Prikrila ga noć...

Na njemu je odsjajivô
Zlatni sreće cv'jet –
Više njega soko živo
Razavio let.

Pa se pitam ovdje sada,
Pijuć' cvjetni mir.
I gledajuć' kako pada
Iz kamena vir:

Kada će se porušeni
Obnoviti dvor?
Kad će s njega crna sjeni
Poći na umor?

Kad će sunce, što još spava,
Rasvijetlit' noć?
Kada će mu prošla slava
Raširiti moć?

Kô da čujem odgovora.
Kô da šapće cv'jet:
Kada svane sloge zora,
Srca bratski splet.

Ja ne mogu ovdje...

Ja ne mogu ovdje; ovdje led me bije,
Ovdje nema sunca što me tako grije,
Sunca, milog sunca, sunca moga raja –
Moga zavičaja.

Ja ne mogu ovdje. Moja duša voli
I lijepu Ronu i vodu Limana,
I daleke šume što se vide doli
U podnožju hladnom vječnoga Monblana;
Moja duša voli ovaj kraj slobode,
Ovu zemlju ljudi, jednakosti, prava.
Al' tamo, vrh kršâ gdje oblaci brode,
Tamo, s golih brda gdje miriše trava,
Tamo, gdje su moji drugovi i braća,
Tamo, rodu svome duša mi se vraća.

Ja ne mogu ovdje. Tamo gdje uveče
Vrh dalekih brdâ kao vatra plane,
Ispod crnog Huma gdje Neretva teče;
Tamo gdje me ljube, tamo gdje me vole,
Gdje se moja braća za rod bogu mole;
Tamo gdje sam snivô one zlatne snove,
Tamo moja duša plačući me zove.
Ondje nek me jednom i u grob sahrane.

Ja ne znam da si meni...

Ja ne znam da si meni
U čašu otrov lila
I da je tvoja duša
Nevjera hladna bila.

Ja ne znam da je lažan
Osmejak usnâ tvoji'
I u tvom mekom glasu
Da pusta varka stoji.

Ja ne znam, dok si mene
Idolom svojim zvala,
Potajno da si drugom
Plavi spomenak dala.

Ja ne znam, kad sam s tobom
U tihoj noći bio,
Anđeo sudbe moje
Da je suzice lio.

Ja ne znam... U onom času
Kad suza sreće kanu,
Kad prvi, slatki poljub
Sa tvojih usnâ planu –

Umro sam i izdahnô...
I sad, kad ponoć tavna
Širokim plaštom skrije
Gore i polja ravna,

Ja bludim s tobom, mila,
I tvoje ime zborim,
U tavnu vječnost gledam
I ljubim, dršćem i gorim...

Ja te ljubim...

Ja te ljubim, sunce sveto!
   Kruno neba vječne moći,
Ti nam zrakom goniš tamu
   I mrkle nam gluhe noći.

Ja te ljubim, zoro bajna,
   Navjesnice b'jelog danka!
Ti me uv'jek tvojim čarom
   Sred slađanog bacaš sanka.

Ja te ljubim, orle suri,
   Ti se viješ u visini!
Prezirući slabe crve,
   Što gamižu u prašini.

Ja te ljubim, čarna goro,
   Željo moja prevelika,
Ti si uv'jek zaštitnica
   Bila srpskih mučenika.

Ja te ljubim, milo slavlje,
   U mirisnom tvome lugu,
Ti sa slatkom pjesmom tvojom
   Blažiš mnogom srca tugu.

Ja te ljubim, šarno cv'jeće,
   Prepuno si milja, baja,
Ja te ljubim! Ko t' ne ljubi,
   Nema srca, osjećaja.

Ja te ljubim, oštra sabljo,
   Tebe moja pjesma hvali,
S tobom su nam pradjedovi
   Sveto ime održali.

Al' od svega ponajviše
  Tebe ljubim, rode mili!
Za te živim! Tebi dajem
  Pjesme mojih nada čili'.

Jedan lovorov list

O dvadesetpetogodišnjici Bosanske Vile

Lovore stari, savi svoje grane,
Od kruna tvojih da vijenac vijem
Onoj što sestra bješe nama svijem
U duge noći i turobne dane...

Uz glase vila oko njena čela
Spleti se danas, i na ovoj grudi
Svjedokom naše zahvalnosti budi
Onoj što splet je zlatne sloge plela.

Ljeta je prošlo dvades't i pet više
Narodu srpskom kako suze briše
I bilje nosi od sela do sela.

O pjesmo naša, njoj na slavu leti!
S dušama našim ti se danas spleti,
Lovore stari, oko njena čela!

Jedna noć despota Đurđa Brankovića

(Smederevo. Noć. Sam despot sjedi u svojoj sobi.)

Umorne oči moje ne sklapa pokoj sveti,
Ranjena duša moja od crnih dršće slika:
Kô oblak burom gonjen, zloslutna misô leti
Po zemlji roda moga, po zemlji mučenika.

Kroz fijuk notnjeg vjetra ja čujem kako kosti
Srbalja mojih pršte u žvalji zmije gladne;
Uzalud boga molim da jadnom Srbu prosti
I s mučenika digne taj pokrov noći hladne.

O Nemanjići hrabri, neokaljana krvi,
Čija se slava vije na strunama guslara,
Vaše se pokoljenje u tužni raspad mrvi,
A manastire vaše nesita ruka hara.

Pod njihovijem svodom ledena samrt bludi,
Da zbriše sveti spomen vaših božanskih djela;
Iz okovanih grla zalud se kletva budi –
Daleko u noć crnu zastala zora b'jela...

(Napolju se čuje grmljavina i vjetar.)

Kô da i nebo sprema, u riku groma plamna,
Silu osvete strašne svrh jadne zemlje ove!
Čuj kako gore ječe, dršću nebesa tamna,
I gladni gavran grakće i traži žrtve nove.

O, plamti, munjo, plamti! Porazni grome, tresi,
Tresi, gruhaj i lomi krvave gore moje,
Al' srpsku misô neće srušit' adski b'jesi,
Srbin će voljno pregnuť za sreću zemlje svoje!

Al' gdje je sreća naša...? O, Srbin sreće nema,
Zaludu lavskom snagom u smrtnu borbu kreće,
Kad hladna sudba uv'jek nemilost grdnu sprema,
I na put slave naše bezdani ponor meće...

Nesrećni, jadni Đurđe, kako je teška kruna
Na glavi tvojoj! Teška kô onaj oblak mutni!
Tvoja je dijadema oštroga trnja puna,
Kô što je zemlja ova prepuna rana ljuti'!

Na svakoj tvojoj stazi crni te udes sreta...
O, umri, grešni starče, kad s tobom sreće nije!
Možda sa grobom tvojim sinuće zora sveta,
Na čelo srpske majke da zlatne v'jence svije!

Jedna suza

Ponoć je. Ležim, a sve mislim na te –
U tvojoj bašti ja te vidjeh juče,
Gdje bereš krupne raspukle granate.

Sva u grimizu oproštajne luče,
Na staroj klupi ispod kruške one,
Sjede ti djeca i zadaću uče.

Nad šedrvanom leptiri se gone
I sjajne kapi, s bezbroj rubina,
Rasipaju se, dok polako tone

Jesenje sunce... I kô sa visina
Olovni oblak, po duši mi pade
Najcrnji pokrov bola i gorčina.

I kobna misô moriti me stade:
Što moja nisi, i što smiraj dana
Ne nosi meni zvijezde, no jade...?

Što moje bašte ostaše bez grana
I slatka ploda, što rađa i zrije
Na vatri srca...? Gdje su jorgovana

Vijenci plavi...? Gdi je kletva, gdi je...?
Vaj, vjetar huji... a ja mislim na te,
I sve te gledam, kroz suzu što lije,

Gdje bereš slatke, raspukle granate.

Jedno veče

Ja sam naslonjen na prozoru bio,
I gledô na drum pušeći cigaru.
Plavkasti dim se kolebô i vio

U pramenovima mekim. Po Mostaru
Veče je svoje rudo zlato lila,
I krovovi su drhtali u žaru.

Ti nekud prođe. Uza te su bila
I djeca tvoja, male crnke dvije
Očiju toplih. Na tebi je svila

Šuštala kao vjetar kada vije
U rosnu lišću bokora. Prah vreo,
Što drum kô neko sivo platno krije,

Tvoj bi skut, katkad, dodirnô i meo.
I više ništa nisam gledô drugo –
Vas gledah samo kroz večernji veo,

Sve dokle niste svrnuli za ugô...
Kô iz gnijezda gdje sve studen davi,
Tad iz mog srca jedno jato dugo

Ranjenih tica s cvrkutom se javi,
I vama prhnu... Noć slaziti stade...
Mrak... U moj prozor, sa visine plavi',

Jedan crni leptir doplovi i pade.

Jednom danku...

Jednom danku
Na uranku,
Kraj potoka, bistra vrela,
Pohvali se ruža b'jela:
Što je cv'jeća i što cvati,
Sve što znade mirisati,
Da se njojzi klanjat mora
Sa mirisa i ljepote.
To začuo, pa se ote
Lagan vjetrić savrh gora,
Oteo se, uzvio se,
Pa dodirnô ruse kose
Čeda mog;
S njih slađani miris svio,
Pa ružici odletio
Usred njedra b'jelog.
Ruža prenu,
Suncu glenu,
Suncu ode uzdah njeni,
Pa od stida ruža ranka,
Bijela ruža mirisanka,
Pred vjetrićem porumeni.

Jela

Ko poškropi tvoje kose, Jelo,
Ko orosi tvoje lice b'jelo?
„Jutros stajah ispod jorgovana,
Pa me rosa pokapa sa grana."

Pravo kaži, a ne laži nani,
Gdje su, šćeri, sa grla đerdani?
„Što bih ti se, majko, krivo klela?
Jutros sam se na jorgovan pela.

Za đerdan mi zape rosna grana,
Pa se prosu ispod jorgovana."

Moja šćeri, moja tugo, jao,
A ko ti je njedra raskopčao?

„Rano zorom, ne karaj me, mati,
Ja u baštu odoh ruže brati;

Sa sevlije plahi vjetar prhnô
Pa mi, majko, sva njedra razgrnô."

Što su mutne tvoje oči tako?
„Noćas nisam zaspala nikako,

Negdje slavuj pjevaše sa grane
Pa ga slušah sve do zore rane."

A zašto ti plam uz lice bije?
Jao, šćeri, da vrućica nije?

„Nije, majko! Tä što bih ti krila!
Maloprije kod vatre sam bila.

Plaha vatra udari u lice,
Pa mi s toga gore jagodice."

Hajd' na izvor, rashladi se, Jelo,
Umi lice i to grlo b'jelo.

„Hoću, majko...!" Curi srce bije,
Gust jorgovan mlado momče krije...

Jelka

U n'jemu ponoć, kad zvjezdice bl'jede
Po nebu siplju svoje zrake bajne,
Svemirom daljnim čudni glasi sl'jede
I letom blude posred noći tajne.

Čas su kô zvuci, koji prate sreću
Vesele družbe i drugova mili',
A čas se bono kroz tišinu kreću,
Kô uzdah duše kad na sudbu cvili.

Otkuda l'jeću? Šta ih tako budi
Pod tihim krilom samoće i mira?
Viju l' oni iz ljudskijeh grudi,
Ili su čeda dalekog svemira?

Onamo, gdje se s nebom ljubi gora
I orô klikće sa plavih visina,
Urvine stoje porušenih dvora,
Kô n'jemi spomen minulih davnina.

Kroz pustoš njinu samo vjetri l'jeću,
Putnika tamo sovin pozdrav sreta,
Oko njih grane bršljana se spleću,
Divlja ružica i kupina cvjeta.

Kô biser-kaplja, što u rujnu zoru
Na nježno cv'jeće sa ljubavlju pada,
Nekada davno u ovome dvoru
Življaše Jelka, vlastelinka mlada.

Miris, što s njenih dizao se vlasi,
Lahoru bješe od ružica draži,
A njene r'ječi, njeni meki glasi,
Bijahu melem, što klonulog blaži.

Njene pak ruke bjehu ljiljan oni,
Što tiho cvjeta sred dolina bujnih,
Ni pjesma slavlja, što kroz ponoć zvoni,
Ne bješe slađa usana joj rujnih.

Jednoga dana, kad u krilo snova
Tonjaše sunce sa neba beskrajna,
Tamo iz gore, iz veselog lova,
Vraćala se domu vlastelinka bajna.

Okolo nje su kopljanici bili
Pod tučnim šlemom, što od str'jele brani,
I l'jepa kita drugarica mili',
Cv'jetovi krasni na ružinoj grani.

U tihoj dolji, što ods'jeva čarom
Proljećnjeg dara – čobanče je stalo,
Njegovo oko gorilo je žarom,
A zrakom sreće lice mu je sjalo.

Pod blagim krilom večernjega mira
Njegove frule drhtali su glasi,
Slatki i mili, kô zvuci svemira,
Kô svete harfe čudesni uzdasi.

A kad mu pogled u goru se ote
I spazi lice vlastelinke bajne,
Srce mu planu ognjem od milote
I svetim žarom ljubavi beskrajne.

Oh, u tom času, da je mogô samo,
Lahorom tajnim on bi željno postô,
Na njene grudi odletio tamo,
Izdahnô, minô i tu vječno ostô.

Al' tajne suze poplaviše grudi,
I sjetno glava malaksa i klonu,
Njegova duša premire i žudi,
A brze misli unedogled tonu.

I od tog časa sve više i više
Njegovo lice tonjaše u tamu,
Još ništa sliku ne može da zbriše,
Što sveto blista u dušinu hramu.

Daleko tamo od sv'jeta i ljudi,
Noću i danju bludio je n'jemo,
Uzdahe bone iz ranjenih grudi,
A sjetne zvuke iz frule je spremô.

Al' jošte nikad ne uskrsnu nada,
Nit' sinu oko u plamenu sreće,
Njegovim srcem hladna pustoš vlada –
Blažena slika vratiti se neće.

Jesen

Prošla je bura, stišale se strasti,
I ljubav s njima sve je bliže kraju;
Drukčije sada tvoje oči sjaju –
U njima nema ni sile ni vlasti.

Ja čujem: naša srca biju tiše,
Tvoj stisak ruke nije onaj prvi;
Hladan, bez duše, bez vatre i krvi,
Kô da mi zbori: nema ljeta više!

Za društvo nekad ne bješe nam stalo,
O sebi samo govorismo dugo;
No danas, draga, sve je, sve je drugo:
Sada smo mudri i zborimo malo...

Prošlo je ljeto... Mutna jesen vlada...
U srcu našem nijednog slavulja;
Tu hladan vjetar svele ruže ljulja,
I mrtvo lišće po humkama pada...

Jeseni moja...

Jeseni moja, pozdravljam te...! Hodi,
I pođi sa mnom preko rodnih strana,
Po lijepijem mjestima me vodi,
Gdje šume čežnje mojih davnih dana.

Onamo ima ruža zavičajnih,
Što nisu svele od studena inja,
I vrela živih i putanja sjajnih,
Gdje duša ljuta još rudi i tinja.

Milo cvijeće otuda mi maše,
Njegove čiste i svilene čaše
Slatkim napitkom prepunjene stoje.

Jedan vijenac od njega ću sviti,
I s molitvom ga na grob položiti
Svog mrtvog ljeta i mladosti svoje.

Jesensko veče

Okolna sela u magli se kriju;
Poljane ćute u kopreni tame,
Visine mutne sitne suze liju
I mome srcu tajni vazduh mame.

Ne pjeva slavuj, nit' me ljupki glasi
Odnose sanku čarobnoga sv'jeta –
Studeni vjetar leluja mi vlasi,
A zrakom leti miris mrtvog cv'jeta.

Pod golim granjem bez listića mlada,
U pustom vrtu, gdje me sjeta goni,
Usamljen stojim bez mira i nada,
A s male crkve glas molitve zvoni.

O sretni časi preminulih dana,
Na vas se sjećam usred ove tame,
Nekad sam ovdje, pod zaklonom grana,
Ovjenčan bio v'jencem sreće same.

Slušajuć' zvuke večernjega zvona,
Ljubljah joj usne i milovah vlasi,
A sv'jetlim okom gledala me ona –
Čista kô suza što proljeće krasi.

Bleđana svjetlost mjesečine sjetne
Padaše mirno na lica nam vedra,
A malen vjetrić sa ružice cvjetne
Sipaše miris u b'jela joj njedra.

Iz guste šume i pitomog luga
Slušasmo pozdrav što ga ljubav spleće,
A svaka zv'jezda sa plavetnog kruga
Gledaše na nas kô na simbol sreće.

No sve je prošlo... Kô prebijena grana
Bez l'jepog cv'jeta sad usamljen stojim,
I svetu sreću nekadanjih dana
Kličem i tražim sa uzdahom svojim.

A vlažni vjetar prel'jeće i bludi,
Jesenska noćca tihe suze roni,
Duša mi želi, umire i žudi,
A s male crkve glas molitve zvoni.

Jesenje strofe

Ja te nađoh kao jednu baštu, koju
Obasiplje drago kamenje fontana,
Pa sve ptice svoje pustih da ti poju
Među bokorima i vencima grana.

Moje su se čežnje njihale na svili
U granama tvojim, gde plod rudi mio;
Moje čaše tvoji ljiljani su bili,
Iz kojih sam vino vrele strasti pio.

Ali jesen stiže uz vihore slepe,
Pa jabuke tvoje i sve dunje lepe
Otkide i sjajne cvetove ti strese...

Pobegoše ptice... Bašta osta sama...
Vaj, kô grobni venci sada svele rese
Vise svrh kubeta mrtvijeh česama.

Jesenji dan

Ne trepti jasno daleki krug,
   Sumoran plače dan;
Premrla šuma, smrznô se lug;
   U magli grakće vran.

Na pustoj stazi, kud bludim sâm,
   Izdiše listak žut;
Mrtva leptira kô snježan pram
   Pronosi vihor ljut.

Kao da dusi uz divlji huk
   Slaze iz carstva svog,
Pa dave život, pjesmu i zvuk,
   I zemlju roda mog...

Ja ćutim; očaj u mrazu svom
   Srce mi, dušu tre:
Ja gledam kako u kraju mom
   Pod maglom sunce mre...

Još ljubiti mogu...

Usahnuo izvor ushita i sreće,
Ne nosi me struja mladalačkih snova,
Sa grane života rasulo se cv'jeće
U beskrajnu pustoš pokojnih sv'jetova...

Nit' osmejak slatki milozračne zore
Ne vraća mi pokoj umrlijeh dana,
Nit' pjesmice mile, što se jutrom hore,
Ne vidaju grudi pod teretom rana.

Izlio sam suze i bez suza sada
Na pepelu nade i pokoja plačem,
I vjera mi gine, umire i pada,
Kô nevina žrtva oborena mačem...

Ja sam hudi mornar, kom' je sudba dala
S okeanom hladnim da se vječno bori,
Koji neće stići zoru ideala,
Niti slatku čežnju, što mu srce gori.

Niti više nemam ni snova, ni sreće,
Samo jedno blago propalo mi nije:
Još ljubiti mogu, još se izvor kreće,
Koji tvoja slika besmrtnošću grije!

Junacima

Najljepši v'jenac, koji je splela
 Boginja slave u hramu svom,
Blista i sjaje sa vašeg čela,
 Dični junaci, vi krvi vrela,
Što sveto teče za mili dom!

Tä koja srce osjeća više
 Od vašeg srca, od ognja svog?!
Božanstvom blagim duša vam diše
Jer vaša snaga nevolju briše
I s njom se rađa svjetlosti Bog!

Vaše se oko smrti ne boji,
 S prsima golim stupate njoj;
Na vašem čelu sloboda stoji,
 I teško, teško onome, koji
S lancima jurne boginji toj!

Narodi mnogi danas bi stali
 U pustom groblju pepô i prah,
Nit' bi se svojim imenom zvali,
 Da vi nijeste svu krvcu dali
Na slavu rodu, a vragu na strah!

Slava vam, slava, junaci sveti,
 Ponose dični naroda svog!
U strašnom času, kad propast leti
 Da sruši oltar djedova sveti':
Desnicu svetu diže vam Bog!

Jutarnje zvono

Tin, Tan,
Tin, Tan.

Ustajte, drugovi!
Zove nas beli dan,
Zovu nas polja i plugovi.
Napred! Na podvig! Na dela trajna!
Nek naša bude volja
Pobeda kraljica sjajna!
Tin, tan, tin, tan.
Uz oštre surove krše,
Gde se vihori bore,
I lepa krila krše,
Gde groma sinjeg trese se glas,
Visoko, tamo, uz onaj greben ljut,
Kroz mutne magle, vodi naš put.
Onamo svetli venci zore
I carske krune čekaju nas.
Napred! Kroz magle! Uvis! U orlova stan!

Tin, Tan,
Tin, Tan.

Jutro

Plavi dim izbija s kamenih ostrva;
Po jedrima pada zore vatra prva.

Uz domove niske šumi čempres stari;
Po koje se okno polagano žari.

Po obali mreže razgrću ribarke,
Na pijesku leže izvaljene barke.

Negdje krasna bije i motika zveči,
I čuje se stado i žamor riječi.

Galebovi kruže, bleska perje meko,
Pogdjekoja lađa izbija daleko.

I sve više jedra kao vatra gore;
U nebu se čuje melodija zore.

Jutro na Kosovu

Probuđene trepte daljine i međe –
Razdraba se blesak po kosi i luci,
Kô da Boško, s alaj-barjakom u ruci,
U oklopu sjajnom sâm projezdi neđe...

Puklo polje. Širom, na četiri strane,
Preko dugih njiva i ravnica svije',
Svud orače vidiš i rala i brane,
I kako iz mrkih brazda para bije.

A tamo, kô gora srebrna i čista,
Pokrivena nebom Gračanica blista
I sjaj s krsta siplje... Trepte daljne međe –

Razdraba se blesak po kosi i luci,
Kô da Boško, s alaj-barjakom u ruci,
U oklopu sjajnom sâm projezdi neđe.

Jutro žetve

Ovdje, pod hrastom, gdje se paprat splete,
Počivam samcat. Šušte račve stare,
Kao da mašu na čupave čete

Oblaka ranih što se tiho žare
I plove tamo, preko polja tije',
Po zlatu ječma i 'šenice jârê,

Gdje trepti jutro i svjetlila lije,
Pada po drvlju i zahvata sela
I raštrkane kolibice mije.

Niz golu strmen pljušte hitra vrela,
Kô da bi krupne rubine, što gore,
Po dolinama razasuti htjela.

Tamo, u strani, pod plamenjem zore,
Vide se čeljad, trsnata i zdrava,
Kô tvrda stabla na hrbatu gore.

U polje slaze, gdje rijeka plava
Teče i klasje žedno pije rosu
I po vrbaku tanka magla spava.

Pogledaj! Ko je muško nosi kosu
Preko ramena, a struka mu bedra
Resama bije. Ženske, s njima što su,

Grablje i vile drže; neke vedra
I nejač malu. Već čujem đerdana
Zveket i vidim treskaju se njedra...

Evo sve družbe! Ovdje, ispod grana,
Svoja gnijezda gdje kosovac gradi,
Gdje s bukve šušte bajke davnih dana,

Vidim ih. Hode. Poljski vjetar hladi,
Povija gustu travu ispred ljudi
I jašmak diže sa nevjesta mladi'.

Tu su i majke. Gle, jednoj sa grudi
Golotrb mali pretegao se ceo,
Pružio ruke za makom što rudi.

Svi grabe brže tamo gdje se spleo,
Nadomak stada i široke struge,
Sa makovima klas zlatan i zdreo.

Već su na meti. I rukave duge
Zagrću kosci, i živo se klade
Koji će brže natkositi druge.

Zbaciše s glava saruke i vade
Iz vodijera gladilice stare,
I hitrom rukom dobre kose glade.

Sad polegoše i 'šenice jârê
Pokrivaju ih vrsi uzdrhtani
I, rosni, lako u zori se žare.

I kosci kose, i dok vjetar rani
Povija klasje, sa žilava vrata
Mrse se, viju perčini im vrani.

I sikće kosa, i u sjaju zlata
Otkosi leže, i rubini rose
Trepte po osju oborena vlata.

Srebrn se blesak prosipa sa kose,
Nabrekle dršću na mišici žile,
I žitom šušti korak noge bose.

Već grablje grabe i dižu se vile –
Sa naviljcima zlata iznad čela
Stupaju cure. Radosne i mile,

Plodove žetve, slatku hranu sela,
U stoge slažu. Već drhtavu jaru
Iz suhog njedra baca zemlja vrela –

Već prisluženo sunce na oltaru
Nebesa trepti, zâri, e bih rekô
Kao da visi i plamti u žaru,

Ogromno, sveto sve kandilo neko!
Gle, jedan orô leti mu sve brže,
Na klisurama što ga svu noć čekô...

Već žega zadnju paru s njima vrže –
U hlad se, evo, putnik Turčin krije,
Privezan konjic pokraj njega hrže.

I napiru se kosci ko će prije!
Ne ćute oni umora ni grča,
Samo što žeđi odoljeti nije!

Gle, jedan visok kao stablo srča,
Brišući znojno lice što se plâmi,
Pod jablanove do rijeke strča –

Prilegnu zemlji i na dušak sâmi
Žeđ vrelu smiri; dok sjajno, kô srma,
Trepti jutro i sve žedne mami.

U radovanju stremi gora strma,
I vode njene, grmjelice pune,
Probijaju se iz hridi i grma.

Sve kliče. Uz to kô da rosne krune
Klasova zlatnih dodiruju neđe
Polako harfe nevidljive strune.

I kao behar sve strane i međe
Zasiplju zvuci, i tiho, sve tiše
Padaju meni na čelo i veđe...

I moja duša širi se, sve više
Oaza biva. I gle, sa svih strana,
Pod blagim pljuskom od sunčane kiše,

Plodove zlatne pruža mi sa grana...

Kad svene milja...

Kad svene milja dragocjeno cv'jeće
I minu pjesme što sa nade zvone,
Besvjesno kad ti mutni pogled l'jeće,
A sjetno glava na grudi ti klone,

Ti tražiš mjesto poznato i milo,
Daleko tamo od svijeta i ljudi,
I skrstiš ruke na umorno krilo,
A more tuge pritiska ti grudi.

Al' ti se preneš kô iz dugih snova,
Zaplamti duša što u bolu tone:
Ti čuješ glase s jatom lahorova
Nad tobom kako tajanstveno zvone.

Sa tvoga lica osmejak pol'jeće
I opet s vjerom zagrle se grudi,
S talasom milja krvca ti se kreće,
A čelom zračak ushita se budi.

Pred tobom sve je kô što j' nekad bilo,
Ti grliš svijet rukama objema,
A tvoje oko što je suzu lilo
Radostan pogled u visine sprema.

Al' začas opet sva čarobnost minu,
I tvome oku sve je isto tavno,
Jer to su glasi što ih prošlost vinu
Sa mrtve sreće, zakopane davno...

Kajmakčalan

Putniče, stani! Ovde leže Oni!
Gomile ove prah kraljeva kriju.
S kapom u ruci njima se pokloni,
I redom tako ižljubi ih sviju!

Iz ovih humka, iz hrnjage kama,
Gde truba svesti srca jaka svrsta,
Praznici slave granuli su nama
I mučenike skinuli sa krsta.

Ovde su Večni, što vatrama žrtve
I bïlom srca probudiše mrtve –
Srbine, stani! Ovde leže Oni!

Ovo su naše lavre i oltari;
Njihovim svetlim sjajem se ozari,
I čelo svoje molitvom prikloni!

Kako je svuda tamno...

Kako je svuda tamno... S dalekih brda pusti'
Studeni vjetar bije i ledi svaki kraj,
Po vidokrugu samo oblaci jezde gusti
I sunčev kriju sjaj,

A nad poljanama golim s graktanjem gavrana kruži
Slojeve guste magle pozdravlja njegov glas,
Doline, brezi, gora, sve bolnom sjetom tuži,
Odbjegli žali kras...

I moja duša sada u čudnu sjetu tone
I nehotice grudi izviju neki vaj,
A u mladome srcu silne se želje gone,
Burni je komešaj.

Al' stani, nećeš dalje: oštroga trnja eto,
Preda mnom svud se širi, osjećam njegov bod.
Oh, zar su zaman puti i poduzeće sveto,
I dugi ovaj hod?

„Hajd'mo, o hajd'mo tamo, iz ovih mračnih strana
Tamo, gdje vječni miris rasipa vjetrić lak,
I milosrdno sunce svakog božjega dana –
Dariva topli zrak."

Tako mi one zbore. I ja se, evo, krećem
Da služim željam' mojim i vršim njegov glas,
I sretni puti moji; već gledam zemlju s cv'jećem,
Proljetni bajni kras.

I čujem slatke pjesme, na krilu milja lete,
I vidim laku ševu gdje sunčev tiče lik,
A sretni narod poje himnu slobode svete
I složni ječi klik...

Ne! Napr'jed juri snažno, ta crvak pada niže
A u plamenu vjere neka se kr'jepi nad!
Ustrajnost, borba, muke željnoj nas meti diže
I sreća kruni rad.

Kamotuča

Tuci, tuci, tuci
Lij i znoj i krv;
S čekićem u ruci
Pati se i vuci
Po prahu kô crv.

Nekada sam bio
Glava selu svom,
I Gospod je lio
Svoj blagoslov cio
Na seljački dom.

No kad ljuto stište
Zulum narod moj,
Čuh šta zemlja ište,
Ostavih ognjište
I pozdravih boj...

Pa sad tuci, tuci,
Lij i znoj i krv;
S čekićem u ruci
Po prahu se vuci,
Za narod, kô crv.

Kiridžije

Gora strijemi. Strmenih ždrijela
Miriše smola čamova i smreke.
Gori, visoko, u račvama jela,

Izgara mjesec. Ni glasa ni jeke.
Pusto. Tek doli, gdje Drina krivuda,
Pod hrastom sjede kiridžije neke.

U Sarajevo put ih vodi tuda.
Pred njima vatra kô zora se žari,
Pa crven trepti po družini svuda.

A kotô vrije, kačamak se vari.
Okolo konji zamršenih griva
Pasu, i leže puni denjci stari

Gazdinske robe. U dnu strmih njiva,
Viseći poput razgrnute mreže,
Po plotovima sjen drveta sniva.

Mir. Glavnje bukte. Širom noći svježe
Kô crven behar iskre lete, tonu,
A družba sjedi. Neko skretanj reže,

Neko umoran glavom na panj klonu
Pa slatko hrče, dok priču kramara
Slušaju drugi: „Vidite li onu

Zidinu tamo, gdje se splela žara?
Ondje se nekad među hrašćem krio
Han kakvog nije bilo do Mostara!

Tu bi u svako doba ko bi htio
Noćište našô. Za konak i hranu
Cvancika zdrava sav je trošak bio.

I ja sam često noćivô u hanu.
Jednom, još nejak, tek ako sam znao
Usjeći ostan i oplesti branu,

Ovdje sa ocem na konak sam pao.
Noć. Sjede mnogi putnici pa zbore,
Pričaju priče. Peć plamti, a, kao

Smrt hladna, ciča jauče sve gore!
Prozore trese, vrata drma, bije,
Hrastove čupa i drumove ore.

Slušamo tako. Kad viši od svije'
Spusti se uz nas Grgur, gazda hana,
Star, prešô bješe osamdeset dvije.

„I ja ću", reče, „iz davnog zemana
Pričati nešto." I uze na krilo
Unuče, jedro kô drenova grana,

I poče: „To je jedne zime bilo;
Mećava, brate, baš kô ova, ljuta,
Kamenje prska, drobi se kô gnjilo

S mraza i leda. Noć, a nigdje puta –
Smetovi sami, i kurjaci viju
U čoporima iz svakog kuta.

Ovdje, uz oganj, sjede pa se griju
Putnici neki. Moja sina oba
Toče im piće, a s čibuka biju

Koluti dima. Zagrijana soba,
Ali, svejedno, studen, kô da slana
Po hrptu mili. Kad, u neko doba,

Halka se začu na vratima hana.
Ja uzeh fenjer, kapiju raskrili' –
Kad konjik stoji do konjica vrana.

Osuti srebrom snijega. U svili,
U sjaju zlata i dragog kama,
Marko i Šarac nisu ljepši bili!

Javi se glasom dubokim kô jama,
I vitez ata u sjajnom timaru
Za halku sveza, pa uljeze nama.

Sav bješe kao stablo u beharu!
Za njim se vlače struke duge rese,
Pa struku zbaci i prisloni šaru.

Sjede i snijeg s odjela strese.
„Handžija", reče, „večeru mi dela!"
Postavih sofru s čirakom i s nje se

Blistaše čirak. Metnuh što bi jela:
Hljebac, i čimbur, ovčje plećke dvije,
A uz to bješe i skorupa zdjela.

On poče jesti. Prekrsti se prije.
No kô da jede mrki gorski vuče,
Kakvoga nigda niko viđô nije!

Sve otkad oni zlatni veo svuče
Za mrtvim Markom u Urvini vila!
Svi zapanjeni pa gledamo muče

Lice junaka, perčin kao svila,
Povije one, oči koje kriju,
I mrke brke kô dva vrana krila,

Što sjajne toke dostižu i kriju,
I mimo toke oružje gdje gore
Alemi sami i iskrama biju.

Gledamo. Moji sinovi ga dvore.
Kad viknu: „Vina! Ali bakrač cio!"
Ja mu donesoh, i silni div gore

Pô suda popi, a što nije htio
Odnese vrancu. A vran od mejdana
Zagrebe nogom i ispi svoj dio.

Pa kad mi plati za se i jarana
Sa tri dukata, „zbogom" reče svijem,
A mi svi za njim na kapiju hana.

„Ne idi noćas! Po gorama tijem,
Vukovi kruže", rekosmo. On muča,
Spremajući se zasjedama zlijem.

Ja posvijetlih jednom cjepkom luča,
I vidjeh kako u hrastovu granu
Pred hanom bije, kô iz vrela ključa,

Para iz čela neznanome banu;
I dok mu s toka blista srma suva,
I trepti sjajno oružje, on vranu

Na sedlo pade, i u doba gluva
Utonu u noć kao mjesec jasni;
A mi svi uglas: „Bog neka te čuva!"

Hukti. Strah bije iz časova kasni',
Vukova pune staze su i međe,
No truni straha nema soko krasni!

Ne pređe dugo, ču se metak neđe,
Pa drugi, treći, kao haber zao,
Jeknu i presta. Mi nabrasmo veđe –

'Nakog junaka bijaše nam žao,
Mišljasmo da je gdjegod, nedaleko,
U borbi s ljutim zvjerovima pao.

„Hajdemo sjutra", ja družini reko',
„Ne bismo li našli trag njegove smrti."
Sunce. Vrijeme stišalo se, meko,

Sva Drina blista. Negdje štekću hrti,
Hajka se čuje i grmenju gore,
A mi sve iđi i jednako prti,

Gledaj i traži. Kad tamo gdje gore
Čobanske vatre, blizu jedne struge,
U crnoj lokvi smrzle krvi skore,

Vukova tušta iskesili duge
Zube, a svrh njih, s jednog hrasta gnjila,
Gavrani grakću, zovu jedni druge,

S novom gozbom da osnaže krila.
Gledaju ljudi. Svi se čudom čude,
I sve zavika: „E, halal mu bila

Majčina hrana i hljeb rodne grude!"
I, eto, to je Mutap Lazar bio,
Što će živ biti dok Srbina bude.

I kramar svrši. Sve ćuti, i cio
Karavan gleda put zidina stari',
Misli i sanja... Noć trepti ti'o.

Pod mjesečinom šušti ječam jari;
Ergela pase; vatra plamti, grije,
I dokle laka crven lica zari,

U kotlu krklja kačamak i vrije.

Kletva

Je li to pomam podzemnoga b'jesa,
Što mrkle noći kroz turobnu tamu
Ledenom stravom u dušinom hramu
Spokojstvo stresa?

Je li to vjetar što krilatim hukom
Jeseni mutne navješćuje dane?
Ili to munja zadrhti i plane
I ječi zvukom?

Ne, to je uzdah, što s cikotom stiže,
Srbinske majke iz ranjenih grudi;
S vihorom jada on kroz ponoć bludi
I kletvu diže...

Ko mi može pesmu uzet'

Ko mi može pjesmu uzet'
Što potiče iz mog srca,
Sa plamena mog ognjišta,
Na kom nadom vrije krvca?!

Ko mi može pjesmu uzet'
Kad ljubavi izvor tekne,
Po talasi mog izvora
Moja pjesma da zajekne?!

Lanac! Gvožđe! Lomno t'jelo
Malaksaće u tom bijesu,
Duh moj čili slobodan je,
Misli moje slobodne su.

Što god živi izumrijeće:
Neko s tugom, neko sladom;
Ja ću s pjesmom na ustima,
A u srcu vrelom nadom!

Kobna večer

Ja htedoh da budeš ti čuvarka tajne
Lepote i blaga u dnu duše moje –
I pružih ti ključe gradina gde stoje
Moje nimfe bele i arkade sjajne.

Ja sam hteo tako da utone u te
Moje biće celo, i da tvoje ime,
Kô zlato rušpija, urežem u rime,
I sva stabla svoja, i sve svoje pute.

No večeri jedne ja videh gde lepe
Sve gradine moje, kô pećine slepe,
Puste zjaju... Gde su zlatne alke s vrata...?

Gde su nimfe bele? Gde su harfe? Gde je
Plod rumeni...? Ništa. Samo što sneg veje
Na krvave brazde tvojijeh nokata...

Koga da poštujemo?

Pitao sam jednog starca,
   Koga krase s'jede vlasi,
Kom' će skoro samrt hladna
   Slabi život da ugasi:

„Je li, starče, da poštovat' –
   C'jenit' treba onog samo,
Koji ima srebra, zlata –
   Kog imućnim nazivamo?

Koji mirno i spokojno
   Na mekanoj leži svili –
A ne čuje sirotinju,
   Kako jada, kako cvili?

Koji ima vinograda,
   Ravnih polja, plodnih njiva,
Za bogatstvom i za slavom
   Čija duša samo sniva?

Što se voza u karocah
   Su četiri konja vrana,
Kom' je ispod dostojanstva
   Pogledati sirotana?"

Osmjehnu se starac na to
   Pa mi blago odgovara:
„Ne štuju se, sinko, taki,
   Što imaju samo para.

U kog srce za rod bije,
   Kom' je ljubav sveta, mila,
Kom' je duša čista, sv'jetla
   Kao sunce – božja sila;

Koji neće malaksati
  Pred svakijem iskušenjem;
Koji ne zna za poroke
  Već se kiti sa poštenjem;

Koji narod ne prodaje,
  Bratska kletva kog' ne prati,
Koji ljubi ime svoje,
  Pa sm'je za nj i život dati;

Čije oko pravo gleda
  Puno vjere, svoga plama,
Toga treba poštovati,
  Pa ma bio u ritama!

Gdje takovih ljudi nema,
  Taj je narod pravo roblje,
Taj je narod bez svjetlosti,
  Taj je narod pusto groblje."

Kolebanje

Niz litice Huma nasmijana, blaga,
Rana večer slazi svrh vode i trska.
Sa ramena njenog, iz puna krčaga,
Preliva se grimiz i po kršu prska –
Raspe se rijekom na ševare gole,
I zapali lišće breze i topole.

Gle, mahala stara sva od nje zaruđe,
Kô da u požaru izgara cijela!
I u tvoju baštu sada, evo, uđe
I šedrvan osu. S mramora bijela
Prosuše se sjajni planuli dragulji,
I po bašti svuda kliknuše slavulji.

Lagano na murve, smokve i granate
Ispe se u valu, sva sjajna i draga;
Smijući se, ozgo, s jedne grane na te
Rujni grimiz izli iz svoga krčaga.
A ti u ljuljajci pa se njišeš ti'o,
Kô na međi jedan mak crven i mio.

Ja kraj plota stojim, gledam u vas dvoje;
Jednake ste kao kaplje na cvijetu!
I ne mogu više znati ljepši ko je,
Ili ti il' ona...? Kô leptir u letu
Sav treptim, i mislim, draga, od vas dvije
Koju li bih sada zagrlio prije...?

Koliko puta...

Koliko puta kroz beskrajne snove
Kad duša bludi u nečujnom letu,
Tajanstven glasak mami me i zove
Daleko tamo čarobnome sv'jetu,
Gdje ljupko milje i mladosti sveta
    Vječito cvjeta.

Oh, kad bih imô tako silne snage,
S tobom bih, dušo, na mlađane grudi,
I vinuo se u predjele drage,
Daleko tamo, kuda misô bludi,
Kud duša zove raširenim letom,
    S ljubavlju svetom.

Na tihom krilu pokoja i sreće,
Gdje svjetske borbe ne čuju se glasi,
Pili bi miris što ga l'jeva cv'jeće,
Lahor bi tvoje lelujao vlasi,
A vječna himna oko nas bi bila,
    Nebu se vila.

U lakom čunu plovili bi ti'o
Po plavoj r'jeci bisernijeh vala,
Nad nama cvrkut slađan bi se vio
Od šarenih tica i bezbrojnih ždrala,
Nebu bi duše letile nam mirne
    Kô miris smirne.

U vedre noći, zvjezdane i bajne,
Čuli bi nimfu gdje se dolom kreće,
I pjeva pjesmu ljubavi beskrajne
I njome njiha travicu i cv'jeće,
I bludi dalje i u noć se gubi
    Kô zvuk što ljubi.

Al' kad nam java krati želju milu,
Daleko kad se drago mjesto krije,
Hajdemo, čedo, na dušinu krilu
Onamo gdje se vječna mladost pije;
Poljupci čisti kao kaplja rose
  Neka nas nose!

Komšinice

Srećan li sam! Oko mene
Anđeoski sv'jet:
Divne imam komšinice,
Sve do cvijeta cv'jet.

Jedne r'ječca tako zvoni
Kô slavuja glas,
Druge zlatom preliva se
Mirisava vlas.

Treće lice zora ljubi –
Osmejak joj raj,
U četvrte na grudima
Zlaćan trepti maj.

Sve su mile, sve dražesne,
Čarobne kô nad;
Sve ih voli, sve ih ljubi
Njin komšija mlad.

Al' tek ono slatko lane,
Onaj živi plam,
Što joj crno oko krasi
Svih milina hram,

Ono lane, onaj cv'jetak
Tako ubavi
Zapl'jeni mi srce, umlje
Strijelom ljubavi...

Kosovka

Sjeni Vladete Kovačevića

Ovamo na Šaru! Pogledajte dolje:
Kô da hrpe kruna blistaju iz trave!
Ono krstaš slete na Kosovo Polje,

Sjajan krstaš orô s Dunava i Save
Tu na staro gnezdo spusti se i pade.
Sestre, crni veo skinimo sa glave –

Sve, kô ptice kobne, raspršajmo jade,
Neka nam se duša u svilu obuče:
Što Kosovo uze Kosovo nam dade.

Skrhali smo grube verige i ključe –
Jutros na vratima mučenika svije'
Svojom zlatnom alkom bela zora tuče.

Pojmo! Otkad sunce rađa se i grije,
Sve otkada zvezde u visini brode,
Još Kosovo nigda lepše bilo nije.

Gle, tamo, u plaštu, kraj Sitnice vode,
Gord na belcu gordom Zmaj Ognjeni stupa,
Zmaj Avale sive. Sa lučem slobode

On kalpake gazi tiranskijeh trupa.
Na molitvu! Zvoni. Odjeci se hore –
Sva se Gračanica u grimizu kupa.

Svrh nje, eno, plamti oreola zore.
Ura! Satana je pao, grotlo tavno
Proždrlo ga... Miloš popeva iz gore...

A uz alaj-barjak, kao jutro slavno,
Sa zubljom, na belcu Zmaj se Ognjen žari.
Pogledajte! Za njim niz Kosovo ravno

Vaskrsnuli trepte oklopnici stari...

Kosovsko cvijeće[6]

Il' je java, il' je sanak
Što ga vile meni daše,
Il' zaista vidim cv'jeće
Sa grobnice slave naše?

Nije sanak, haj, na javi
Ja kosovsko gledam cv'jeće,
Pa ga ljubim i cjelivam,
A oko mi suzu kreće...

Vrelom suzom cv'jeće kvasim,
Na mlade ga stiskam grudi,
A srce mi, bolno srce
Istihana pjesmu budi:

„Moje milo srpsko cv'jeće,
Što mi budiš pjesmu novu,
Oh, pričaj mi, pričaj sada,
Oh, pričaj mi o Kosovu.

Jel' počelo nebo tamo
Da se ljepše osmjehiva?
Diže li se sa Goleša,
Šar planine magla siva...?

Jel' Sitnica razbistrila
Svoje hučne, brze vale?
Sa v'jencima sreće nove
Jesu l' vile pohitale?

O, pjeva li srpska seja
Bratu pjesmu od slobode?

---

[6] Moj dragi prijatelj, Sima J. Avramović, nekojih dana poslao mi je jednu kitu cvijeća sa Kosova, na čemu mu srdačna hvala! (Prim. aut.)

Da li lanac petstoljetni
Sa duše mi bratstvu ode?

Sja li onaj alem dragi
Lazareve svete krune...?
Il' još majka, srpska majka
Nesretnoga Vuka kune?

Hori li se srpska truba
Po prostoru polja ravna?
O, sija li bratu mome
Ona sveta slika davna...?

Vija li se opet orô,
Što se nekad moćan vio,
Nad grobnicom slave naše?
Jel' se sumrak razvedrio?

Je li svanô danak željni,
Danak snova, danak nada...?"
A cvijeće tužno šapnu:
„O, još tiran tamo vlada,

Još se hori tužni vapaj
Tvoje braće okovane...
Jošte tvoju srpsku majku
Petstoljetne tištu rane..."

A ja sjetan cv'jeće ljubim,
Iz oka mi suza pada,
Pa sa cv'jećem tužno šapćem:
„Oh, još tuđin tamo vlada,

Još se hori tužan vapaj
Tvoje braće okovane...
Jošte tvoju srpsku majku
Petstoljetne tištu rane..."

Kovač (I)

Noć mračna i pusta. Mraz hvata i bije.
U čađavoj izbi kuje kovač stari;
Na domaku ognja lice mu se žari,
Niz kosmate prsi znoj potokom lije.

Pod udarom snažnim lete iskre krupne
Kô da se meteor rasipa u noći,
I on, s teškim maljem u ovoj samoći,
Izgleda kô simbol snage nedostupne.

Trudi su ga časi stvorili u čelik –
O, kako je zoran! O, kako je velik,
I sjajan kô veče na vrsima jela...!

I dokle po selu šušti grmlje drače,
On garavom rukom zamahuje jače,
I s nakovnja leti snoplje zlatnih strela...

Kovač (II)

Ja sam kovač Sima,
Mene znade svak:
Kao bela zima,
Perčin mi je ceo
Od starosti beo;
Al' još čio, lak,
I sa žarom mladim,
Ja kujem i radim –
Tika-tika-tak.

Nisam len kô sluta,
Još pre zore čak,
Iz čelika ljuta,
Sred izbice moje
Varnice se roje,
Sve rujne kô mak;
Uz blagoslov neba
Tečem koru hleba –
Tika-tika-tak.

Lik moj čađa krije,
Al' nek znade svak,
Stid me stoga nije,
Jer ta čađa cela
Znak je časnih dela;
Pa vedar i lak,
Sa čekićem svojim
Uz nakovanj stojim –
Tika-tika-tak.

Kraj

I svršeno je bilo... U velu i beloj svili,
Silazila si mirno niz stepenice hrama,
Pod krunom mirta... Svi su pogledi na tebi bili.

Pred crkvom žagor i teska. A kao stena sama,
Uz onaj stari jablan ja sam prislonjen bio,
I ćutô... Na moje čelo studena padaše tama.

Uz melodiju čežnje praznički dan je lio,
Toplo i blago sunce. Pod grozdovima behara,
Mirisale su bašte. Jedan je leptir mio

Svrh tebe kružio lako, pun svetlih duginih šara.
I kada svati počeše bacati limune žute,
I skladno svirači vešti, uz ćemaneta stara,

Počeše toplu pesmu – još jednom pogledah u te
Sjajnu, kao jabuka sunca u vencu grana...
I moja duša zadrhta; i s bolom smrtne minute

Zlatno se kube sruši svrh njenih šedrvana...

Kralj i prepelica

Prepelice, stani, ne razvijaj krila,
U mome bi dvoru tako srećna bila!

„Najljepši su dvori s krovom od zvijezda,
Moje sreće nema bez mojih gnijezda."

Pazio bih na te što bih znao bolje –
Imala bi hrane sve do mile volje!

„Prosjaci su oni što ih drugi hrani;
Moja hrana samo plod je Bogom dani!"

U mene je blaga, sve hrpe na broju!
Obasuću blagom svaku pjesmu tvoju!

„Moja pjesma nije pusto roblje s lâđâ,
Moja pjesma, kralju, slobodno se rađa!"

Kralju Petru

Mi nismo danas ponikli nikom,
Niti li naše gore tama krije,
Niti li one cvile bolnim krikom,
Jer tebe, večni, smrt otela nije,
Jer smrti nema onaj što se peo
S krstom Golgoti i rod spasô ceo.

Samo anđeo mira tople ruke
Na tvoje oči spustio je ti'o –
Da uz njegove uspavljive zvuke
Posvećen snivaš, ugodniče mio,
Dok naše duše u Topolu hrle
I tvoju svetlu plaštanicu grle.

One ti nose s obale Jadrana,
Neretve, Drima, s Triglava i Bosne,
S Kosova, Cera, slavnoga megdana,
Vence i ruže i ljiljane rosne,
I tvoje mošti osipaju sjajne
Uz tople pesme zahvalnosti trajne.

Veliki, večni kralju! Tvoja kruna
Sjala je sjajem lepote na cvetu –
Sjajem čoveštva i guslara struna
Njenu je slavu rasula po svetu,
I večno njeni dragulji će sjati,
I večno tvoje ime će se znati.

U tvojoj reči blagoslov je bio
I niko kletvu nije digô na te;
Ti svoju carsku vernu krv si lio
Za nas Slovence, Srbe i Hrvate –
Uz krš se sure Albanije peo
I crni hlebac, mučeniče, jeo.

Još nikad lepše od tvog srca nije
Stupilo srce u kraljevske dvore,
Da u noć našu preko strana svije'
Razaspe svoje svetle meteore,
I bratstvu javi svetiteljske vesti
I pričesti ga pričestima svesti.

Kad bura patnje huknu da nas cepa,
Mi oči svoje svi upresmo u te;
I snova vera ogreja nas lepa.
I gospod sađe na sve naše pute,
I napoji nas iz svoga krčaga,
Kô izvor neba da nam bude snaga.

Na svakoj strani povesnice naše
Po jedno svetlo ime kralja stoji;
Da, mnogi od njih lovorike braše,
No svi su mali pokraj dela tvoji',
Jer dela tvoja jedan svod su plavi
S koga se zora celom rodu javi.

I zato, eno, sa rala i brana,
S polja i gora, i mora i reka,
I sa svih srca i sa sviju strana,
Hori se ime kralja i čoveka,
Jer smrti nema onaj što se peo
S krstom Golgoti i rod spasô ceo.

Počivaj mirno, trudbeniče sjajni,
Svoje kraljevsko svršio si delo,
Našeg jedinstva hram večni i trajni,
Gde milioni, zanosno i vrelo,
Uz jeku zvona, vragu na strahotu,
Pevaju tvoju slavu i lepotu.

Kumanovo

Sjeni Aleksandra Glišića

Svi na kolena, svi!
       Ovde je bila
Sveštena vatra žrtve blagorodne,
Što su je mahom širokijeh krila

Zmajevi naši rasplamteli. Neka
S molitvom svaki poljubi tlo sveto,
S koga je višnja zagrmela jeka

Osvete slatke. I kô talas burni
Sinjega mora razlila se širom
Preko ravnina i gudura tmurni',

Roblje da prene i donese vesti:
Plameni obruč ustreptana sunca
Kako se rađa iz krvi i svesti...

    Svi na kolena, svi!
              Ovde je Vrelo,
Gde se sva lepa napojiše srca
Snagom bogova za bogovsko delo.

Ovde je sveti Hram. Ovde je luče
Vatrama vere zažegla sloboda,
Srbiju Staru da snova obuče

U sjaj i bleske kao davnih dana,
Kada je, ono, Gospođa Carica
U odsevima grivna i đerdana,

Gledala ozgo, s visokih balkona,
S pobeda kako imperator jezdi,
Uz urnebesni klik i pozdrav zvona.

Svi na kolena, svi!

Lahor

Umoreno sunce palo,
Spustilo se blago veče,
Pa kô pjesma heruvimska
Miomiris sveti teče.

Samcat sjedim. Pokraj mene
Sićani se šapću vali,
Pro ravnina milocvjetnih
Vijuga se potok mali.

U zagranku lipe brsne
Sjetno pjeva slavuj mili;
Iz daljine dol'jeće mi
Jedan lahor lakokrili.

Zanjiha mi dušu mladu
U talase nebnog slada,
Bez pehara rujnog vina
Opi mi se duša mlada.

Ja ne znadoh: da l' na zemlji
Il' u vječnom raju bivam,
Ja ne znadoh: il' sam budan
Ili samo sanak snivam.

Oj lahore lakokrili,
Otkud dođe, s koga kraja?
Oj, jesi li kupao se
U potoku svetog raja?

Jel' te zora molozračna
Cjelivala usnam' rujnim?
Te opijaš dušu moju
Sa mirisom tako bujnim?

Oj, zar ne znaš miris ovi
Što ti više daje sile?
To je uzdah svete duše,
To je uzdah tvoje mile!

Laku noć

(Bratu) Jakovu

Sunce tone, dan se kloni;
U daljini zvono zvoni,
    Studeni mu aršće glas.

Vjetar huji, i sve jače
Po obali drvlje plače
    I žalosno gleda nas.

Što mi 'vako duša grca?
Ovaj nemir i bol srca,
    Kada će mi, draga, proć?

Vjetar huji kroz tegobu –
Hoćeš li mi doći grobu?
    Sunce tone... Laku noć!

Laku noć...!

Tiho mila noćca pada,
Naokolo svečan mir,
Sa listića cv'jeća mlada
Razl'jeva se miomir,
Grudi diže rajska moć –
Laku noć!

Kroz dolinu milocvjetnu
Vesô stiže potok drag;
Otpozdravlja noćcu sretnu
I lahora šumor blag,
Dušu njiha milja moć –
Laku noć!

Kao milo oko tvoje,
Sitnih zv'jezda gori plam.
U gradini tiho poje
Pod ružicom slavuj sâm;
On ljubavi pjeva moć –
Laku noć!

Već se iza gora javlja
Na obzorju mjesec plav.
Tihi sanak mrežu stavlja,
Zemlju poji zaborav.
Tog je pića slatka moć –
Laku noć!

Spavaj i ti, čedo milo,
Ružičasti snivaj san.
Dok ti sanak stere krilo,
Ja ću čekat' svijetli dan,
Pjesmom slavit' tvoju moć –
Laku noć!

Laste

Nešto Neda sluša, sluša,
Sve joj jače srce bije:
Svetli pozdrav pramaleća
Pevaju joj laste dvije –

I u njenu korpu malu
Ljubičice siplju blage,
Lepe, čedne, kao duša
U Nedice moje drage.

Lav

Iz slobodne gore mile, domovine njemu svete,
Nagnaše ga bezbožnici u gvozdene šipke klete.
Nemilosno nemilosnih fijučući bič na nj pada,
Da mu lavsku snagu svlada.

A on samo ponosito uzgorenom glavom stoji,
Bez jauka i bez piske fijučući bič on broji;
N'jemo stoji, trpi, snosi, a u oku iskra s'jeva
Pravednoga svetog gnjeva.

Haj, bijte ga i mučite, spravljajte mu jade nove,
Bezbožnici bez milosti, gadne duše demonove,
Al' puziti nikad neće lav pred vama sred prašine,
Voli heroj da pogine.

Legenda

Svetislavu Stefanoviću

Hristos, u dnu sela, na domaku puta,
Na mestu gde „Sveto Vrelo" teći zače,
Sâm, na krstu visi, i splet oštre drače
Obvija se grubo oko čela žuta.

Pozno, kad u granju samotnoga kuta
Mesečina bela zatreperi jače,
Žena, u crnome velu, duga skuta,
Pred Hristove noge sruši se i plače...

I gle, On se trza... A iz svake rane
Po kap jedna svetla kao rubin kane,
I sa bledih usana dršću čežnje glasi...

Vek za vekom teče, a još, noću, ista
Lepa gospa jeca, i kraj nogu Hrista
Lepršaju vetri njene zlatne vlasi...

Legija smrti

Mi smo rijeke. Nas nebo žednima sprema...
Iz hridi vjere izvori naši biju
Širi i dublji od morskih dubina sviju,
I za nas bregova nema...

Mi smo orkani zavjetne misli svete;
Gore su naše majke, sestre i ljube;
Pod oreolom, vaskrsne dižući trube,
Sa nama bogovi lete...

Mi smo oblaci. Na čelu nosimo dugu –
Iz grla naših proljetni pozdravi zvone...
Makovi planu gdje naše kapi se rone
Po pustom polju i lugu.

Mi smo kraljevi podviga, snage i sile:
Iz grotla što ga potoci krvi pune
Izronili smo rubine zlatne krune –
Mi, djeca Srbije mile!

Leptir

U vrhu sela
Jela
Kozliće pase i sve se vere,
Savija grane
I s grana bere
Lešnjike rane
Po bregu.
Gle! Otkud pahulja snega
Na leskovome listu?
Nije. To boni leptir jedan u san se sveo
A ceo
Beo
Kô bela svila,
Samo po rubu lepa mu drhti duga.
Prstima, lagano, Jela
Za bela
Uze ga
Krila,
I na dlan stavi i u dlan, dva-tri puta,
Huknu i vaskrsnu ga...
Puhorom zlatnim obasuta
Trepnuše krilca i sa Jelina dlana
Preko žbunjeva brega,
Doli,
Gde šapću klasovi lana,
Gde reka teče i gde se spleo
Bokor trstika goli –
S dugom na rubu krila otplovi leptir beo...
Iz granja Jela se smeje
I za njim gleda.
Zora.
Radosno miris veje
Rose i meda.

Leptirova pjesma

Što bi,
Što bi
   Suze lio
I umirô s tajne tuge,
Kad je Život tako mio
I pun
Sunca
   I pun duge!

Moja
Duša
   Magle neće,
Ni tamnice sužnja roba.
Hoću zoru, sunce, cveće,
Ljubav,
Radost,
   Sve do groba!

Pa kad
Jednom
   Odem Bogu,
S dušom što je sreću brala,
Nek Mu tamo reći mogu
Jedno
Toplo:
   Oče, hvala!

Lijepa je Hana...

Lijepa je Hana, gondže mog jarana,
Al' je ljepša Fata, tako mi imana!
Sinoć joj se dockan u sokak navrati'
Pa udarih piljkom u pendžere Fati.
Birden Fata čula na pendžeru stade,
Poznade me, alčak, i selam mi dade;
Te eglen po eglen pa nas ponoć nađe
I moj jaran mjesec na bejan izađe.
Ja, kad mjesec granu pa has-srmu prosu
I lijepu Fatu na pendžeru osu,
Aman, da je kome pogledati bilo!
Vidio bi, valah, što nikada prije
U zemanu svome ni sanjao nije!
Vidio bi blago što nema karára:
Vidio bi da su od safi behara
I lišce i njedra u begove Fate
I has bejaz grlo gdje se rušpe zlate!
Vidio bi oči, one oči, jao,
Pa za crne oči džan i život dao!
Vidio bi slađa od šećera usta
I dva bena crnja, ah, dva bena, aman,
U lijepe Fate na podvoljku taman!
Pa se više nigda avertio ne bi
Niti išô majci niti li akrebi,
No bi salte mahnit pod pendžere stao,
Gledao u Fatu i džan za nju dao,
Jer je ljepša Fata, tako mi imana,
Od svakoga đula iz al-đulistana!
Pitô sam je: „Fato, hoćeš li me, jeli,
Bi li kail bila, kad bi tvoji šćeli?"
Fata šuti, ali oči zbore same,
Nasmija se, alčak, pa đul baci na me,
(S grla joj se sitni đerdani prosuše
A iz đula slatki amber njene duše)

Pa pobježe majci u sobu da spava,
Na dušeku mekom, kô melekša plava.
Srma-mjesec zađe, mene sabah nađe,
Pa se s đulom vrati' misleći o Fati.
A negdje u bašti bumbul tica čula,
Osjetila miris Fatinoga đula –
Pa učini haber na svoje jarane:
Sitno niže Fati na grlo đerdane –
Sitno pjeva slatku pjesmu bez karara:
Nema, nema Fate u sedam Mostara!

Lovćenu

S porfirom sunca, kralju svrh Jadrana,
Ti što u zvezde tičeš vrhom krune,
Pozdravljam tebe i jek tvog megdana!

Visovi tvoji nadanjima pune
Stoleća mnoga one, što su sami
I ostavljeni, uz jecanje strune,

Cviljeli ljuto u gvožđu i tami.
U tebi vazda, za sva srca bona,
Tekli su sveti izvori. U čami

Našoj, na stege željeznijeh spona,
Na krv i rane, duboke kô jama,
Ti si privijô meleme, i zvona

Blagoveštenih zvuke slao nama.
I suzne oči podiže rod sveli
I vide Boga... I vide: sa kama

Hrbata tvojih, vulkane, gde smeli
Tvoj plamen buknu i kô sjaj planeta
Pro daljnih međa rasu se i preli

Vrhove divnih dečanskih kubeta.
I sad u gaju gdje je Stevan pleo
Vence i slušô negda poj s drveta,

Sa žezlom blista dvoglav orô beo.
Likuj! Pred delom tvoje dece časne,
Gle, polumesec kako, krvav ceo,

Iznad munara Zlatnog Roga gasne.

Lucifer

Silan i golem u noć leti, hrli,
Kô da ga bure pobešnjele nose.
Pogledaj! Divnu ženu, čije kose
Kô zlatan plamen vihore, on grli.

Krila mu bukte kô barjaci vatre.
A koban podsmeh na licu mu titra;
Nebu se kesi i ta neman hitra
Kô da bi htela sve zvezde da satre.

Već iznad mene minu i prohuja,
Kô razuzdana široka oluja –
Pomami njeni kad je s mora gone.

Jošte se vidi. Kao požar neki,
Krvav i sjajan, u prostor daleki
Gubi se, eno, i za greben tone.

„Luči"

Prospi zrake kroz srpske oblake,
    Nova nada slobodnih visova,
Gdje sokole i orlove jake
    Nebo grije suncem blagoslova.

Podigni nas, daj nam duhu krila,
    Da smo bliže prestolu visina,
Da s lovorom iz gorice vila
    Kiti čelo srbinskoga sina.

Svakim žarom one duše svete
    Koju Lovćen na svom visu hrani,
Nek nam srca slobodno polete
    U hramove djela obasjani'.

Mila „Lučo", usred doba tavnog
    Razvij danak davnijeh nam snova;
Sa Lovćena pro Kosova ravnog
    Stišaj silu krvavih valova!

Hej, valova nesloge i zlobe
    Koje braća među sobom dižu,
O koje se naše sreće drobe
    I ponoru bezdanome stižu...

Kô što vila, kraj gorskog studenca,
    Plete v'jenac, cv'jet do cv'jeta meće,
I ti spleti najljepšega v'jenca,
    Bratska srca nek mu budu cv'jeće.

Na oltaru ljubavi i mira
    Neka ruke rukama polete,
Nek sva braća iz jednog putira
    Pričeste se žarom sloge svete.

U toj nadi, bože, nas pomaži!
Pomozi nam u djelu i radu,
Tvojom vjerom srca nam osnaži –
Da možemo vjerovat' u nadu.

Ljeljov dar

U zoru ljupkog maja cvjetnu sam ružu brao;
Zanesen bajom njenim nepomično sam stao,
A Ljeljo, nestašni Ljeljo, na rame moje pade,
Milujući me rukom nježno govorit' stade:

„Ostavi ružu čelam', sa njene svježe krune
Slađanim medom neka košnice svoje pune;
Pusti leptira malog neka veselo l'jeće
I ljubi pramaljeća rosno i mlado cv'jeće.

U mome bogatom vrtu obilno cv'jeće cvati,
Jedan ću mio cv'jetak u tvoja naručja dati:
Tä gledni djevojče ono! Zar nisu od ruža sviju
Njezine usne ljepše, usne što ljubav piju?

Kô osm'jeh rane zore njezino lice rudi,
A burom želje žive talasaju se grudi,
Čarobni pogled njeni u duši nebo stvara –
Nek ona bude tvoja, eto ti moga dara!"

I kad te poznah divnu, kao munjevna str'jela
Pojuri žićem c'jelim mlađana krvca vrela.
Ostavih ruže, nek ih čelice čedne piju,
A duša tebi letnu, prepuna milja sviju...

Kao mirisom svojim leptira cv'jetak ubav,
Poljupcem ti si tvojim primila moju ljubav –
A Ljeljo i sad lijeće i maše svojim krilom.
Hvala ti, hvala Ljeljo, na tvome daru milom!

Ljubav (I)

Kad utone jasnog dana
Blagi sjaj;
Kad zašumi vjetrić s grana,
Pa se gubi preko strana
Kô lagani uzdisaj;
Kada zlatan mjesec ti'o
Svrh timora mračnog blisne,
Kad obasja gore lisne,
Pa slavuja glasić mio
Probudi se i zatrese:
U to doba
Dvije ploče na dva groba
Otvore se,
A iz mraka, ispod ploče,
Dva kostura gori kroče,
Pa uzanom stazom grede
Dva kostura – sjenke bl'jede.
Ćute, grede
Sjenke bl'jede,
A kad stignu mjestu onom
Gdje srebrni talas bije
Gorskog vrela,
Gdje se s granom grana splela,
U osami noći tije
Jedno drugom žurno stižu,
Sure im se ruke dižu,
Pa se sklope i zaškripe,
O grudi se grudi lome
U poljupcu nijemome.
U zanosu sreće tije
Dršću, strijepe sjenke dvije,
Pa kô strasti kad prekipe,
Kosti s'jevnu i progore,
I u modri plam se stvore.

A uz žubor bistrog vrela,
Probude se čudni glasi:
Šapat, smijeh i uzdasi
Srca svela
Koji kunu sudbu, boga
Strašnim jadom bola svoga,
Da ih notnji vjetri sklone
U duboke gore one...
A kad povrh mirnih sela
Probudi se zora b'jela,
Kada rani dan zasv'jetli
I zapoju prvi p'jetli,
Iz zanosa, slatke žudi
Trzaju se kosti one
I njihove prazne grudi
Razdvoje se, i plam klone,
I put staze
Tajno slaze,
Lako grede
Dva kostura – sjenke bl'jede.
A kad stignu grobu, koji
Prav'jekove tavne broji,
U dubinu tmine puste
Pod hladne se ploče spuste;
A po groblju vjetrić piri,
Bršljan trepti, trava miri,
I, kô suze, rosa čista
Na pločama hladnim blista...

Ljubav (II)

O, da mi je nešto pa da budem reka,
Pa da tečem ispred tvoje kuće male;
Pevajući tebi da razbijem vale
O pragove gde ti staje noga meka.

Pa kad niz pragove siđeš sa ibrikom
Da zahvatiš vode, da ti zgrabim ruke,
Prigrlim te sebi u svoje klobuke,
I da tebe, draga, više ne dam nikom.

Na dušeku trava i mojih smaragda,
Kao nimfa moja, da počivaš svagda,
I da niko ne zna tvoje mesto gde je.

Samo moje oči da gledaju u te,
Samo moje sve dubine i sve kute
Da lepota tvoja osiplje i greje.

Ljubičici

U milju mladosti drage opet se javljaš nama,
    Pitomi, l'jepi cv'jete;
Već tvoje listiće male plavetno nebo kruni
    Kapljom rosice svete.
U slavu čednosti tvoje bezbrojne tičice male
    Nebeske pjesme poju,
Kroz sive maglice guste purpurni sunčevi zraci
    Šalju ti ljubav svoju.
I moja duša, evo, s ushitom tebi stiže,
    Vjesniče dana sveti',
I s tvojim mirisom blagim u svjetlost sunčeva zraka
    S nebeskom nadom leti.

Ljubi...!

Ljubi, al' ljubav treba
  Da svetim žarom sjaje,
Kô jasno sunce s neba
  Čista i sv'jetla da je!

Kad stupaš njenoj stazi,
  Istina nek te prati –
S ljubavlju anđô slazi,
  Što će ti sreće dati!

Ljubi! Život se kreće,
  I sve će naći kraj,
Al' tvoja ljubav neće,
  Nebo joj širi raj!

Ljubim...

Ljubim kad blago pod purpurnim velom
Zasija milje zoričinih grudi,
Jer tad mi trepti po obzorju c'jelom
Osmejak što ga tvoje lice budi.

Ljubim kad tajno lahorova krila
Pod nebo dižu pjesmu tica mali',
Jer tad mi zvoni tvoja r'ječca mila
Što sveti oganj na duši mi pali.

Ljubim kad milo sv'jetla jata čista
Zvjezdica drobnih po beskraju plove,
Jer tad mi sunce tvoga oka blista
I dušu diže u zlaćane snove.

Ljubim li te...?

Ljubim li te, il' su glasi
Pjesme moje pusta varka?
Ja te ljubim, srpsko čedo,
Iz ljubavi ognja žarka.

Zori, kada jutrom sviće
I purpurni plašt svoj širi;
Lahoriću, kad nestašno
Kroz ružice male piri;

Zvjezdicama, tihom noći
Kad pojezde u visini;
Slavujiću, kada sjetan
Priželjkuje u tišini;

Potočiću, bistrom vrelu,
Neka gorom, doljom glasi;
Čistoj rosi, što krunicu
Mirišljavog cvijeća krasi;

I tičici, kad pjevuši
Vijući se lakim letom,
Svemu velim da te ljubim:
Vjerne duše vatrom svetom!

Ljubimo se

Ljubimo se! U ljubavi
Proniče nam sreće cv'jet,
Ljepše nam se nebo plavi –
S njega bježi oblak klet.

Ljubimo se! Već odavna
Prezreli smo ljubav mi...
Pa stoga nam zora slavna
Pritisnuta tamom spi...

Ljubimo se! Jednoj cjelji
Upravljamo misli smjer,
Nek nam svane danak želji –
Nek nesloga pane – zv'jer.

Ljubimo se! Pa će opet
Izgubljeno naše biti,
Slava nam se uvis popet',
Anđô prestat' suze liti.

Ljubimo se! Iz grobova
Djedova nam zbori glas. –
Čujmo! Eno, i s Kosova
Vila za te moli nas...

Maj

Na istoku zora sviće,
Biser niže na cvjetiće,
A Srpčića jato milo
U čarnu je goru stiglo.

Stala Srpčad oštra oka –
Al' ih krasi zagrljaj!
Pa iz gore, sa visoka
Pozdravljaju pjesmom maj:

„Dobro došlo, čedo milo,
Naše slave, naše sreće!
Ljubimo ti zlatno krilo
I po njemu rosno cvjeće.

Ti si slika što nas čara,
Što nam tugu srca krije;
Iz sjajnoga tvoga pehara
I sirotan sreće pije.

Ti razagna gustu tamu,
Sunašce nam žarko vrati;
Ti nam pružaš milost samu,
Vedrost dana umiljati.

Po dolini i po gori,
Rastrije nam ćilim baja.
I potočić sad žubori
Umilnije, prepun sjaja.

Na pozdrav ti sve ustaje –
Svuda radost bujna vlada,
Samo... samo... jošte – da je,
Uskrsnula srpska nada...

Ali i nje skoro eto,
Da Srbina obraduje,
Jer je Srbin voli sveto
On je štuje.

Bez nje bi mu život bio,
Sami jadi, pusta tama,
U srdašcu ne bi imô
Odvažnosti, niti plama.

Pa zdravo nam čedo milo,
Naše slave, naše sreće! –
Ljubimo ti zlatno krilo
I po njemu rosno cv'jeće."

Majci (I)

Nikad više, nikad više
Ti me nećeš blagom zvati,
Nikad više tvoje ruke
Zagrljaj mi neće dati.

Nikad više, majko moja,
Ja ti neću glasa čuti,
Nit' će sinak na tvom njedru
Počinuti, odahnuti.

Tvoj poljubac, svet i mio,
Sledila je samrt kobna –
Od vjernoga sina tvoga
Otrgla te humka grobna.

Hladno ti je... I meni je
Bez ljubavi, bez tvog krila,
Kô da nikad moja duša
Ogrijana nije bila.

Sve je pusto, nikog nema
Što mi može spokoj dati,
Nema onog kog sam zvao
Slatkom riječju „mila mati".

Nema, nema... Svijet je malen –
Tvoja ljubav viša mi je,
Jedna cigla iskra njena
I od sunca ljepše grije.

Tek pod njenim blagim žarom
Ja sam lako tiče bio,
Imô krila, pa pod nebom
Raj i slatki život pio.

Sve mi bješe vedro, sjajno,
Kao milost oka tvoga;
U ljubavi tvojoj, majko,
Osjećô sam svetost boga.

Osjećô sam da je život
Nepregledno polje cv'jetno,
A ja čedo razdragano
Što po njemu trči sretno.

A sad, majko, sve je pusto,
Nema sunca da me grije,
Nema tvoje blage riječi
Da me pita kako mi je.

Nema, nema... Crna java
Žalosna mi slova piše:
Da te nikad, majko mila,
Zagrliti neću više...

Nikad više... Tek na nebu,
Pred dverima svetog raja,
Ja ću opet mirno snivat'
Usred tvoga zagrljaja!

Majci (II)

Ne, ti nisi u grob pala,
Nit' je tvoje lice svelo:
Ja osjećam kako i sad
Kuca tvoje srce vrelo.

Ja osjećam kako diše
Tvoja smjerna duša čista;
Ah, još i sad iz tvog oka
Meni topla ljubav blista.

Svuda, kud mi oko krene,
Ja te vidim, dobra mati,
Tvoga sina osamljenog
Svuda tvoja slika prati.

Iz duboke noći tamne
Ti se uv'jek javljaš meni,
Rukom gladiš čelo moje
I ljubiš me, blaga sjeni.

A ja padam, željno padam
Na oltare svetog raja –
Željno padam, dobra majko,
Usred tvoga zagrljaja.

Pa tu zaspim slatki sanak,
Kog sam nekad blažen snivô
Kad se na me sa tvog lica
Sami gospod osmjehivô.

Slatko snivam, a anđelak,
Pod vijencem rajskih ruža,
S tvojom dušom sjajne zv'jezde
Sa plavog mi neba pruža...

Majci svoga naroda[7]

Gospođi Savki J. Subotićki (Prilikom odlaska sa Ilidže)

Zbogom pošla, srpska mati,
Ovjenčana v'jencem slave,
Nek te dobri Gospod prati
I viš' tvoje svijetle glave
Neka lebdi rajski sjaj!

Svuda, gdje si dosad bila
Sijala si ljubav svetu,
Zato tebi vijence pletu
Srpske šćeri – tvoja krila
Tvoj zahvalni naraštaj!

I ja čedo ovih strana
Berem kite lovor grana
Berem cvijeće razne boje
I u vijenac slave tvoje
Prinosim ga dušom svom.

I još uz to srce moje
Kao tica Bogu poje:
Da ti dade zdravlja, sile,
Pa da tvoje sestre mile
Dugo vodiš cilju tvom.

Blago onoj srpskoj šćeri
Koja tvojim putem hodi,
Koju tvoja misô vodi
Da se čistim srcem vjeri
S radom za svoj zavičaj.

---

[7] Ovu je oproštajnu pesmu govorila gospođica Radojka Kovačević. (Prim. aut.)

Zbogom pošla, srpska mati,
Ovjenčana v'jencem slave,
Nek te dobri Gospod prati
I viš' tvoje svijetle glave
Neka lebdi rajski sjaj!

Majčin govor

Slušao sam slatki žubor
I strujanje gorskih vala,
Ljupku pjesmu, što je jutrom
Nebu šalje tica mala.

Slušao sam blagi šapat
Što se s rosom ljubi cv'jeće,
Svetu himnu, što je anđô
U tišini zv'jezda kreće.

Slušao sam zvuk zefira,
U bokoru ruža mlad',
I u sjenci gusta granja
Mili cvrkut slavujčadi.

Al' tvoj govor, mila mati,
Slađi je od svakog glasa,
Slađi nego zvuk zefira
I brujanje sa talasa.

Tvoj je govor mili pozdrav,
Koji tako srce diže,
Sa njime mi rajska pjesma
U mlađanu dušu stiže!

Tvoj je govor sveta himna,
Koju nebo slavom prati;
Ja sam srećan, ja se dičim,
Što se Srbin mogu zvati!

Mala Srpkinja

Ja sam jošte ludo d'jete,
Malo tiče slaba leta,
Al' znam bole, znadem jade
Moga roda, doma sveta.

Haj Srbine, paćeniče,
Tä ko tebi dobra želi?
Tä ima li duša, koja
Tvom se padu ne veseli?

Haj, ti nemaš brata, druga,
Koji s tobom suze lije,
Svud nađeš hladne grudi,
U kojima srca nije.

Gdje je Dušan, gdje je Lazar,
Kamo one svete krune?
Plači, dušo, srpska slava
Na Kosovu tužno trune.

Sveta krvco mojih djeda,
Zaman si se r'jekom lila,
Iz tvog žara cv'jet slobode
Ne uzabra srpska vila.

Tamo, gdje su srpske trube
Horili se nekad glasi,
Dušmanski se barjak vije,
A srpsko se ime gasi.

Nad pepelom naše slave,
Zaborava stoji krilo,
I sad tužan Srbin sniva,
Što je davno, davno bilo.

Haj, preni se, brate dragi,
Nek poleti duša letom,
Združimo se, pričestimo
Naša srca slogom svetom.

Gdje god koji bratac ima,
Te ga tište muke ove,
Neka dođe da pletemo
V'jenac, što se ljubav zove.

Oh, čuvajmo što očevi
U amanet nama daše,
Oh, čuvajmo sveti ponos,
Srpski jezik – ime naše!

Maleni smo, al' kad skupa
Prihvatimo sveta djela,
Zarudiće zora l'jepa –
Sinut' slava iz pepela!

Teško nama, ako drugi
Bude nama dobra teći;
Teško Srbu, ako Srbin
Ne poleti svojoj sreći.

Ja sam jošte ludo d'jete,
Malo tiče slaba leta,
Al' znam bole, znadem jade
Moga roda, doma sveta.

Pa nek letne pjesma ova,
Nek se duša s dušom slaže,
To vam veli Sveti Sava,
To vam srpska kćerka kaže.

Malom Milenku

Pusti tvoju ticu lepu
Tamo, kud je želje vode,
Nek zapjeva pjesmu milu
Svoje sreće i slobode.

Zalud tako brižnom njegom
Tvoju dragu ticu hraniš,
Kad joj mrežom gustih žica
Lahki polet krilu braniš.

Nebo, sunce, gora, šume
To je njena slatka hrana,
Za tim gine tica tvoja,
Za tim plače svakog dana.

Ako ljubiš ticu lepu,
Ako ti je tako mila,
A ti pusti nek je tamo
U slobodu nose krila.

Trgaj mrežu gustih žica
Pa nek tica prhne gori,
Kidaj žice, budi onaj
Za slobodu što se bori!

Marseljeze

Ne zovite mene, sit sam svega pira...
Meni zveket čaša nigda dao nije
Poleta ni žara što diže i grije,
Ja u njemu čujem samo zvuk sindžira...

Jeste, zvuk sindžira, što ga sebi sami
Kujemo sve tako do dna tražeći čaše –
I s njom čekajući zoru slave naše,
Svijetla da sine u vjekovnoj tami...

Ja ne mogu čuti vaše Marseljeze,
Niti riječ praznu što pijana veze
Od ogavnih fraza barjaka slobode...

Ja znam, jedan trenut sav vaš ushit zbriše:
Ja znam, niko od vas neće znati više
Za slobodu čim se napijete – vode.

Materi

Kô tičici, kad joj
Poodrežu krilo,
Tako sinu tvome
Bez tebe bi bilo.

Kô što rosa krepi
Cv'jetak punan draži,
Tako tvoja ljubav
Diže me i snaži.

Što je sunce nebu
Ti si meni, mati,
A za sina ti ćeš
I svoj život dati.

Ako mi se kada
Licem tuga svila,
Ja sam vedar pošô
Od tvojega krila.

Ti si uv'jek znala,
Moja mila mati!
Tvome vjernom sinu
Vedre volje dati.

U mlađane grudi
Sadila si sinu:
Hrabrost i junaštvo,
Čednost i vrlinu.

U savjetu tvome
Dala si mi blago,
Koje će mi uv'jek
Bit' sveto i drago.

Ti si mi i pjesmu
Uz koljevku dala,
Za koju ti, majko,
Do nebesa hvala!

Hvala ti na svemu!
Hvala, dobra mati,
Bog neka te štiti
I blagoslov prati!

Mati (I)

Mati, mati, mila mati,
Oh, da mi je samo znati
Moju ljubav iskazati
　Prema tebi što mi sja!
Vidjela bi da j' vrelija
Od sunašca štono sija,
I od suze da j' čistija,
　Od ljubice nježnija.

Ali, opet, nije tako
Uzvišena, bujna, jaka,
Vrela, topla, silna, žarka,
　Majko moja milena,
Kao što s' u tvojih grudi
Prema tvome sinku budi,
Bez prestanka gdje mu rudi
　Sreće zora rumena.

Pa šta ću ti, mila mati,
Za tu svetu ljubav dati?
Kakvim će te darivati
　Darom dobri sinak tvoj?
Kako tebi da isplati –
Oh, da mu je samo znati!
Mila moja, dobra mati,
　Oko njega truda znoj?

Oh, čujem ti riječi mile:
„Nagrada mi sva je, sine:
Čini dobra i vrline,
　Vjeran budi rodu tvom!
Čuvaj jezik, vjeru svoju,
Za nju gini i u boju –
Nek guslari slijepi poju
　O tvom djelu junačkom!"

Pa ja ti se kunem, mati,
Da ću ime čuvat znati;
Kunem ti se nebom, mati,
  I svom mukom roda mog:
Do posljednjeg dana, trena
Da ću kao kruta st'jena
Stati čela uzgorena
  Na braniku doma svog.

Mati (II)

Još nikad nije tvoj dom, o smrti, bio
Ukrašen tako...! Najljepši plod si sa grana
Pobrala zemnih, a on je još sunce htio...

Jedne si noći sa plavih sletila strana
U moje bašte... Tiho je padala rosa,
I krunila se jabuka procvetana...

I ja sam čula gdje kradom koračaš bosa...
I u tvom domu moja su djeca bila...
Odvela si ih... Zlatna je njihova kosa,

Kô zlatno klasje kad sleti zora mila.
Oni su bili moji anđeli pravi...!
U njih je lice kô ljiljanova svila...

U njih su oči plave, kô liman plavi...
U njih su usne mak crveni što se krije
U zrelom žitu... Još nigda, otkad se javi,

Tvoj dom, o smrti, ukrašen bio nije
Ljepotom takom...! A moji dvori su crni...
O, gdje si...?! Dođi u moju sobu, što prije,

Ja čekam na te...! Sva moja blaga zgrni:
Ja imam oči plave, ja ću ih dati...
Ja imam kosu zlatnu, njom se ogrni...

Ja imam topla njedra, sve daje mati,
Sve uzmi, evo...! Ne oklijevaj, hodi!
Pruži mi ruku...! Mirno ću uza te stati...!

Samo me djeci, mojoj me djeci vodi...!

Mati[8] (III)

U granju školskih lipa veseli žagore vrapci;
Vrh se zvonika žari.
Večernje zvono zove, i već se u crkvu kupe
Bedni, bolni i stari.

U crnom odelu jedna starica, umornih crta,
Stupa u tamni kut hrama
I usrdno se moli. Spram nje likovi sjajni
Iz zlatnog gledaju rama.

Posle večernje mene, malog pevača, svog znanca,
Za ruku hvata kô mati;
„Pođider sa mnom dete, pa ću ti oraha krupnih
I slatkih kolača dati."

Ivica meseca viri. Još samo malo pa veče
Skinuće nakite cele.
Mi se uz stepenice penjemo i ulazimo
U vrata kuće bele.

U sobi sumrak. Na oknu drhtava rumen gasne –
Za goru sunce je selo.
Na zastrtom zidu udara sahat stari,
I smilje miriše svelo.

Ja sam, dole, u uglu. Sedim i zadovoljno
Orahe tučem i brojim;
Spram mene macan čuči, prede i u me gleda
Planulim očima svojim.

Starica otvara ormar, i dokle krila ormara
Škripuću i kô da cvile,

---

[8] Ova pesma se odnosi na mater gospodina Nikole Tesle, a napisana je po želji i skici gospodina doktora D. Šijana, zemljaka Teslinog. (Prim. aut.)

Ispod staroga rublja vadi i na sto slaže
Komad po komad svile.

I snova bogu se moli, i smežurane usne
Šapuću krotko i ti'o:
„O, Bog ti, Nikola, dao zdravlja i duga veka!
Gde bio, svud sretan bio!"

On, iza dalekog mora, poslô je svilu tkanu
Starici za odela;
I kako gospa rukom dotakne darove sina,
U setu utone cela.

Ja vidim: ona plače. I dok sjaj kandila titra
Po njenom suhom profilu,
Na sto padaju suze i svetlim kapima kvase
Tešku i skupu svilu.

I sumrak sve više biva. Miriše smilje svelo;
Ikonostas se zari.
Između prozora, gore, na zastrtom zidu,
Udara sahat stari.

I tako protiču dnevi, i tako lagano trunu
Još neskrojena odela,
Mada ih starica često drhtavom rukom gladi
Između rublja bela.

Među Srpkinjama

Među cv'jećem slavuj pjeva
Svoje mile pjesme blage,
Pa i vi ste cv'jeće krasno,
Srpkinjice, sestre drage!

Gle, do ruže ružka stala
Pa se bajan v'jenac plete,
Divan v'jenac kao zv'jezde
U tišini noći svete!

Pa može li duša mlada
Glasak sreće da zataji?
Tä mogu li mirovati
Moji mladi osjećaji?

Oj, Srpkinje, vi ste cv'jeće,
Koje ljupka čednost krasi,
Pa nek letnu, nek zabruje
Moje pjesme čisti glasi!

Uz taj pehar rujna vina,
Što nas s nebom spaja bliže,
U pjesmici lakokriloj
Evo brat vam želje niže:

Bog vam dao sve, što vaša
Plemenita duša htjela,
Mir i pokoj, radost, zdravlje,
I svugdje vas sreća srela!

Neka anđô blagoslova
Vječito vam dane budi,
Nek vam dade sve što vaše
Razdragano srce žudi!

Uv'jek vam bilo lice
Sv'jetlo kao zora rana,
Il' kô kaplja čiste rose
Na cvjetiću uspavana.

Kô čelice neumorne
Dizala vas snage krila!
Svaka za svoj narod dragi
Amazonka ljuta bila!

Pa neka vas dignu djela
Iznad sv'jeta, vrh oblaka!
Nek vam spletu v'jenac slave
Od sunčevih sv'jetlih zraka!

Eto želje, eto pjesme,
Što vam vjerni bratac poje,
A sa pjesmom on vam daje
Ljubav svoju, srce svoje...

Mesečina

Noć. Moj konjic pase. Tiho ribnjak sniva
I trstike šapću. Ćuk ćuče daleko.
Srebro mesečine sedefno i meko
Topi se, i lije sa vrbinih griva.

I u svakoj kaplji što na cveće kane
Ja udare čujem srca koja čeznu,
Tajnu setu, ljubav silnu, neopreznu,
Šum krvi i požar slatke strasti rane.

I mladosti svoje odbegnulo leto
Ja vidim gde snova vraća mi se... Eto
Mojih nimfa, lete, meni stižu same

Sa harfom u ruci... I dok ponoć brodi
I sedefne kapi kucaju po vodi,
Iz nedara lepih behar siplju na me...

Meteor

U staroj bašti na pragu od vrata,
Puni zvijezda sjedili smo sami...
Noć bješe plava, i u polutami
Rumenio se plod zdrelih granata.

Tiho... Sve ćuti... Samo bršljan sveli,
Negdje, uz letve, šuštô je kô svila...
I u čas kad si na mom srcu bila,
čudesna svjetlost sva nebesa preli –

Bijela vatra po granju se prosu,
I kô da nebo razdrobi planetu,
Sav Mostar dragim kamenjem se osu.

Uza me topla ti se pribi jače,
I meni bješe kô da nas u letu
Anđeo jedan zlatnim krilom tače.

Mi smo na po puta...

Mi smo na po puta umorni i sveli,
I kada bismo mogli, mi bismo natrag htjeli,
Onamo gdje osta jutro naših dana
I vrtovi puni toplih jorgovana...
No sve je zaludu...! Mi moramo dalje,
Tamo, Ocu Vječnom, gdje nas usud šalje...
Već ja vidim blizu: trepti svjetlost neka
Čudesna na putu. To je Gospod. Čeka
Na putnike svoje, pa ih redom broji
Po čitulji svetoj što pred njime stoji...

I sve što je kome ovdje negda dao,
Svaki trunak sreće što je za nas sjao,
Uz beskrajnu ljubav i očinsku brigu,
Zapisô je gospod u debelu knjigu...
Mi smo mu dužnici, i druge nam nije:
Moja Muzo, tamo hajdemo što prije!
Jer, eno, u raju mnogi mjesto grabe;
Hoćemo li tamo, ne možemo džabe:
Isplatimo Ocu, skinimo tegobu,
Pa onda bez brige spavajmo u – grobu...

Mi znamo sudbu...

Stevanu Sremcu

Mi znamo sudbu i sve što nas čeka,
No strah nam neće zalediti grudi!
Volovi jaram trpe, a ne ljudi –
Bog je slobodu dao za čovjeka.

Snaga je naša planinska rijeka,
Nju neće nigda ustaviti niko!
Narod je ovi umirati svikô –
U svojoj smrti da nađe lijeka.

Mi put svoj znamo, put Bogočovjeka,
I silni, kao planinska rijeka,
Svi ćemo poći preko oštra kama!

Sve tako dalje, tamo do Golgote,
I kad nam muške uzmete živote,
Grobovi naši boriće se s vama!

Mila

Sedi Mila
Sred majčina krila;
Lice mršti kao baba stara,
Jer je, eno, blago majka kara
Što u ćumez uvukla se bila.

Mila, Mila, čuvaj se belaja,
Kvočka ne da pilića ni jaja –
Šinuće te sa dva krila vrana,
Pa ćeš ljuti' dopanuti rana!

Mileti Jakšiću

(Kad sam pročitao prvu knjigu njegovih pjesama)

Mi nemamo cv'jeća... Mraz je pao sada...
Tek ostatke vidim preminulih dana...
Slatki plod ne rudi, samo trulež pada
Sa našijeh grana...

A gle, u tvom vrtu pramaljeće struji,
Cv'jetovi se ljube – tvoja čeda draga,
U miloj im duši pjevaju slavuji,
A u pjesmi svjetlost i sva nježnost blaga.

Ne boj se od mraza! Njih zvjezdice griju
I anđelak ljubi mile ti prvjence;
Oni će cv'jetati – da na čelo sviju
Roditelju svome mirisne vijence.

Milivoju Dragutinoviću

majoru

Proleća našeg ti si vesnik bio –
Grimizom sunca i snegom behara,
Sa svoga belca, ponosan i čio,
Osuo stare mahale Mostara.

S visoka stega, što se gordo vio
S kopljače tvoga lakog barjaktara,
Nebesnih ševa pozdrav blag i mio
Rasu se s bleskom vaskrsnog oltara.

Mi smo te čase urezali nama
U grane duše, kô najlepše rime
S vatrama zvezda i dragoga kama...

Tako, sa bašta naše duše cele,
Večno će sjati tvoje svetlo ime,
Kô jedna pesma naše zore bele...

Milo mjesto

Tamo gdje 'no lipa brsna
Guste sjenke širi hlad,
Gdje umilna pjesma slavlja
Duši pruža rajski slad;

Tamo, gdje 'no lahor mali
Miomirni njiha cv'jet,
Gdje 'no potok punan milja
Žhureći zdravlja sv'jet;

Tu gdje sunce najmiliji
S neba šalje sveti sjaj,
Tu je moje mjesto milo,
Tu je moga žića raj!

Haj, koliko sretnih časa
Proveo sam mlađan tu!
U zahlatku lipe cvjetne
Na grudima grleć' nju;

Ljubio joj usne rujne,
Milovao kose pram;
U duši se pjesme vile,
Podigô se vjere hram.

Zdravo, lipo, lipo draga,
I zahladak mili tvoj,
Oj potoče, cv'jete, slavlje –
Milo mjesto, zdravo hoj!

Mirna noć

Pop'jeva slavuj međ' lišćem, u gaju,
 I slatkim glasom mirni zračak puni;
Rosica pada i biserjem drobnim
 Svilena njedra cvjetićima kruni.

Sa gustog granja, što se nježno svilo,
 Prol'jeće vjetrić i dolinom bludi,
I traži cv'jeće i, pun slatkog milja,
 Ispija miris sa svježih mu grudi.

I ti si cv'jetak, pun čistote blage,
 I punan raja i anđelske draži,
A moja duša vjetrić je što bludi
 I samo tebe, milo cv'jeće, traži!

Mirte

Kennst du das Land...

I

Hodite mi bliže, slavujići dragi,
U toj miloj noći, dok se sanak blagi
Nad šumicom vija,
Da pjevamo zlatu što mi tople ruke
Oko vrata svija –
Nek u slavu njenu najmilije zvuke
Sa bokeških brda blagi vjetrić njija!

U mirtama slatkim kraj plavog Jadrana,
Pjevajte mi ruži koja nije brana,
Kao čedna školjka
Što u duši hrani biser koji nije
Takô jad ni boljka;
Pjevajte joj slatko, nek vam srce bije,
Jer u njedru njenom proljeće se krije...

II

Mladi mjesec trepti pa te ljubi ti'o
U rumena usta, u obraščić mio
I, prepunan sreće,
On ti zlatne ruže, što ih s neba brao,
U kosice spleće,
Šapće ti i strepi – kao da bi pao
Na njedarca tvoja pa te k nebu zvao.

Ali tvoja ruka mene jače stisne,
I mlađani mjesec, svrh šumice lisne,

Blijedi idršće...
Ti mi sviješ glavu i žudnjama svijem
Priljubiš se čvršće;
Ja ti ljubim usne, slast ružica pijem,
A nad nama bolno zlatni mjesec dršće...

III

Nevine, kô čednost mile duše tvoje,
Nad pločnikom našim male mirte stoje
Pa se lako njišu;
Cv'jetići im b'jeli slatku rosu piju
I nečujno dišu,
Kidaju se, trepte i nad tobom viju,
Kô anđeli zlatni uz molitvu tiju.

Ja znam šta bi htjeli: na ružice dvije,
Što ih tvoja ruka kosicama krije
Na njedrima nagim,
Da se redom sviju pa svu dušu sliju
S mirisom blagim...
Zar ne čuješ šapat, njinu tugu tiju? –
Gle, od slatke čežnje oni suze liju...

IV

Tvoje mile ruke uzglavlje mi meko;
S njih kroz granje gledam u nebo daleko,
U zvjezdice jasne,
U te zlatne ruže što ih nojca diže
Iznad Boke krasne,
I gledam san slatki sve bliže i bliže
S grančicom krina kako meni stiže.

Ja bih tako, draga, preminuti htio
Pod mirtama skromnim gdje šapuće ti'o
Ovaj vjetrić mio,
A spomenik cigli, pun milja i blaga,

Ti da budeš draga,
Pa dok sunce sjaje iznad ovih gorâ,
Da mi humku krasiš kô Farneška Flora.

V

Otkud jarko sunce sad kad nojca brodi?
To s dalekih šuma Artemida draga
  Sa nimfama hodi –
Po obali mirnoj, vesela i blaga,
  Ona kolo vodi –
Gle, nabrani hiton skriva njene prsi,
A zlatnu joj kosu morski vjetrić mrsi!

Ne boj se, ne strepi, ona tebe neće.
Artmida mlada – ona štiti cv'jeće,
  Samo zloću mori,
A u tebi, draga, sva je milost blaga
  I srce što gori,
Srce koje ljubi, kô što ljubi ona
Iz drage Elide mladog Endimjona.

VI

Noćne tice slute. Eto bura stiže,
Na bedeme stare val se s valom diže,
  Lome se i pršte,
A bedemi kruti, kô džinovi ljuti,
  Samo čela mršte,
Niti čuju tamo gdje val bije jače,
Na obali pustoj kô da nimfa plače...

Čuj, draga, sa mora sad se jauk hori!
To se mladi mornar s vjetrovima bori –
  On bi dragoj htio
Na obali pustoj što od bola cvili
  I umire ti'o...
Al' bezdano more u nebesa srne –
Nad skrhanim brodom pište tice crne...

VII

Pred nožicam' tvojim, oborene glave
Mirišu i strepe ljubičice plave,
   Kô da svaka moli:
Poljubi me, draga, tvoj poljubac mio
   Moja duša voli –
Svu miloštu slatku tu je gospod slio,
Tu anđeo svaki posvećen je bio
   Kad je u raj htio!

A ti kô da čuješ šta cv'jetići žele,
Primičeš im lice i usnice vrele
   Pa te ljube redom
I gledaju u te – uzdišući lako –
   Svojim suznim gledom.
Al' mani ih, mani... Ja se, dušo, bojim
Da ti slatku dušu ne ispiju tako
   Poljupcima svojim...

VIII

Kako li te ljubim, kako ti se divim,
O šumice draga s izvorima živim,
   Kako ti se divim!
Kô da u snu stupam sa pustoga kraja
   Na pragove raja,
Pa veselo gledam u daljine svete
Kako zlatna čeda s trubama lete.

A najljepše čedo tu ružice bere,
Pa mi ruže pruža i, prepuno vjere,
   Miloštu mi zbori –
Veli samo za me, u vrtima svojim,
   Da ga gospod stvori.
Pa me ljubi, ljubi, a ja blažen stojim
Grleć' zlatno čedo na grudima svojim!

IX

Poznô sam te davno! Od mladosti rane
Tvoju milu sliku moje grudi hrane:
    Ljubičica blaga
Na poljima rodnim pričala mi ti'o
    O tvom oku, draga,
A u mom je vrtu jedan vjetrić mio
U čašici krina s tvojom dušom bio.

Poznô sam te davno! Ja te svuda sreta':
U proljeću zlatnom, u sunašcu ljeta,
    I kad nojca taji
Ružâ miris mio, a sa neba ti'o
    Zlatni mjesec sjaji...
Poznô sam te! Svuda tvoj lik me začarô
Gledajući u te Bog je svijet stvarô!

X

A kuda se noćas po granama vereš,
Ti derane mali, pa cv'jetove bereš?!
    Gle, još si se svukô
Pa na vjetru zebeš! Haljinu obuci
    Dok te nisam tukô,
Pa se odmah kući, nevaljalče, vuci,
Jer, tako mi kletve, šiba je u ruci!

Šta, ti mi se smiješ! Čekaj, zloćo mali,
Znaćeš kako šiba po nožicam' pali!
    Ne krij se, znam gdje si!
Tako, moj si, lolo! A sad, mali goljo,
    Tu preda me lezi!
Šta, ti imaš krila! Gle, luk, oštre str'jele!
O Ljeljo, o Ljeljo, vile te odn'jele!

XI

Ne uzdiši tako, ljubičice plava!
Gle, na mome krilu moja draga spava;
　Ne budi je tugom,
　U prisjenku mirnom spavaj i ti ti'o
　I počivaj s drugom.
Ona ti je seja...! Jedan anđô mio
Iz zlatnog vas raja na zemljicu snio...

U čašici tvojoj slatka kaplja blista,
U srdašcu njenom vjera, ljubav čista,
　I duša joj ista
Kô listići tvoji: mirisna i blaga,
　I slatka i draga!
Ona ti je seja, tvoja seja prava –
Spavaj, spavaj i ti, ljubičice plava...!

XII

Slušaj, draga, šta nam priča vjetrić mio:
Ja znam jedno mjesto, gdje jezero ti'o
　Plavi se i njija,
A tu ruža jedna, mirisna i čedna,
　Na vale se svija,
Pa noću, kad s neba pada rosa čista,
Nad jezerom plavim kad mjesec zablista,

Kraj lijepe ruže jedan labud bdije
Pa joj slatku dušu svojom dušom pije
　I od čežnje pati...
I pošljednju pjesmu, što u srcu krije,
　On će ruži dati...
I kad umre labud, on će živit' jošte
U toj slatkoj pjesmi vjere i milošte...!

XIII

Oblačići dragi, kud vas želja goni?
Ako ćete tamo, preko brda oni',
    Gdjeno pjeva slavlje
Onom zlatnom raju – mome rodnom kraju
    Nosite pozdravlje!
Recite mu ti'o na počinku svome:
O lijepi kraju, blago sinu tvome!

Njega nebo ljubi...! Bog ga sebi zvao
Pa najljepšu ružu iz raja mu dao,
    Kojoj druge nema;
Pa sad s milim blagom – s milookom dragom
    On se tebi sprema,
Da mu tvoje sunce milu ružu grije –
Da mu seji ruke oko vrata svije...!

XIV

O, kako su slatki ovi časi tajni,
Kad putuju duše do zvjezdica sjajni',
    Kad se srca griju,
Pa, prepuna slasti, plamena i strasti,
    Svetom voljom biju,
A noć tiho brodi, vjetrić mirte njija
I cv'jetove b'jele ljubi i ispija!

O slatki trenuci, s kojim sada bdijem,
Kô najdražeg blaga u dancima svijem
    Sjećaju se vas;
I kad mladost mine, pa kad zima tine
    Moju bujnu vlas,
Vama će se duša vraćat' puna vjere –
Da cv'jetiće zlatne svom anđelu bere.

Mis Irbijeva

Stupila si nama... Usred noći tavne
Mučenika zemlju, koja nema zore,
Privila si duši, gdje planete gore,
O velika ženo Britanije slavne!

Preko naših polja, gdje kupine stoje,
Neumorno, kao Sijač, Bogom dani,
Sijala si ispod magla neprestani'
Sve zvijezde srca i ljubavi svoje...

I svuda gdje pade tvoje zrnje čisto –
Plod obilan, zlatan suzom je zablistô,
Na slavu i hvalu tebi, naša mati...!

I v'jekova mnogih kada konac bude,
Ovdje na oltaru ove srpske grude,
Pred tvojijem likom kandilo će sjati!

Miti Popoviću

srpskom pjesniku

Nadasmo se, da će skoro,
  Kroz mrakove, što te kruže,
Zasijati sunce sv'jetlo –
  I procvjetat' tvoje ruže...

Nadasmo se, da ćeš naše
  Suze gorke ublažiti,
I sa pjesmom srca tvoga
  Našu dušu osnažiti.

Nadasmo se, da će opet
  Oživiti tvoja vila,
I nad Srpstvom tvojim milim
  Raširiti draga krila.

Nadasmo se, da će opet
  Pjevat' srpske slave zori –
Od pjesama v'jence viti
  Srb-junaku što se bori.

Al' nam nada evo pada –
  Tebe nema više, Mito...
Pod zemlju je tvoje sada
  U tuđini t'jelo skrito.

Panulo ti sunce sjajno,
  Uvehnule tvoje ruže;
Gore, polja mirisava
  I slavuji s njima tuže...

Al' te braća mila neće
  Izgubiti iz pameti:

Dok se burno kolo kreće,
  I dok srpska pjesma leti.

Tvoje će se ime znati
  Dok je srpskog neba plava,
Na grobu ti braća klicat':
  Oj, slava ti, Mito, slava!

Mitos

Usamljen Hristos, pod granjem kraj puta,
Na krstu visi i vijenac drače
Obavija se oko čela žuta,
Gdje vječne Misli svjetlilo se zače.

Pozno, kad lišće brezinoga pruta
Pod mjesečinom zatreperi jače,
Žena u crnu ruhu dugog skuta
Pred noge Hrista pristupi i plače.

Mrtvi udovi micati se stanu,
Sa božjeg čela kaplje krvi kanu
I ozgo siđe jedan uzdah tajni...

U tome času vihor duhne s grana,
I krv i suze raspe, i sa strana
Svud planu ruže od kapljica sjajni'...

Mjesec je sjao...

Mjesec je sjao. Kroz ponoćnje krilo
Slavujske pjesme jecali su glasi,
Kraj plave r'jeke čobanče je bilo
Bl'jedo, kô cv'jetak kada se ugasi.

Pred njime r'jeka šumila je lako,
A on je svirô sa tugom i žudi,
Njegove frule svaki glas je plakô,
Kô tajni uzdah što po groblju bludi.

On nije čuo ni vjetriće, što su
Okolo njega lelujali cv'jeće,
On nije viđô ni bisernu rosu,
Na meku travu što nečujno sl'jeće.

On nije čuo ni šaptanja mila,
Što cv'jeću šalje tiha r'jeka bajna,
Njegova duša daleko je bila
U nedogledu prostora beskrajna.

Ali kô iz sna on se trže, stade,
Kô da mu s grudi sinji teret minu:
Čarobna slika vlastelinke mlade
U plavoj r'jeci zablista i sinu.

O, kakvo milje kroz dušu se budi!
O, kako tuga prestaje i gasne!
On snova gleda one l'jepe grudi,
On snova vidi one oči krasne.

Pred njime bjehu otvorena vrata
Miline, raja, blaženstva i draži,
Nad njime rajska zapjevaše jata –
On ništa više nit' želi, nit' traži.

I kao čedo na majčine grudi,
Kog' ljubi milje i pokoja zraci,
S osmjehom tihim, što ga sreća budi,
S obale cvjetne u r'jeku se baci.

I bistri vali raširiše njedra
I ljubav-žrtvu odnesoše letom,
A jedna zv'jezda preko neba vedra
Minu i klonu u beskraju svetom.

I ponoć prođe; kroz maglice krilo
Purpurom gore zoričine grudi,
Al' njenog znanca više nije bilo –
Po cvjetnoj dolji samo stado bludi.

Mnoga su ljeta protekla od tada,
I burni dani skloniše se letom,
I tiha ponoć kad na zemlju pada
I rosu niže travicom i cv'jetom;

Kad slavuj pjeva i zvjezdice bl'jede
Po nebu siplju svoje zrake bajne,
Svemirom daljnim čudni glasi sl'jede
I letom blude posred noći tajne.

To nisu glasi, koji prate sreću,
Vesele družbe i drugova mili',
Njih sveti boli šalju i pokreću,
Sa njima ljubav treperi i cvili.

To pastir mladi po beskraju svetom
S uzdahom budi svoju tugu tajnu,
I dušu šalje daljinom i sv'jetom –
S trepetom kličuć' vlastelinku bajnu.

A tamo, gdje se s nebom ljubi gora
I orô kruži sa plavih visina,
Urvine stoje vlastelinskih dvora,
Kô n'jemi spomen minulih davnina;

Kroz pustoš njinu samo vjetri l'jeću,
Putnika tamo sovin pozdrav sreta,
Oko njih grane bršljana se spleću,
Ružica divlja i kupina cvjeta...

Mjesecu

Nema te... Još nojca nije te uplela
U kosice tavne,
Nije te izvela
Na poljane ravne,
Pod mirnom topolom
Da u bistri talas, što te žudno čeka,
Zlatan se zagledíš... Još se u mrak gubi
Vrh gluhi dubrava. Još magla daleka
Za liticom golom
Svrh jezerâ tihi' beskrajno te ljubi –
Milosniku svome putovati brani.
Ja znam: ona gori
Na poljupcu tvome, kô ognjevi rani
Jutarnjih nebesa. Al' je tuga mori
sa bliskog rastanka, pa kroz suze sjajne
Gleda te i dršće od tuge potajne...
Al' ti nemoj kasnit'! Još jedanput dragu
Zagrli i šljubi suzicu joj blagu
Sa mirisnih veđa – pa dođi, zaviri
U mirnu topolu! Tu pjesmica meka
Miluje se s granjem; tu notnji leptiri
Rosnu travku ljube; tu bosiljak miri –
Tu je draga moja, ona tebe čeka,
Njeno oko plavo put istoka bludi,
Nada ti se, strepi i za tobom žudi.

Dođi, ne dangubi!
Lijepa je ona: zlatni joj uvojci.
A mili pogledi kô zvjezdice dvije
U dubokoj nojci.
Njena mila ruka
Mene slatko grli a poljubac grije.
Oko toplog struka
Kô maglica tanka dršće veo b'jeli,

Šumi i lahori,
A lice joj cvjeta, žiću se veseli
U osmjehu nježnom,
Pa izgleda draga kô da ruža gori
U promenju snježnom.
Dođi, ne dangubi!
Noć je puna tajne,
Miluj dragu – ljubi
U kosice meke, njedra mirisava,
A ja ću u veđe, u dva neba plava –
U očice sjajne...

Mladencima

(Jeleni Skerlićevoj i Vladimiru Ćoroviću)

Amo slavuji! Mi čekamo na vas!
Pozdravite nam pjesmama mladence,
Uvijte danas u njihne vence
S molitvom krotkom svoj srebrni glas.

Kô tihu rosu, kô jutarnji sjaj
Nek nebo na njih svoj blagoslov lije,
I jednom vatrom oba srca zgrije,
Da budu oba jedan otkucaj.

Mila – kô vaše jecanje iz luga –
Neka im sreća bude trajna druga,
I s njima svuda neka vodi vas!

Amo, slavuji! Zdravite mladence!
Uvijte danas u njihove vence
S molitvom krotkom svoj srebrni glas.

Mladi mornar

Dosta bješe muke, strave,
Više moje mlade glave
　Plamtila je munja, grom;
Dizali se burni vali,
Lomili mi čamac mali
　Svojom srdžbom pomamnom.

Mislio sam u ponoru,
Valovitom pustom moru,
　Da ću naći grobak klet,
I bez suze, oproštaja,
Bez majčinog zagrljaja
　Ostaviti, mlađan, sv'jet.

Al', gle, sinu zračak sreće,
Sve se bliže luci kreće
　Zalutali čamac moj!
Smjelo burne vale striže
I evo ga, sretno stiže
　Ka obali premiloj.

Al' šta vidim...?! Otac, mati,
Seja, bratac umiljati
　Suzom lica oblili.
Ne bojte se! Evo stižem,
I kapicu uvis dižem,
　Zdravo da ste, zdravo svi!

Mladoj Kosovljanci

Nemam krila da preletim,
Da uza te bratac stane,
I poljupcem ljubne svetim
Tvoju tugu, tvoje rane.

Nemam krila; al' i šta će?
Kosovljanko, srpsko pleme,
Uzdisaji naše braće
Tebi mlada odnose me.

Ja te gledam: s tvoga lika
Čitam onaj danak kivni
Kad hiljade osvetnika
U krv pade za rod divni;

Kad se sveta kruna smrvi
S Lazareva časnog čela,
I nad morem srpske krvi
S neba pade suza vrela.

Taka suza eto blista
I u tvome oku sada,
Pa ta kaplja – rosa čista
Na kosovsko cv'jeće pada

A cv'jeće se iz sna diže,
U se prima suzu sjajnu,
Pa kroz slađan miris niže
Anđeosku pjesmu tajnu.

I u jednom ciglom času
Već te vidim lica sjetna,
Po kom mutne bole rasu
Naša patnja petstoljetna.

O, taj žubor pjesme vrle
Kô da čistu svetlost taji,
Kao da se s njime grle
Srpskih želja uzdisaji.

Iz te pjesme svjetlost grije
Što patniku klonut' brani,
Onog koji suze lije –
Nadanjem ga blagim hrani.

Razumi je, sejo mlada,
U njojzi ti nebo poje:
„Od nevolje i od jada
Digni bedem vjere svoje!"

O, pa utri tvoje suze,
Nek te rajska pjesma prati!
Što Kosovo nekad uze –
Kosovo će opet dati...!

Mladoj Srpkinji

Na ravnom čelu tvome još tavne bore nema,
Krilo ružičastih snova svježu ti dušu budi,
Al' vreme brzo leti, za danom dan se sprema,
I ti ćeš, pupoljče bajni,
Ružica bajna biti. Mnogi će i mnogi tada
Slaviti tvoje milje i ljupke nebeske draži,
Al' grešna i niska sablast, što trulim sv'jetom vlada,
Čistu nevinost truje i adske naslade traži.
O, ne daj, Srpkinjo l'jepa, da čiste tvoje grudi
Dotakne duša koja u niskoj požudi strepi...
Ne vjeruj sv'jetu nikad, jer ništavi su ljudi,
Pupoljče l'jepi.

Mladom prijatelju

Ne pohvali sebe
Nego mirno ćuti,
A istina prava
Nek ti budu puti.

Otmi se, da nisi
Sujeti u vlasti,
Nad taštinom ljudskom
Mladom dušom rasti.

Ne prospavaj dane
Tvojih ljeta mladi',
Jer je starost slavna
Kada mladost radi!

Gledaj, svako djelo
Da ti hvale vr'jedi,
Nek je suncu ravno,
Što te s neba gledi.

Pazi, da ti srce
Nikad slabo nije,
Nek za srpski narod,
Uv'jek srpski bije.

Mladost (I)

Na tankoj, vitkoj grani
Njihô se ružin cv'jet,
Zlaćani, majski dani
Širili nad njim let.

Biserje rose sjajne
Krasio ružin lik,
Njene listiće bajne,
Slavio ševin klik.

U njenom cvjetnom krugu
Treptao rajski nad,
Ne znajuć' bol i tugu
Slavila život mlad.

Ona je sjala tako
Kao heruvim čist,
A svakog dana lako
Za listom padô list,

Nečujno, ures njeni
Brisô je dana let
I vr'jeme što sve pl'jeni
Raščupalo je cv'jet.

Cv'jet je i naša mladost
Puna je draži sviju,
Nebu je diže radost
A zlatni snovi griju.

Srce je puno nada,
Vjere i vrućih želja,
U duši pokoj vlada,
A oko strašću str'jelja.

Al' dani brzo lete,
I mi ne znamo kako
Iščeznu želje svete
I nade minu lako.

Kô cv'jetu lišće bajno
Vr'jeme nam kida snove,
I naše misli tajno
Kô tavni oblak plove.

I mi stojimo bl'jedi
I oborene glave,
A duša nam se ledi
Na moru puste jave...

Mladost (II)

Na vrhu gore tek je zora bila
Kô dalek oganj svijetla i žarka;
U krupnoj rosi, u vrhu šumarka,
Svileni leptir kupao je krila.

Noseći blaga i plodove zrele,
Veselo ljeto javljalo se nama
Na uskoj stazi pod omorikama,
I šaptalo nam slast ljubavi vrele.

Mi smo mu slali pozdrav duše svoje,
Idući žudno u plamenoj struji
Daleko tamo gdje vodopad huji,
Gdje crna stabla nad ponorom stoje.

Preplašen jelen, kô vjetar u letu,
Bježô je gorom kroz jutarnju tamu,
A bezbroj duša u slobodnom hramu
Pjevahu himnu nevinu i svetu.

U našem srcu gorele su slasti
I silni zanos mladosti i sreće,
I jedno more sve veće i veće
Pljuskaše duše valovima strasti.

I dok je pauk tanku mrežu pleo,
Širio svilu od grane do grane,
Ja rasuh tvoje sićane đerdane,
Pa ljubljah grlo i tvoj obraz vreo.

Dišući silno, goreli smo tamo
Kô dva grijeha, kao vatre dvije;
Nijedno od nas više znalo nije
Za dan i javu... Mi ljubljasmo samo...

Dok hladna voda padaše s visine
I modre jele šaputahu ti'o,
I jutro, žarko kô tvoj obraz mio,
Stajaše tamo na vrhu planine.

I sada, kad sam u sumornu javu
Utonô, hladan kao kamen groba,
Ja na te mislim i na zlatno doba,
Na miris jela i na gustu travu...

U svojoj duši ja te gledam jasno
Kô onog jutra kad sam ti se kleo,
Sanjam i grizem tvoj podvoljak vreo
I ćutim tijela drhtanje ti strasno.

Moj otac

Još kô da ga gledam. Pod oružjem stao,
Uz jatagan trepte ledenice dvije.
Spremni konjić frkće, nogom kopa, bije,
Kao da bi na put gospodara zvao...

Zora je. Mi deca kraj majčina skuta
U dvorištu stali, srce nam se trese –
Otac, evo, svima iz jasprene kese
Po marijaš vadi za sretnoga puta...

Mi mu ruku celuj, a on, kao jela
Visok, izgrli nas, pa konjica bela
Zakroči. I dokle rano sviće doba,

Mi ga ispraćamo, i mahalom starom
Pred njim sluga Jovan krače s džeferdarom,
I meni se čini još ih gledam oba...

Moj život

Moj život nije protekô zaludu!
Sudba je moja kô sudba ratara:
Plodove svoje tekô sam u trudu,
I moje čelo mnogo trnje para.

Kao rijeka kroz otpornu spilu,
Svojom sam snagom svoje našô pute,
I gordo gledô svih prepona silu
Vjerujući, Bože, u Ljubav i u Te.

Je li bijedom moj drug shrvan bio,
S njime sam i ja svoje suze lio –
Čiste, svijetle kô svjetlost oltara.

Moj život nije protekô zaludu!
Plodove svoje tekô sam u trudu,
I moje čelo mnogo trnje para.

Moja je budućnost...

Moja je budućnost sumorna i tavna,
Na istoku mome neće zora sinut' –
Kao mutni oblak preko pustog groblja
Svi će moji danci iznad mene minut'...

U proljeće mlado, kad se ljiljan rađa,
U mome će vrtu uveoci bivat',
Sa širokih polja i azura plavog
Niti će me sreća nit' radost dozivat'.

Moja je budućnost sirotica huda,
Ona meni neće pogladiti čelo –
Njene usne drhću od sumorne zime,
U kosici njenoj strepi cv'jeće svelo.

Al' ja stiskam oči od prizraka njenog,
Pa se tebi vraćam, oj prošlosti draga,
U naručja tvoja ja se željno sklanjam,
Pa nit' sreće tražim, niti više blaga.

Na samotnom grobu, gdje mi mirno snivaš,
Ja se grijem žarom i tu berem cv'jeće;
Tu, i mutna jesen kad s maglama brodi,
Ružičasto ljeto nada mnom se kreće.

I u burnom času veselja i šale,
Kad se s družbom nađem i pehara laćam,
Kao smoren putnik u zavičaj mili,
Tebi, tvome grobu, ja se žudno vraćam.

Pa nit' boga kunem, nit' budućnost molim
Da mi dade sreće, pokoja i blaga;
Tä sve što mi nebo i sudbina krati
Ti mi nježno pružaš, oj prošlosti draga...

Moja komšinica

Ima neko doba sve me čežnja mori,
Sve mi nešto srce uzdiše i gori;
Pa ti nemam, brate, ni mira ni stanka,
Nego duge noći ja bdijem bez sanka
I stišavam srce i njime se mučim,
Pa do zore tako pameti ga učim;
Ali ludo srce ne čuje šta zborim,
Nego me sve pati udarima gorim,
I dršće i strepi, kao list sa pruta,
I zove me tamo odmah preko puta,
Pod širokim dudom od stoljetnih dana
Gdje kućica stoji krečom okrečana,
Pa kô da su vjetri snijeg nanijeli –
Spram jarkoga sunca ona se bijeli,
A noću, kad sv'jetla mjesečina grane,
Pod širokim dudom sva treptati stane...
Tu je, tu je ono što mi srce mami,
S čega noću bdijem do u osvit sami –
Tu je ono blago, ljepota Mostara,
Tu je kita smilja, tu je zlato Mara...!
Kunem vam se, ljudi, svijem na svijetu,
Što je bistre rose na gorskom cvijetu
Niko ne bi mogô naći kapcu jednu
Tako milu, sjajnu, i čistu i čednu!
Kunem vam se, otkad jarko sunce grije,
Zapamtio niko 'nake oči nije;
Lijepe i mudre, svijetle i crne,
Pune žive vatre gdje mi duša srne!
I kunem se, što je đula i behara,
Sve bi svojim licem zastidila Mara –
Pa još kosa meka, ona kosa vrana
Bi mehlemom bila i najljućih rana...!
Od jutra do mraka s prozora je gledim,
Pa uzdišem tako, čeznem i blijedim,

A majčino blago posluje i radi,
U široku sofu žuti šeboj sadi,
Do šeboja đurđic i karanfil mio,
Uz crven karanfil fesliđen se svio,
Pa kad vjetar duhne kroz murvine grane,
Marinim cvijećem mirišu sve strane.
Sad je vidim, eno po tananu platnu
Na đerđefu lakom veze granu zlatnu
I uz sitni vezak, na doksatu, slaže
Onu milu pjesmu što je srce kaže:
„O, sunašce jarko, svom smiraju pođi!
O moj dragi, ti mi pod pendžere dođi!"
Pa put neba često mili pogled pusti,
Kô da jedva čeka da se veče spusti...
Pa još, bolan druže, kad nedjelja svane,
Na avlijska vrata kada Mara stane,
Bih, tako mi boga, adžamija postô,
U mehani pio i bez groša ostô!
Jer, da samo vidiš, u lijepe Mare,
Kakve li su, puste, dimije od hare!
Kakva li je na njoj talasija tkana,
Što joj njedra krije sa dva đula rana...!
Kakav li je onaj nad povijom vranom
Crven fesić pusti sa biserli-granom!
Pa da čuješ jošte zveket zlatnih grivnâ
Kad naranču žutu baci cura divna,
I da vidiš osmjeh i slatka joj usta,
Bi i tebe s majkom rastavila pusta!
Pa još one oči što svu milost nude! –
Blago onom čija vjerenica bude!

Moja ljubav (I)

Ovdje sam ljubav sahranio svoju –
U ovo more plavo i prozirno,
Gdje školjke leže. Ona sada mirno
Počiva na dnu... U tihu pokoju

Granama svojim ljube je i grle
Korali rudi... Njezin se grob svagda
Preliva sjajem čistoga smaragda,
I šumi glasom čežnje neumrle.

Gle zraci jutra kako njojzi rone!
I svaki dršće, prodire i tone,
I rasipa se kô rubin, kô duga...

Dok ovdje gori, više njena groba,
Trepti i kruži bono, svako doba,
Sâm jedan crni leptir – moja tuga.

Moja ljubav (II)

Sad je ljubav moja jedna vila tmurna,
Osamljena, pusta, paučljiva, bona...
Više ruže žute ne mašu s balkona,
Ni kaktusi rujni iz mramornih urna.

U strehi se krova gnezde miši slepi;
U prozora svijeh, rasklimana, gnjila,
Kô u mrtve tice, vise oba krila,
A po njima pauk svoje mreže lepi.

Gde šedrvan mutni spram kapije prska
Niz pragove krnje ribnjaku se siđe,
No labuda nema... Povrh vode riđe
Leže mrtvi venci lotosa i trska.

Samo noći koje, kad ogrnu ti'o
Struke mesečine bašte vile stare,
Sve dvorane sinu, tremovi se žare,
I sa harfa svuda zvuk se diže mio.

Svih prozora snova uzdignu se krila,
Kao da bi negde poleteti htela;
I puna korala poteku sva vrela
Radosti i pesme, gde su groblja bila.

Nove svetle kaplje rasipa fontana –
Iz drobnih dragulja lepa plane boja;
I pri mesečini vedra slika tvoja,
U svodu od ruža javi se altana...

Lotosi zašušte po ribnjaku celom,
Kô sedef sva voda zablista iz rama
Jasika i breza, a ti ozgo, sama,
Na labuda svoga mašeš ružom belom...

On uskrsne... Krila, kô dva bela jedra,
Podiže i kruži nadomak fontane –
U te gleda... Zlatno, iz brezine grane,
Mesečevo koplje pogađa mu nedra.

No sve mine... Snova ćuti vila tmurna,
Ostavljena, sama, paučljiva, bona...
Više ruže žute ne mašu s balkona,
Ni kaktusi rujni iz mramornih urna.

Moja molitva (I)

Pošlji, gospode,
Utjehe u mraku,
U ovoj noći
Što se život zove
Daruj mi duhu
Sv'jetlu volju jaku,
Da uv'jek stupam
Na podvige nove.

Slaveći tebe,
Da istinu zborim
Drugu i bratu,
Silniku i robu;
Za pravdu da se
Uz pravedne borim
I s njima šibam
Poroke i zlobu.

Ohrabri srce
Da, u času svakom,
Vjeruje, ljubi
I oprašta zlijem,
Kô tvoje sunce
Neskvrnjenom zrakom –
Da njime svuda
Smrzle duše grijem.

Pošlji, gospode,
Utjehe u mraku,
U ovoj noći
Što se život zove
Daruj mi duhu
Svijetlu volju jaku,
Da uv'jek stupam
Na podvige nove!

Moja molitva (II)

Budite sveti...! Hristovu raspeću
Stupajte smjerno na licu s maskom!
Slavite oca s bezbožnom laskom,
Ali ja s vama moliti se neću!
Molitva moja prazan govor nije,
Ni lažna krotost što pred krstom kleči;
Molitva moja nije broj riječi,
No osveštani oganj što me grije.

Kad u dnu polja jutro me zateče,
Pa čujem toplo pojanje sa grana,
I gledam kako, preko rodnih strana,
Rijeka pokraj zlatnih žita teče;
Il' kada tiho po brdima plavim
Večeri mile blaga crven plane,
Ja u te čase, znam, Gospoda slavim!

Primiš li u dom onoga što grca
U sinjem jadu pod studenim nebom,
I utješim ga sa solju i hljebom,
I ogrijem mu rane vatrom srca;
U svetom čuvstvu kada silno gorim,
Pa ruke širim da zagrlim svijet,
Sve ljude, zemlju, svaki grm i cvijet,
U ove čase, ja znam, s Bogom zborim...

Budite sveti...! Hristovu raspeću
Stupajte smjerno na licu s maskom!
Slavite oca s bezbožnom laskom,
Ali ja s vama moliti se neću!
Molitva moja prazan govor nije,
Ni lažna krotost što pred krstom kleči;
Molitva moja nije broj riječi,
No osvešteni oganj što me grije.

Moja noći...

Moja noći, kada ćeš mi proći?
– Nikad!
Moja zoro, kada ćeš mi doći?
– Nikad!
Moja srećo, kad ćeš mi se javit'?
– Nikad!
Moje nebo, kad ćeš mi zaplavit'?
– Nikad!
Moja draga, kad će naši svati?
– Nikad!
Moja suzo, kada ćeš mi stati?
– Nikad!

Moja otadžbina

Ne plačem samo s bolom svoga srca
Rad zemlje ove uboge i gole;
Mene sve rane moga roda bole,
I moja duša s njim pati i grca...

Ovdje, u bolu srca istrzana,
Ja nosim kletve svih patnji i muka,
I krv što kapa sa dušmanskih ruka
To je krv moja iz mojijeh rana...

U meni cvile duše miliona –
Moj svaki uzdah, svaka suza bona,
Njihovim bolom vapije i ište...

I svuda gdje je srpska duša koja,
Tamo je meni otadžbina moja,
Moj dom i moje rođeno ognjište...

Moja pjesma

Ne, bor zdravi nije pao –
Ja i sada krepko stojim!
Bog mi je jako srce dao,
Da u času strašnih dana,
Usred borbe i mejdana,
Ne poniknem čelom svojim.

Ne plaše me gromi oni,
Ni vihori što mi lete;
Moja harfa i sad zvoni,
Svaka struna snage puna,
Sve zvuk bliže nebu stiže
Štićen voljom sudbe svete.

Pa nek huje puste noći
Pustim vjetrom divlje sile!
S bogom svojim u samoći,
Pri svjetlosti zvjezda novi',
Proslavljaću život ovi
Tihim glasom harfe mile!

Ne, bor zdravi nije pao –
Ja i sada krepko stojim!
Bog mi je jako srce dao,
I kad oluj kobi crne
S oblacima na me srne,
On me grije suncem svojim...

Ja sam potok što iz gore
Kroz vihore svoj šum šalje!
I što više gromi ore,
Što se više dažde sliva,
On sve viši, jači biva
i svom cilju leti dalje!

Moja soba

Jedan krevet, astal, knjige u ormaru,
U kutu bačene novine bez broja,
I lik majke moje visi o duvaru
Uz ikonu – eto, to je soba moja.

Malena. No meni velika je bašta,
Gdje nad potocima tihim trepte jošte
Leptirice sjajne mojih snova, mašta,
Radosti i sreće, mira i milošte.

Ovdje mi je kao da sam gdje u strani
Visoko, pod svodom duga uzdrhtani'
U kojima rano proljeće se kupa...

Ovo je krletka topla duše moje
Kroz njen mali prozor ona leti, poje,
I sjaj zlatni pije iz nebeskih kupa.

Moja staza

Gle, ja opet stojim na toj stazi dragoj
Sa koje sam nekad, razdragan i čio,
Pozdravljao nebo u večeri blagoj,
Što je na me sjala kô njen prizrak mio!

I ja snova čujem one slatke zvuke
Što ih žarka sreća u samoći budi;
Ah, ja opet vidim one b'jele ruke,
Kako mene grle na prebujne grudi!

Ja osjećam plamen kako slatko gori
Kada njeni poljub moje usne krene;
Ona moje ime šapuće i zbori,
A ja žudno gledam u očice njene...!

Oj, varljivi snovi...! Moja stazo pusta,
Ja po tebi više neću cv'jeće brati,
Nit' ću ikad više ljubit' usta slatka,
Nit' ću svoje blago svojim blagom zvati.

Moje Srpstvo

Što je nebu sunce sjajno, što krepošću višnjeg blista;
Što je polju cv'jeće bajno, a cvijeću rosa čista;

Što j' sokolu krš i st'jena gdje šestari, gdje se vije.
Više koga razjarena često ljuta munja bije;

Što je orlu smjelog leta ta visina neba sveta,
S koje gordo, u prašini, on prezire crva kleta;

— — — — — — — — — — — — — — — — — —

Što je gori izvor-vrelo, lipe cvjetne, jele vite,
I u travi mirisave ljubičice one skrite;

Što j' lahoru miris ruža tihim letom što ga nosi,
Pa ga milo svakom daje, njim se diči i ponosi;

Što je pjesma slavlju milom, što je tici lako krilo,
Što je oku vid i svjetlost: to je meni *Srpstvo* milo!

Kao oganj, vatra živa u mom srcu ono gori!
S njime moja duša sniva, o novome danku, zori...

Svi oblaci da s' razviju – srdžbe strašne ponajveće,
Pa na njega da se sliju, ugasit' ga srcu neće!

Da s' njega gorda sila digne, demon... onaj ljuti,
Iskru svetu *Srpstva* mila ne može mi otrgnuti.

Njemu služim, vjerno, pravo, svetinja mi mila to je!
Zdravo da si, *Srpstvo slavno*, ponajveće blago moje!

Moje tice, zbogom!

Slavuji laki, kada magla ode,
Proljeće zlatno zatrepti u lugu,
Leptiri prvi kad se skoro rode,
U mome vrtu zapjevajte tugu!

Ja nemam više plavih jorgovana
Ni ruža da vas na sastanak zovnu...
Svijetli praznik vaskrsnijeh dana
Meni doć' neće kroz maglu olovnu.

Kako je negda sladak život bio!
Ja sam ga žedan punom čašom pio,
A sad mi teče s gorčinom mnogom.

Kô ranjen galeb tako padam i ja,
I val me valu daje i razbija...
Ja tonem, evo... Moje tice, zbogom!

Moja tico mala...

Moja tico mala, šta te meni goni?
Što ti mila pjesma tihim bolom zvoni?
   Zar je i tvoj nad
Rasulo vrijeme i duboke magle
   I jesenji hlad?
Zar i u tvom srcu topli žar je sveo,
A s čednom se tugom ljuti očaj spleo?

Oj siroče malo, ne tuži mi tako!
Kroz duboke magle vini mi se lako
   I uzdigni let!
Tvoj bol, tvoja tuga preminuće ti'o
   Kad se rodi cv'jet.
Ali moju radost niko vratit' neće –
Ni proljeće mlado, ni pjesma, ni cv'jeće...

Moja zvijezda

U zvjezdana jata mila
Ja se dižem sjetan, bl'jed,
Ne bi l' koja zraka bila,
Da rastopi srcu led...

S jedne zv'jezde drugoj krećem,
Al' u srcu bol i mrak,
Jer međ' zv'jezdam' – zlatnim cv'jećem,
Ne nalazim žuđen zrak;

Ne nalazim zv'jezde one
– Uzalud je traži gled –
Moja zv'jezda u noć tone,
A u srcu bol i led...

Moji očevi

Moji su očevi iz onijeh strana
Gdje motika zvoni i gdje krasna bije;
Gdje znoj s čela kaplje i gdje ralo rije,
I tvrde se grude drobe ispod brana...

Moji su očevi iz koliba grubi',
Gdje se gusle čuju, pripovjesti, bajke,
Gdjeno djecu uče proste, dobre majke
Kam rođeni kako brani se i ljubi...

Moji su očevi sa timora tije'
Gdje gnijezdo svoje krstaš orô vije,
I sa vihorima bije se i tuče...

Moji su očevi buntovnici sveti,
Sa dušom oluja što hrli i leti,
I krlima zlatne raspaljuju luče...

Moji putevi

Nikada se nisam puzajući peo
Uz pragove gorde, štono vode skutu
Visokih i moćnih; niti sam na putu
Svome igda čelom prah po tlima meo.

Moja duša nije u taštini grezla,
Nit' je bilo grubog crva da je načne.
Ja sam išô visu gdeno beskonačne
Podižu lepote svoja carska žezla.

Svojim čelom samo pred njihove skute
Padô sam, i cvećem osipô im pute,
I klečô gde njihov svetli oltar stoji.

One su mi dale svoga srca deo,
I zagrljaj njihov i poljubac vreo
Veliki i sjajni ordeni su moji.

Mojoj seji

(Persi)

Mila moja sejo draga,
Zrače što istinom blista,
O, kako će da ti bratac
Kaže ljubav srca čista?

Ljubav bratsku, ljubav čednu,
Koja samim nebom diše,
Ljubav koju niti dani
Niti samrt krilom briše.

Ti si tako dobra, blaga,
Kao rosa nježnom cv'jetu,
Kô molitva što je anđô
Zbori u svom raju svetu.

Sve dobrote, sve čistote
Koje daljno nebo krune
Tvoju milu čednu dušu,
Tvoje blago srce pune.

Ti si kao sunce sjajno,
Koje uv'jek sreću d'jeli,
Ti si tvome dobrom braci
Uzor-seja, ponos c'jeli!

Blago rodu, blago majci
Koja take šćeri ima,
Što su slične srcem, dušom
Nebu, raju, anđelima.

Pa čuj, sejo – primi ovu
Pjesmu što ti bratac piše,
Primi kao ljubav bratsku,
Ljubav koja nebom diše.

Molitva

Ti si mirna, sjetno ćutiš,
Kao ruža uspavana,
A pogled si upravila
Put nebeskih blagih strana.

Ti se moliš, a nebo se
Tako ljupko na te smije,
Jer čistija nigda molba
Do raja mu stigla nije.

Oj, moli se! Taku molbu
Rado nebo sebi prima,
Tvoja molba biće svjetlost
Usred raja anđelima.

Molitva...

Veliki Bože Istine i Pravde,
Koji me diže iz gnusnoga kala,
U krvi oganj, u ruci mač dade,
I reče: „Prkosi vihorima zala!"

Bože, koji si u prostor beskrajni
Dao mi svijet, koji ne zna niko,
U dušu moju unio luč sjajni
I na bolove me i stradanja svikô...

Daj mi u srcu kap tvoje milosti
I stišaj buru podivljale ćudi:
Da mogu praštat' gonjenja i zlosti,
I cio svijet prigrlit na grudi...

Molitva male Zorice

Kud god okom glednem
Tebe vidim, Bože!
Pa u srcu s' mome
Tebi hvale množe.

Zemlju, more, zvijezde
Ti nama podari,
I potrebne sv'jetu
Svakojake stvari.

Ti nam dade zoru,
Tici milnog glasa,
Pa i mene stvori
Da tog gledam krasa.

Primi moju hvalu,
Kao male tice,
Primi hvalu, Bože,
Tvoje Srpkinjice!

Moliš se...

Moliš se...
Skrušenim, krotkim glasom prizivlješ ljubav Oca,
Njegovoj vječnoj slavi visoko dižeš lavre
I njegovijem likom ukrasio si oltar;
Pred njime klečiš, padaš i u prah čelom roniš –
Moliš se, hvališ, vjeruješ...
No da l' si dušom svojom pojmio Slovo blago?
Jesi li krvlju svetom oprô grijehe duge?
Je li te vjera tvoja vječnoj Dobroti digla?
I da l' si srcem viđô istinu Otkrovenja?
Jesi li bratu svome donio mehlem rana
I pružio mu srce u času stradanja teških?
Da li si zemlju ovu osveštô mirom svetim,
Prelio potoke krvi suzama pokajanja
I grohot krvave borbe dokončô s prezrenjem?
Jesi li čuo jauk mnogih plemena zemnih,
Sudbom poniženih, čije se kukavne nade
Mrznu i ginu vječno pod jarmom surovosti?
Jesi li bio sjeme opštih plodova dobra?
Stradanjem, smrću svojom, dajući život drugim,
Jesi li čuo Boga...?
Penješ se: umom hvataš vječnost i atom svaki;
Pokorio si sebi silu nadzemnih vlasti –
Obuzdao si snagom volju gromova sinjih;
Prebrodio si čamcem pučinu okeana,
U ponorima morskim našô si blago sebi,
I svu si kuglu ovu željeznim lancem svezô.
No možeš li se hvalit' višom vlašću kojom,
Vrlošću misli one rađ' koje bogočovjek
Iskapi čašu do dna s praštanjem i s blagoslovom?
Jesi li dušom svojom prezreo prošlost gnusnu?
I je li s tobom Gospod, ljubiš li Oca Vječnog...?
Ne, ti si dželat stari. Ti nisi srcem viđô
Istinu otkrovenja, ti nisi čuo Boga,

Porugano je tobom njegovo Slovo sveto –
Kajine, s tvojih ruka još kaplje krv bratovlja...
Pokaj se! Jadni crve, što v'jekovima grizeš
Misao Spasitelja i samog sebe, pokaj se!
Lukava vjera tvoja nije te k nebu digla –
Osjećô nisi mraka i nisi viđô svjetlost,
Okovan zlom i paklom u ponoru si ostô
Nemoćan, slab i ništavan...
O, puzi, gmiži tako, i čekaj u prahu gnusnom –
Dok sveto Otkrovenje ne podari ti krila
Da se uzneseš nebu i budeš božji sin...

Momčilo

Durmitor sinu. Noć zasja, bih rekô,
Kô da se rasu svud grimiz i srma,
I kô da požar i praskanje neko
Izbija svuda iz krša i grma.

Ono se hitri Jabučilo vinu
Pod gospodarom Momčilom, i s krila
Ognjeve pusti. I stoga noć sinu
I porumeni njena crna svila.

Gle kako leti, kao neba znamen,
Kô bura kad se s hrastovima bori!
Gusta mu griva, kao zlatan plamen,
Svrh oštrih greda leprša i gori.

On u noć tone sve dublje i dublje,
A para mu se iz nozdrva žari
Kao pri sjaju razbuktale zublje
Studeni bakar sa kaciga stari'.

Momčilo kliče, i rodnoga kraja
Odjeke prima... Sjajan! S toka svije'
Varnice siplju, i kô do dva zmaja
Sa balčaka mu gore oči dvije.

I sve se blista. Noć trepti, bih rekô,
Kô da se grimiz rasipa i srma.
I kô da požar i praskanje neko
Izbija svuda iz krša i grma.

Mome anđelu

Kô ljupki cv'jetak nježni, čednu, bajnu i milu
Iz jata zvjezdica sjajnih snio te anđô svet,
I tvome oku dao božanstvo, moć i silu,
Što s dveri duše moje pjesmici širi let.

U divljoj borbi sv'jeta, tvoja me ljubav diže
I vrelom snage bujne talasa moju grud;
Otkako tebe poznah nebu sam, Bogu bliže,
Molim se i uznosim njegov pravedni sud.

Moja se vjera budi, sreća mi snove zlati
Kad gledam sv'jetlu zoru čarobnog lica tvog;
I u snu i na javi moja te duša prati
I tebi v'jence plete moje ljubavi Bog...!

Mome bratu u daljini

Jeftanu, koji je otišao u Novi Sad, u gimnaziju

Iz kršnijeh ovih st'jena,
Gdje 'no krvca premilena
Srpskog roda vri –
Gdje 'no srpska vila živi,
Gdje se leže soko sivi –
Kojemu se svijet divi
Kad poklikne, poleti;

Otišô si, brate mili,
Sa drugovi tvoji čili
Na daleki kraj –
Otišô si Fruškoj gori
– Al' je divno, Bože, stvori!
Tu se srpska pjesma hori,
Tu je zemni raj!

Otišô si brate mio,
Tu si knjigu prigrlio
Da iskustva stečeš zrak,
Da t' nauka snage dade,
Jer ona je sve nam sade,
Bez nje moći ne imade,
Ona goni mrak.

Pa de uči, brate mili,
Sa drugovi tvoji čili –
Trud polaži knjizi toj!
Kad „naučiš", tvoji dani
Biće srećom obasjani;
Kad naučiš, onda počni
Radit', živit' za rod svoj!

Mome milom drugu

Dušanu N. Babiću

Al' smo sretni! Našeg žića dane
Samo radost i veselje prati;
Ali i to, i to treba znati:
Da sve mine, sve prođe, propane.

I tako će skoro dan da svane,
Rastanka nam zakucaće sati,
Između nas nijemo će stati
Gore, brda i ravne poljane.

Ali srca rastat' nam se neće,
Toplim će se žarom zagrljati;
Kao majsko mirisavo cv'jeće.

Neprekidna ljubav će im cvati;
Pa i raka, kad nas skrije veće,
Ljubavi nam mirisaće cv'jeće.

More

Gospođi Ivanki A. Despić

Ovde, ispod greda, što vekovno čelo
Podižu i motre more i brodare,
S maslinovim drvljem pribilo se selo.
Ćuti. Vetar ljulja po žalu ševare.

Izronio mesec iza krša gore.
Užba. S dva-tri žuta jedra zaton spava.
U pozlatu meku obuklo se more,
Pa se do dna vidi sva širina plava.

More, ja ću sada preneti na platno
Jednu sliku s tvoga dna, s kolevke tvoje –
Pričali su meni da u tebi zlatno
Neko mesto ima a gde nimfe stoje.

Starče, vozi! Neka niz to more sjajno
Tvoja vesla grabe kô dva tvoja krila.
Tako! Ja ću dole gledati da tajno
Mesto nađem gde bi koja nimfa bila.

Stani! Evo jedne! Na grivama trave,
Gde s kreljušti riba rudo zlato seva,
Sama, zabačenih ruku više glave,
S lotosom u kosi, gledaj kako sneva!

Ne mičite se. Veo do bedara smakla.
Kao potonula statua, sva bela.
U njene đerdane, kroz vodena stakla,
Probila se lako mesečeva strela.

Ne vidiš li, starče, burme i opale
Po odru gde ona nauznačke spava,

I kako je svrh nje pala u korale
Pa dršće i gori jedna zvezda plava?

O, bleska! O, duga! Rekao bih: same
Ono trepte krune, žezla, adiđari,
Prstenje i grivne, pa zovu i mame,
S njima da brodove prepune brodari...

Muzo, uzmi kisto i počni. Nek tvoja
U zanosu mašta plane kô porfira,
Pa u slici nimfe nek zaigra boja
Sedefa, cirkona, zlata i safira...

Mornaru

Hajde, hajde, brodi smjelo,
Razapinji jedro b'jelo
　Uz veseli pjesme glas!
Nek se laka šajka vine
Preko mora u daljine,
　Nek udari u talas!

Hajde, hajde, preko mora,
Ne malakši od umora,
　Traži luku cilja svog!
Nek poteče znoj ti s čela,
Nek zaplamti krvca vrela
　U grudima srca tvog!

Kad se smrkne, kad navali
Bjesni vjetar, gordi vali
　U pomami paklenoj,
Čvrsto stani, soko budi!
Ne salamaj stravom grudi
　Na pučini nesitoj!

Sve teškoće, nepogode,
Svaku muku i nezgode,
　Što će stati na put tvoj,
Trpi smjelo, trpi brate;
Vjera, nada nek te prate,
　Kao stanac kamen stoj!

Pa ćeš tako preko mora,
Preko mora i ponora
　Stići luci, cilju svom,
Odmarat' se od umora,
Gledat' kako ljepše zora
　Rudi, sviće žiću tvom.

Hajde, hajde brodi smjelo,
Razapinji jedro b'jelo
 Uz veseli pjesme glas!
Nek se laka šajka vine
Preko mora u daljine,
 Nek udari u talas!

Moru

Ala si divno, oj sinje more!
　Pučini često šaljem ti gled:
U tebi tajne pjesme se hore,
　A srcu mome svaka med.

Još kada mila po tebi zora
　Razvije tihi vjetrića pir,
I spusti na te sa čarnih gora
　Svjež, mio, bujan taj cvjetni mir.

Ti mnogo sličiš srdašcu mome:
　Sad mirno spavaš, a sad si lav!
Ne trpiš bure koje te lome,
　Na njih se vineš razjaren sav.

Mnoga te lađa teretom tišti,
　A ti je trpiš, jer trpit' znaš,
Al' kad ti srce srdžbom propišti,
　Jednim je mahom ponoru daš.

Probudiš tvoje gromovne vale,
　A svijet se čudi sili ti toj,
Velike lađe i s njima male
　U stravi dršću gledeć' ti boj.

Pa zdravo da si, oj sinje more!
　Rado ti gledam pučine lik
U tebi tajne pjesme se hore,
　Samo im mladost dočuje klik!

Mrak

Mrak...
Bogovi, gdje ste...? Zar nijedne zublje...?
Posvijetlite nam na putima ovim!
Sputani smo, evo, verigama novim
I naše su rane sve dublje i dublje...
Nama blaga dažda ne pada sa svoda,
Sva su naša polja poplavljena muljem...
Kamo jake ruke, sa čeličnim žuljem,
Da posiju sjeme budućega ploda?

Mrak...
Bogovi, gdje ste...? Postavite bodlje
Na svijetla čela, pa krenite s krstom,
I put časti muške potražite prstom
Naraštaju ovom što još diše odlje...!
Vaskrsnite! – Naše noći sve su dublje...
Oplodite zemlju plodovima novim!
Mi padamo, evo, pod teretom ovim –
Dignite nas, dajte svjetlost vaše zublje!

Mrak...

Mraz

Vrhove brda sjaj jutarnji žari,
Srebrna magla diže se sa grma;
Visoko šume jablanovi stari
I potok teče kao čista srma.

Sve se veseli. Samo neko plače
Duboko negdje, u mrazu, u grobu,
Uzdiše, jeca, sve jače i jače –
Zove me da mu olakšam tegobu.

O srce moje, ti me nemoj zvati,
Utjehe tebi ja ne mogu dati...
Sudba je tvoja kao sudba noći

Što vječno luta da dostigne sunce:
Prelazi mora, pustare, vrhunce,
No suncu nigda, nigda neće doći.

Muzi

Gore nam plaču... Jauci su česti...
Ustaj i crnu oždu obuci;
Svijetli putir ponesi u ruci
I krepkom vjerom moj narod pričesti!

Molitvom toplom gnjev Beba ukroti,
I traži milost napaćenoj grudi;
S mučenim robljem mučenica budi
I s njime stupaj krstu i Golgoti!

U polja naša Iskariot uđe,
I njive naše postadoše tuđe,
I na nas pade guba i rugoba...

Ustaj i pođi! Jauci su česti...
Pred teškim časom moj narod pričesti,
Krvav kô sunce nek sine iz groba!

Na brijegu

Na visu br'jega stojim i gledam u daljne strane;
Plavo se nebo krije pod tavnim oblaka velom,
Ne može sunce sveto da prodre i da nam grane
I zrakom obasja vrelom...

Pomamni vjetar šiba, paklenom žudnjom kletom
Povija c'jelu goru i strepi grana svaka...
I soko ne može sivi da s' vine gori vrletom –
Brani mu bura jaka...

Al' gle, šta se to tamo kroz oblak tavni sija?!
Gle svjetlosti mila, divna, sv'jetli nam šalje zrak!
U njoj se sivi soko počeo da lagano vija,
Da goni sa nje mrak!

Oj, dođi... dođi... Zablistaj i nama, svjetlosti mila!
Kroz tavni oblaka veo prožiži moćni sjaj...
Željni smo tebe... željni... Oj širi sveta krila
I sleti u naš kraj...

Na čelu ti sunce blista...

Na čelu ti sunce blista, vijenci ti glavu krase,
Po stazama puta tvoga miris-cv'jeće povija se;
Pod okriljem tvoje moći pobjedom se borci diče,
Iz krvi im vrele, žarke slavsko cv'jeće domu niče;
Da se rodi, sunce grane,
Tirjan klone – u ad pane.

Gdje ti bivaš, neba šćeri, tu proljeće ne prestaje,
Gdje ti zračak zublje dopre tu vječiti danak sjaje,
Gdje je muke, gorka vaja, gdje je suze, ljuta plača,
Sve uguši moć ti smjela – od svijeh si zala jača!
Haj, ti robu lance skidaš,
Slobodom mu rane vidaš!

Teško onom, propao je, ko se na te blatom baca:
Taj ne steče slavu dragu izgubljenu praotaca,
Niti diže hrame moći, niti steče ljepših dana;
Njegova je zlatna sreća posred groba zakopana;
Njegove su slabe moći
Da izbjegne jada noći...

Oh, pa hodi, neba šćeri, ozari nas lučom svetom
Po gorama srpskih mjesta de poleti munje letom,
Pod zastavu tvoju sv'jetlu nek do brata bratac stane'
Jedna čežnja, želja jedna nek u srcu braće plane!
Oj, ljubavi, hodi, hodi!
Izbavi nas, oslobodi!

Na dan prenosa kostiju Gavrila Principa i njegovih drugova

Bosno, nemoj danas oblačiti na se
Žalosno odelo, no, krepka i vedra,
Primi kosti svoje lepe dece carske
I sahrani toplo u majčina nedra.

Njima humka to je tvoja dijadema
Veličanstva, slave, ponosa i časti!
Iz te drage humke svakoga će dana
Jedno novo stablo naše snage rasti.

Ako bi nam kada veru očaj skrhô
Na ovome grobu veri biće leka,
I svetla i čista, s nebom u dubini,
Poteći će snŏva kô planinska reka.

I dođe li koji stranac da te pita
šta najlepše imaš, ti, gorda i vedra,
Pokaži mu svetu humku mučenika,
Kô besceno blago materinskog nedra.

Bosno, nemoj danas oblačiti na se
Žalosno odelo. Tvoja deca nisu
Umrla, no nebu odletela letom,
I na zorinom se naselila visu...

Na dnu vala

Ćuk samotni ćuče sa stene u grmu;
Zaton spava sa dve-tri lađe i jedra.
Obuklo se more u sedef i srmu,
Pa se do dna vide sva kraljevska njedra.

Gle bleska! Gle sjaja! U grivama trave
Trepte žarke boje sa peraja riba;
Sama, zabačenih ruka više glave,
Sa makom u kosi, leži pa se giba

Morska vila. Veo do bedara smakla,
Kao potonula statua sva bela;
Na njene đerdane, kroz vodena stakla
Pala pa se lomi mesečeva strela.

Isto kô da neke kujundžije vrsne
U dubini kuju krune kakvih nema,
Pa na svaki udar sa nakovnja prsne
Po jedan šedrvan sjajnih dijadema.

Raj...! I dokle svici po grmlju merdžana
Lete sa kreljušti riba: tiho, svrh ti'
Zapaljenih špilja kô perje fazana,
Jedna plava zvezda na algama drhti.

Na Dunavu

Lako se lađa kreće. Pramene gustog dima
Hlađani tihi vjetrić na krilu nebu diže,
Eno, i ševa laka na pozdrav leti njima,
S ljupkom ih pjesmom stiže.

Kako je svuda bajno! Hučni se Dunav plavi,
Na cvijetnim obalama bijelo pase stado,
Pod sjenkom gustog drvlja, kraj stada svog na travi,
Čobanče svira mlado.

Po dugoj bajnoj ravni gle klasje plodnog žita
Pod krilom lahorovim povija smjerno glavu;
A tamo opet kosac sa pjesmom poslu hita
I gustu kosi travu.

Al' što je tebi, srce, te tako biješ sada?
Oh, eto Fruške gore, Srijemu dična kruna!
O kojoj mnogo, mnogo snivaše duša mlada.
Slatkog čeznuća puna...

Oj, divna srpska goro, kapicu skidam s glave,
Sin kršnih surih st'jena žarki ti pozdrav šalje!
Klanjam se, klanjam tebi, prepuna vječne slave
Oj, goro Svetog Save!

Na groblju (I)

Hladno mi je... Hladno mi je...
Proljeća mi duša želi –
Al' proljeća moga nema,
Cv'jetovi su moji sveli.

O, kako je strašna java,
Kako li me kivno prati!
Ni to sunce s neba plava
Ne može mi dana dati.

Svud je ponoć, mrak i tama,
Kud mi suzno oko gledne –
Kao da mi dušu slama
Grdni teret sante ledne.

Ja bih htio ubrisati
S mutnog oka suze ove,
Al' ko može meni dati
Mjesto suza sreće nove?

Niko! Niko! Sve je svelo
Što sam svojom srećom zvao –
Ja sam svoje srce vrelo
U grob hladni zakopao;

Srce svoje: brata svoga,
Dva cvijeta – seje dvije,
Majku milu – milost boga,
Nju – to blago najsvetije.

Od mogile do mogile
Sumorna me tuga kreće,
Iz sna zovem svoje mile,
Al' ni jedno meni neće...

Tek što katkad šum preleti
I nada mnom lako mine,
Kao da mi glasak sveti
S neba šalju duše njine.

Ja ga slušam, a iz grudi
Otimlje se uzdah jadni,
Pa s jecanjem k nebu bludi,
A ja stojim kô kam hladni...

Na groblju (II)

Iznad mene šume čempresove grane.
Staro groblje spava... Ja ga tako volim...
Evo opet moje suze uzdrhtane –
Pada, pa se ljubi sa kamenom golim.

Ovdje mi je sestra... U proljeće jedno
S vijencem ljubicâ zaspala je ona –
Sa kupine slavuj jecao je čedno
Uz žalosni odjek oproštajnih zvona...

Ja sam one čase sve krvlju zapisô
U ruine puste – u to srce bono;
Val burnijeh dana ranu nije zbrisô –
Ja i sada gledam mrtvo lice ono.

Sreta me kad ponoć zvijezde izvede,
Kad srebrni mjesec u oblaku dršće;
Na čelo mi spusti usnice blijede,
Ljubi me i vodi na gluho raskršće...

Zbori mi o sreći prekogrobnog mira:
Gdje je svaki trenut vedar, blagodatan,
Gdje je vječni život, kô život leptira,
Slobodan, bez tuge, pun sunca, pa zlatan.

I dugo mi tako šapće prizrak tajni;
Ja kroz suze gledam njeno svehlo lice,
Dok po njenoj kosi vjetar uzdisajni
Leluja i ljubi mrtve ljubičice...

I smrvljena duša zaboli me jače,
I procvili srce kô sirota bona:
Ja čujem daleko kako slavuj plače
Uz žalosni odjek oproštajnih zvona...

Na grobu Joanikija Pamučine[9]

Blago grobu i u tami, što se sjaji
Gde kandilo pripaljuju naraštaji.
    Zmaj

O spusti se sa rajskih visova,
Sveta dušo, koju djela krase,
Pa u kolo srpskijeh sinova
Za čas stani, pa nam počuj glase.

Na tvom grobu, što ga trava skriva
I godine za godinom broji,
Evo danas Srbadija živa,
Ushićena tvojim radom, stoji.

U časima, kad svud bješe tama,
Ti si zublju prosvjete nam svio,
Srpskog roda i njegova hrama
Službenik si neumorni bio.

Tvoje slovo bješe melem rana,
Bješe iskra, što duhove kreće,
Tvoja ruka svakoga je dana
Srbu srpsko njegovala cv'jeće.

Što je narod, to si i ti htjeo,
Kud je narod, pošao si i ti,
Time sebi divan v'jenac spleo,
Što će trajan, što će vječit biti.

Nisi imô ni srebra, ni zlata,
Al' od zlata tvoj je duh nam bio.

---

[9] Osmog septembra [1896] ova je pjesma čitana na grobu pok. Pamučine, dobrotvora i književnika srpskog, po parastosu koji je dala srpsko-pravoslavna crkvena opština u Mostaru. (Prim. aut.)

U narodu gledao si brata,
S njim si pjevô, s njim si suze lio.

A mi danas lijemo ih jadni,
Da oduška svome bolu damo,
Jer međ' nama, sveštenice radni,
Sveštenika takvog ne imamo.

Srpski boli bjehu tvoji boli,
Srpska sreća bješe tvoja sreća,
Pa gle! Danas, kad se Srbin moli,
U molitvi i tebe se sjeća.

Slava onim', koji radit' mogu,
Pa ih narod poštovati znade
I moli se milostivom Bogu,
Da mu uv'jek takovijeh dade.

I mi danas molimo se žudno
I s tvog' groba podižemo glase:
„Daj nam, Bože, tako srce budno,
Koje samo srpske misli krase!"

Na grobu mile mi sestre

Milina se bješe razavila,
Sa cvijećem se gora okitila,
Priroda se zaodjela bajom,
Proljeće je obasjalo sjajom –
Kad se đenuh ja sa tobom tamo
Da mirisom grudi napajamo,
Da slušamo potočića zuja
I glas ljupki umilnog slavuja.
Mi iđasmo. Bješe danak svanô,
Zrak sunašca na cvjetiće panô,
A po njima rosica se blista –
Ljubljaše im rumenoga lista.
Ti s' ih brala... ao ljuta rano...!
A veselo ja te gledah stanô;
Ti kitice savijati uze,
Pa niz lice padoše ti suze.
„Šta je sestro? Što ti srce para
I na oku suze ti otvara?
Šta je sestro?" – ja ti rekoh tako,
... Ao crna, ao hladna rako...!

„Vidiš kitu ovog šarnog cv'jeća,
Što je dobih na dar od proljeća?
'Vaku kitu više nikad neću
Ja ubrati... Aco... umrijeću...
Jer mi bolja moje grudi muči,
Grka bolja... grka poput žuči...
Svaki dan mi moje tijelo slabi,
Skoro će me smrt crna da zgrabi..."
To mi reče, a to se ispuni.
Šesnaes' godina živila si puni',
I eto te sada zemlja krije,
Crni „kordun" na krstu ti s' vije...
Sa vijenca, što te mrtvu krasi,

Sićani mi sad dolaze glasi
Od listića veće požućeli'.
Kô da jedan sad mi od njih veli
„Tä ne tuži, zaman tugovanje,
Grobnica je svakom vječno stanje.
Ko se rađa taj mrijeti mora:
Bio sirak il' iz carskog dvora,
Zagrliće svakog ledna smrti,
U pepeo žiće mu satrti.
Ništa stalno na svijetu nije!
I sunce će jednom da se skrije!
Kroz vijekove sve će biti tama;
Zvjezdice će ostati bez plama.
Bog je vječan! A ostalo – što je
To v'jekovi u nestanak broje!
Seka t' spava, probudit' se neće,
S anđelima dušica joj liječe."

Još na grobu zborit' bih ti stio,
Al' sunašca zračak se već skrio;
Pomrčina, eno, širi krila,
Po obzorju svud ih je razvila.
Zbogom, sele, ja odlazim sada.
Spavaj mirno, sestro moja mlada...!

Na grobu srpskog sveštenika

Vasilija Ivezića

Moja duša odletila letom,
Odletila u gradinu vila,
S vilinskim se zagrlila cv'jetom
Pa od cv'jeća tebi v'jenac svila.

O pogledaj, uzoriti oče,
Slušaj šapat spletenih cvjetova:
Nit' mogile, nit' mramorne ploče
Sjaj na trnu viteških sinova!

S časnim krstom, duše pune plama,
Pred narodom stupao si smjerno,
U svetinji njegova hrama
Molio se i služio vjerno.

Nisi samo iz svetog putira
Pred oltarom narod pričešćivô,
Već pričešćem ljubavi i mira
Dušu si mu napajao živo.

Tvoji puti ne vodiše tamo,
Kud se kreće izdajstvo i zloba,
Slavu roda klicao si samo
Od postanka pa do hladna groba.

Lažni sjaj te zanosio nije,
Nisi dušu za nevjeru dao –
Ah, sa suzom koju narod lije
I ti, oče, proklinjat' si znao:

Laž, izdajstvo i duhove mrske,
Koje pakô po bespuću prati –

Kukavice, klevetnike drske,
Te mlijeko proklinje im mati.

Blago tebi! Tvoj je spomen trajan,
Tvoje čelo okaljano nije –
Pred Boga si otišao sjajan,
Rajska milost sad ti dušu grije.

Blago tebi! Tvom uzoru neće
Zbrisat' spomen vrijeme nit' doba,
Vjerno Srpstvo njegovaće cv'jeće,
Da sa cv'jećem okiti ti groba.

Na izvoru

O leptiri laki, svilenoga krila,
Je li koja cura sinoć ovdje bila?
„Vidjeli smo jednu s ibrikom u ruci,
I ruže je brala ovuda, po luci."

Je li njeno lice kô behar na grani?
Biju li joj sjajni pod grlom merdžani?
„Pod grlom joj puno sjajnijeh đerdana;
Lice joj je b'jelje no behar sa grana."

Vidjeste li oči i njezine veđe?
Jesu li joj kose plave ili smeđe?
„Kose su joj plave i od svile mekše,
Pod veđama tankim oči kô melekše."

U njedrima njenim je li zdrelo voće?
Zgara li je snaga pa ne znade što će?
„Po licu joj svuda žarka aspa bije,
U njedrima rastu krupne dunje dvije."

Znam, leptiri laki, svilenoga krila,
To je moja Jela sinoć ovdje bila.

Na Jadranu

Sjeni Antuna Fabrisa

Ustaj i huji, Jadran-more plavo,
Pjevaj mi pjesmu, još nedopjevanu,
Galebu, vjetru, zorama i danu –
Pjevaj mi pjesmu još nedopjevanu!
Ona je mila duši, srcu mome.
I kada silna zakoleba vodom,
I razlije se širokom slobodom
Pa oblak hvata i pod nebo stiže,
O, ja bih htio da u času tome
Zaronim tamo, u stihove njene
Pune korala, bisera i pjene,
I dušu svoju da prepunim njome,
Pa kad se na me grom i oluj krene,
Kad ljudska zloba u ponor me rine,
Da moja duša svetim gnjevom sine,
I gruhne silom pobjednom i jakom,
I zagrli se s nebom i zrakom,
Kô tvoja pjesma još nedopjevana,
Besmrtna pjesma suncem ovjenčana.
Ustaj i huji, Jadran-more plavo,
Pjevaj mi pjesmu, još nedopjevanu,
Galebu, vjetru, zorama i danu –
Pjevaj mi pjesmu još nedopjevanu!

Na Kosovu

Pobij barjak,
Barjaktare!
    Lake čete, ovde stojte!
Ustaj, kneže!
Ustaj, care!
    Jugovići s nama pojte!
Neka leti
Glas kô bura,
    I na Drini i na Savi,
    Neka jekne i nek javi:
Uz Kosovo,
Polje naše,
    Snova Marko Šarca jaše!
    Ura!

Šar planino
Goro stara,
    Sva u svetloj zori sini!
U tvom vrelu
Naših cara
    Trepte krune i rubini!
Pa zine li
Pakla bura
    Na tvoj Vaskrs, tvoje Cveti,
    Kô bogovi znamo mreti:
Pred barjakom
Horde naše
    Silan Marko Šarca jaše!
    Ura!

Na mermeru česme

Na mermeru česme sjedim, kafu pijem,
I pušim – preda mnom nargila klokinja.
Rani pramen sunca u drveću tinja
I đinđuve baca po baštama svijem.

Tamo gdje kržljava smokva uz mlin kunja
Moj komšija Ibro, s čibukom u ruci,
Čuči, vodu gleda i kako po luci
Rasipa se behar s jabuka i dunja.

Sve pjeva, Svrh granja, što se gusto splelo,
Meka, rana svila lagano se vije
No, ja bih se kleo, ono svila nije:

Sa mojom Šerifom to se sunce srelo,
I za njegov carski purpur zaplelo se
Nekoliko zlatnih nita njene kose...

Na mjesečini (I)

Zvjezdice se nebom zlate,
Među njima mjesec plovi,
A po kuća cijela sela
Svijetle se svuda krovi.

Po šumici glasak bruji,
Tičice ga mile daju,
A bubica sitna zuji
Po mjesečnom leti sjaju.

Pirka vjetrić sa svih strana
Pa cvjetiće zalelija,
A duša se moja mlada
Rajevanjem tu napija.

Tu sam sio na travicu,
Kraj potoka, meka, bajna,
Uzô sitnu tamburicu,
Pa uživah svijeta sjajna.

Uzdahnô sam dva, tri puta
Pjevajući prošlu slavu...
Tamburicu milu spustih,
I podigoh nebu glavu:

Kumovsku sam slamu gledô,
Zv'jezde gledô kako sjaju,
I bacô sam, srpsko čedo,
Pogled svakom neba kraju.

Zamislih se: ko to tajno
Krasno, plavo nebo stvori?
I sa milim da se bajno
Zvjezdicama blista gori?

Ko sunašce žarko dade,
I one mu zlatne zrake?
Tu prirodu ko sazdade
I miline prosu svake?

Tada mi se izdaleka
Nešto milim glasom javi:
Bog sve stvori – i čovjeka –
Njega ljubi, njega slavi!

Ja se trgoh – glasak čujem –
Pa sa strahom prošaputa':
Tebe ljubim, tebe štujem
Neizbrojno, Bože, puta!

Na mjesečini (II)

Oh, kako je ponoć mila,
   Kakav duši spokoj stvara!
Sa svjetlošću vječnih sila
   Bezbroj zv'jezda nebo šara.

Mjesec plavi kô na moru
   Sa jedrima šajke one.
Ne prolama pjesma goru;
   Sve u slatki sanak tone.

Ja se samcat budan krećem
   Kroz dolinu milocvjetnu,
Slušam lahor kako s cv'jećem
   Razgovara bajku sretnu.

Slušam potok što s' vijuga,
   Pa šumeći dolju para;
Slušam slavlja, što iz luga
   Sa pjesmom mu odgovara.

Slušam šapat gustih grana,
   U tišini što odl'jeće;
Slušam kako sa svih strana
   Pozdravlja me miris-cv'jeće.

Divan li si, sv'jete mili,
   Punan li si svetog čara!
Ja se klanjam onoj sili
   Što ljepotu ovu stvara!

Na molitvi (I)

Po šturoj raži titra crven meka;
Prašta se sunce i vrhove ljubi,
I plavo veče slazi izdaleka.

U strani guču planinski golubi,
Po koje stado čuje se iz dola,
I neko vikne i odjek se gubi.

Miriše paprat i borova smola,
I sve se više u sutonskom velu
Hercegovačka crne brda gola.

Plamenje vatre vidi se po selu
I povija se sa rudina goli'
Kô širok stijeg vojskama na čelu.

I kako prva rosa pada doli
I gine dana žega i tegoba,
Nadomak vatre gologlav puk moli,

Okolo sofre, oko svoga škroba,
Krst meće na se i svoj pogled boni
U nebo diže. I spokojno doba

Počinku tihom dokle tice goni,
Ja čujem, tamo s rudina i luka,
Gdje, mjesto zvona večernjijeh, zvoni

Nevidljiv lanac sa seljačkih ruka...

Na molitvi (II)

Hvalim Te i slavim, Bože moj,
  Ti mome rodu radosti daj!
Sa zlatnim štitom sve uza nj stoj –
    I svuda
    Gde je
      Moj narod lepi,
    Neka ga
    Greje
      Hrani i krepi,
Sa Tvojih oltara milosti sjaj!

Moj Oče, Kralju svrh zvezda svih,
  Isceli dugo paćeni rod!
Svuda gde noći beda su zlih,
    I gde nas
    More
      Grad crni tuče,
    Ti svetle
    Zore
      Prisluži luče,
I naše slave navesti god!

O Ti, što rosom napajaš cvet,
  U zlato sunca odevaš klas,
Na timor sjajni, gde šire let
    Krstaši
    Beli,
      Tamo, slobodi,
    Iz grotla
    Celi
      Moj narod vodi,
Care nebesni izbavi nas!

Na moru

Naperena jedra b'jela
Kao lake tice let,
Plovi šajka kao str'jela,
Upravila čili kret.

Blagi žubor razvio se,
Vali slave sunčev sjaj,
A tu slavu vjetri nose
U daleki neba kraj.

Više mene u visini
Uznio se ždrala roj,
Lete kraju u daljini,
Punoj cv'jeća zemlji toj.

Plovi, šajko, ne prestani –
Nek te vjetra nosi moć,
Mirisavoj, cvjetnoj strani
Moje srce želi doć'.

Tamo, tamo, kuda ždrali
Upravljaju laki let,
Tamo gdje se vječno hvali
Miomirom svježi cv'jet.

Tamo, gdje se bez prestanka,
Kô u raju nebesnom –
Čuje pjesma svakog danka
U odjeku veselom.

Tamo, gdje 'no ne prestaje
Osvićati zlatni maj,
Tamo gdje se zora sjaje.
Kô rubina dragi sjaj.

Plovi, šajko, a s visine
Štitiće te blagi Bog!
Plovi, šajko, u daljine
Do zlatnoga cilja svog!

Na mrtvoj straži

Svu noć oštra mećava mela,
Ne znaš puta, ne vidiš sela.

Kamen je pucô, s mraza plakô,
Cviljelo gorom drvlje svako.

On nijem bješe kao čelik,
Prisluškujući, gord i velik.

I svanu... Svuda smet do smeta.
Vrane se kupe na drveta...

On još na visu gora stari'
Sa puškom čeka i stražari...

Ogrnut mrazom, mrtav, ledan,
Stoji... I eno kô stup jedan,

Srebrn i sjajan, s vrha gore
Podupro plavo nebo zore.

Na obali (I)

Samcat sjedim na obali
Nedogledna pusta mora,
Mirno veče; vasionu
Mjesec zrači odozgora.

Samcat sjedim. Misli moje
U beskrajnost neba hitam,
U tišini šapućući
Ono plavo nebo pitam:

„Oj reci mi, nebo reci!
Doklena će suze livat',
Doklena će sirotinja
Pod tminom se jada skrivat'?

Da l' će vječno ljudska srca
Biti crna zloba sama?
Biti st'jena – kamen hladni,
Bez ljubavi svetog plama?

Oj dokle će, nebo, dokle
Uzdasi se ropski čuti?
Da l' će svanut' danak želja,
Kad će lance rastrgnuti?

Da im nakon tol'kih jada
Izmučenoj lakne duši,
Slobode im sunce zlatno
Suze s lica da osuši.

Oj dokle će...? Al' što pitam?
Tä sve zaman, sve zanago:
Sve će biti kako tebi
U visini bude drago."

Ali ja se toplo molim:
„Čuj me, Bože sila, moći!
Oj pomozi Srbu tvome
Razvedri mu mračne noći!"

Na obali (II)

Opet moje oko bludi
Preko tebe, vodo plava;
Tvoj mi talas prošlost budi,
Prošlost, koja mrtvo spava.

Znaš li, more, one dane,
Kada bijah tako čio,
Kad kroz hučne tvoje strane
Pjesmom slavljah život mio?

Znaš, u ona b'jela jedra
Kad zviždahu vjetri tvoji,
A misô mi tako vedra,
Nit' se plaši, nit' se boji?

Svud preda mnom cv'jeće bilo,
A ja leptir lak i čio,
Na cv'jetove spuštô krilo
I zlatnim se suncem grijô.

Kô tvoj talas, punan snage,
Kad bijelu grivu stresa,
I moje su želje drage
Dizale se put nebesa.

Dizale se... Al' gle sade:
Moje suze prah im rose –
Sve ih kida vihor jada
Kô oštrica britke kose.

Zovem, čekam dane one,
Al' se zalud njima nadam...
Na zapadu sunce tone,
Ja u mrtvu nojcu padam...

Na obali Drača

Ovdje pobi,
Barjaktaru,
   Svilen barjak, zlatne rojte!
Sokolovi,
Slavu staru
   Milutina kralja pojte!
Neka leti
Kao bura,
I na Drini i na Savi
Braći javi:
Naš je! Naš je Jadran plavi!
   Ura...!

O Srbijo,
Mili dome,
   Krasni li si lovor splela!
Po širokom
Skutu tvome
   I svetosti tvoga čela,
Snova, eto,
Pun azura,
Jadran sipa, iz dubina
I širina,
Sjaj korala i rubina
   Ura...!

Zdravo! Zdravo!
More plavo!
   Svoju krv smo za te dali,
Toplu, blagu,
Milu, dragu,
   Kô tvoj biser i korali...
Pa htjedne li
Divlja bura

S tebe da nas makne samo –
Mreti znamo –
Bez krvi te mi ne damo!
   Ura...!

Na očevu grobu

Baš kad svanu pramaljeće,
Kad izniče šaren cv'jet,
Kad s' probudi punan sreće
Iz mrtvila cio sv'jet;

Kad mišljasmo preveseli
U zeleni hodit' gaj
I uživat' oni vreli,
Taj jutarnji sunčev sjaj;

Kad mišljasmo trčat' gori,
Uz veseli pjesme glas:
Zao nam se udes stvori...
Plač i tuga stiže nas...

Ti nam ode, oče dragi,
Baš na sveti Đurđev-dan;
Tebe zovnu bože blagi
U nebeski vječni stan...

Ti izdahnu... iznebuha...
Tek za jedan tili čas...
Ljuta bolja tebe svlada,
Ne nađosmo tebi spas...

Obvio te sanak vječni,
Tvom životu dođe kraj...
Ti ucvijeli sinke tvoje –
Čuješ li nam, oče, vaj...?

Zbogom, oče, diko naša!
Spavaj mirno vječni san...
Bog ti dao srpskoj duši
U svom raju sveti stan!

Zbogom, oče...! Na grobu se
Opraštamo s tobom mi...
Al' u srcu sinak' tvojih
Tvoj će spomen živiti.

Na odru brata Jevtana

Tičice te zovu, eno poju glasi;
Cvjetići te žele, poljane i vrela,
I seja bi tebe zagrliti htjela,
Pa cvileći tužno čupa svoje vlasi,

No ti mirno ćutiš, naša nado svela.
Prekrštene ruke. Otkucali časi...
Tvoje bl'jede usne tihi osm'jeh krasi,
A san mirni pao preko tvoga čela.

Kao da si mlađan zagrlio liru,
Pa nježno popjevaš potoku i viru,
Proljeću i cvijeću, mladosti i sreći;

Kô da ne znaš, brate, jao brate, jao,
Da je bijeli danak sa tvoga neba pao,
I da ćeš sa njime u grob hladni leći...

Na po puta

Ostale su za mnom bašte jorgovana,
Sjaj proljeća moga, šum, pjesme i vrela...
Studena me jesen na po puta srela,
I po meni pada suho lišće s grana.

Kô ranjena tica, što bi nebu htjela,
Otima se duša iz olovnih dana,
Ali kobni vjetar grabi je sa strana,
Pa se natrag trgne premrzla i svela,

Moji vrti, više ne čekajte na me,
Vratiti se neću iz studene tame
Svog života... Sunce polagano gasne...

Hladni suton pada... Noć sve bliže ide...
Jednu crnu ruku moje oči vide –
I ja čujem samo udar tvrde krasne.

Na počinku

Odahnimo, Muzo, sred ovoga kuta –
U tihu naselju gdje slavuji poju!
Pošlje oštrih bodlja i sumorna puta
Nećemo li ovdje naći ružu koju!

O, koliko sreće u ove trenutke
Kad ne čuješ lažni smijeh karnevala,
I ne gledaš prazne ni lutke ni lútke –
Mumije bez krvi i bez ideala!

O, koliko sreće, i kad rane bole,
Gledati u svemu lik istine gole
I plakati dugo dok slavuji poju!

Ne idimo, Muzo, iz ovoga kuta;
Pošlje oštrih bodlja i sumorna puta
Uberimo ovdje barem ružu koju!

Na podvigu

Još me moja snaga ostavila nije,
Ja u duši ćutim žar i polet snova;
Ne plaše me noći ni glas kobnih sova,
Ni surovi puti što ih magla krije.

Ja nijesam u prah zaronio čelo,
Niti sam pod krstom pred ruljama pao;
Bog je srcu mome mnogo blaga dao:
Uzdanje u sebe i podvig na djelo!

Još mogu da stupam kroz vihore jada
I da patim s onim što ponižen strada
I meleme čeka za rane i bole.

Još mogu da prezrem one mirne svece,
Apostole lažne, farisejske žrece,
Što lukavo kleče i Bogu se mole...

Na posao

Hajd'mo, hajd'mo, braćo mila,
Budimo se iz mrtvila,
　Iz l'jenosti, pakla tog!
Bratsku ruku ruci dajmo,
Na posao pohitajmo,
　Blagoslov će dat' nam Bog.

Da nam dani razvedre se,
Da sa sebe teret strese
　Teških jada mili dom:
Treba muka – prezrimo i'!
Pred očima nek nam stoji:
　Služit' treba rodu svom!

Nek nas svuda trnje sreta
Nek nam svetom cilju smeta,
　Ne marimo za to mi:
Iza trnja cv'jeće niče,
Pobjedom se lavi diče,
　Iza borba krvavi'.

Zato napr'jed! – jer drukčije
Dobra nema, sreće nije,
　Ostaviće vječno nas;
Na posao, Srbadijo,
Ako ti je svet i mio
　Domovine drage spas...!

Na potoku

Polako suton prikrada se, slazi
U lisnu goru – u zavičaj mio;
Rađa se mjesec i po dugoj stazi
Padaju sjenke, i san trepti ti'o.

Šumore breze, dršće list do lista,
Mrmori potok ispod vrba stari';
Odbleskom mekim dijamanta čista
Modru mu trsku zlatan crvić zâri.

Noseći snoplje preko niske brvi
Na drugu stranu potoka, u selo,
Seljanka hodi, mlada, puna krvi;
Lice joj mramor, mjesečina čelo.

Gdje li je rasla ta ruža što gori?
Visoko, tamo gdje se jelen krije,
Gdje vjetar tiho s jasikama zbori
I bistra voda iz kamena bije.

Odar su njezin široki velenci
Od modrih trava. Tu, gdje ona sanja,
Potoci šume u dubokoj sjenci
I slavuj pjeva pod svodom od granja.

Nju plava jutra umivaju rosom,
A vjetar trepti i lako mirisnim
Češlja je krilom, i svilenom kosom
Vihori dugo pod brezama lisnim.

U vedre noći njen je pokrov mio
Od plava neba, mjesečine meke;
Njena su njedra vrt u kome ti'o
Počiva miris bagrema i smreke.

Ja za njom ginem! Njoj me duša vodi!
O, daj mi ruku, ja ću s tobom poći
U goru, u tvoj zavičaj! O, hodi,
S tobom ću biti i dane i noći!

I tamo, gdje se vodopadi dime,
Ljubiću tebe svojim srcem zdravim.
I tvoje slatko govoriti ime
Nebu i suncu i gorama plavim!

Na povratku

Ostavih tebe, prezreh tvoje suze,
I so i hljeb tvoj, topla grudo moja,
I drsko svete sve raskidah uze.

Spokojan dugog puta se ne boja',
Jer mišljah tamo zlatna vrela teku,
I u snu zlatnom sva mi duša poja...

Ja mišljah tamo naći ložu meku,
Nad kojom sreća svoje zlatne niti
Mrsi; i mesto ognjeva, što peku,

Preda mnom svuda da će duga biti;
I ja se na te više ne osvrnu',
Ne htjedoh izvor tvoga srca piti,

No odoh... Pa šta nađoh? Sreću crnu,
Magle i noć, grube kô put smrti,
I bezdan mukli gdje kobno posrnu'.

Na svoja leđa hrapav kamen prti',
I teški teret snagu mi je smakô,
I patnje su me oglođali hrti.

Prazno i mutno svanu jutro svako –
Tuđe me sunce ubi mrazom muka,
I ja sam plakô, ja sam dugo plakô.

Skini mi s leđa breme i bol guka
I napij dušu gdje čemeri gore
Kô požar jedan, kao mora puka.

Primi me u hlad tvoje tihe gore,
Gdje moje čelo neće trnje bosti,
I stišaj rane što me dugo more.

Na topla njedra, da odmorim kosti
I biljem vidam ubod oštre drače,
Primi me, rodna zemljo, i oprosti!

No ti si tužna... Ja čujem sve jače
Nad tobom kako crni dusi grokte,
Dok tvoje srce premire i plače.

Ja vidim kako svoje gnusne nokte
U njedra tvoja skup hijena rije –
Hoće da čupa i žedno, sve dok te

Teče, krv tvoju da loče i pije...
Ja vidim suze na tvom oku stoje
I glas tvoj čujem, što me bono bije:

„Rojevi moji više se ne roje,
Košnice moje sve su manje, manje,
Jer sve su manja srca djece moje.

Praznika moga jutro sve je tanje;
Pogažena su moja svetilišta;
Plod mojih polja sada tuđin žanje.

Ne traži ovdje kuće ni kućišta,
Ni tiha hlada, niti bistra vrela,
Sve drugi uze i ja nemam ništa..."

Ti tako plačeš, skrhana i svela,
I ja se ledim i duša mi pati.
I mutni oblak ne pada mi s čela.

Kuda ću sada? Koga li ću zvati?
Tebe, o tebe, opet zovem žedan!
Kad ništa drugo ne možeš mi dati,

O zemljo moja, daj mi bar grob jedan...

Na pripeci

Skupljeno i žedno ćuti stablo svako;
Ispucala zemlja, suhi ječam strši.
Vrelu jaru siplju i polja i krši,
I nigdje nijedan list da bi se makô.

Ovdje uz rijeku, uz kupine mrke,
Prikrila se stoka pa umorno dašće;
A tamo, u strani, osamljeno hrašće
Gdje prostire sjenku, uz rapave škrke

Pribilo se selo pa ubogo ćuti.
Staze prazne. Samo, prahom ogrnuti,
Niz drum s kljusadima odmiču čergaši.

Uz čupave majke gola, crnpurasta
Prikaskuju djeca... Cvrčak cvrči s hrasta,
I karavan miče. Stari drum se praši.

Na prodaju evo zeke

Na prodaju evo zeke!
Ko hoće da kupi
Neka odmah sa mnom amo
U pogodbu stupi!

Jeftino ću robu dati –
Jer taj lopov beli
U maminoj bašti kupus
Popasô je celi.

Brzo, brzo, amo mušterije,
Dok mi zeko šmignô nije!

Na prozoru

S prozora, što gleda u vrt pust i sveo,
Ja od zore slušam kako jedna zvonka
Melodija dršće i s grmlja obronka
Rasipa se zlatna i kraj trese ceo.

Ono se proleće povraća sa puta,
Već je blizu reke. Eno, iza vrba,
Pred njim trče hitra deca golotrba,
Po kosi beharom bajama osuta.

O proleće lepo, i meni se svrati,
Pa i moju baštu uvelu pozlati
Zlatom pesme tvoje i tvojega leta...!

No, gle, ono prođe! Ne pogleda na me...
Sa stabala mojih ne odlaze tame,
I u granju nigde ni pesme ni cveta.

Na putu

Hitri konji frkću. Moja kola nagle,
A tamo, daleko, u sumraku tamnom,
Sve se većma gube i ostaju za mnom
Oštre, gole grede i turobne magle.

Nigde nikog. Samo, dokle mirno tone
Novembarsko sunce, i za vrhom trne,
U strukama magle za mnom četa srne;
To su boli moji što me snova gone.

„O vi senke mutne, vi aveti blede!
Prođite se više smorena begunca,
Vratite se tamo u magle i grede,
Ja pokoja hoću! Hoću sreće, sunca!"

No zaludu vapaj... Sve bliže i bliže,
S barjacima magle grdni povor stiže
I kô gladni panter iza kola srne.

I ja čujem kako preko strana strmi'
Njegov divlji kikot širi se i grmi,
Kô hrid kad se ruši u bezdani crne.

Na rad

Na rad, nek nas sloga vodi!
Koga srpska majka rodi,
  Nek ne žali truda svog!
Tä zdrave su naše grudi,
U njima se plamen budi
  Čelikom nas stvori Bog!

Prezirimo l'jenost, pakô,
Poskočimo hitro, lako,
  Složno, braćo, svi na rad!
Sa radom se meti stiže
I novoj se slavi diže
  Čvrst i stalan jaki grad!

Sjetimo se prošlog doba.
Sjetimo se da u groba
  Mnoga stara sreća spi...!
Sa odvažnim voljnim radom,
S pouzdanjem, vjerom, nadom
  Možemo je dići mi!

Na rad, nek nas sloga vodi!
Koga srpska majka rodi,
  Nek ne žali truda svog!
Tä zdrave su naše grudi,
U njima se plamen budi
  Čelikom nas stvori Bog!

Na rastanku

(Beti Paoli)

Sjećaj se mene, kad u tuđem sv'jetu
Od tebe budem za vazda daleko,
Nek duše naše grle se u letu –
Na rastanku mi anđele, si rekô.

O, ako ima za me draži koje
Sjen prazna, što je žićem zovu ljudi,
Iz krila svoga zar da misli moje
Sjećanje zbrišu što ga ljubav budi?

Izvjesno pošlje tolikijeh ljeta,
Kad mladost prođe u plamenom žaru,
Kô i sad sjaće, u milini cv'jeta,
Blaga ti slika na duše oltaru.

Zar osmjeh mili zar tvoj glasak oni
Božanstvom što mi ispunjuje grudi,
U kome harfa Eolova zvoni,
U kom se pjesma heruvimska budi;

Zar kosu tvoju, s koje miris leti,
Pred kime cv'jeće opijeno pada,
Očiju tvojih onaj zračak sveti
Zar srce može zaboravit kada?

Ne, već kad svene mladost što te krasi,
Na licu tvome kad zora prerudi,
I sjede budu tvoje meke vlasi –
Zaviri tada posred mojih grudi;

Tu tvoja slika s mladošću i bujom
U istom sjaju blistaće kô sada,

Nedotaknuta vremena olujom
Svjetliće miljem kô boginja mlada.

Spaziš li onda da silno zatrepti
Plamičak sreće u dubini grudi.
Il' suzu ako iz oka poleti –
Znaj, tvoja slika sreću suzu budi...

Na rumene usne tvoje...

Na rumene usne tvoje
Jedan ružin listak pao;
Tu, pun čežnje, drhtao je
I milu ti dušu zvao.

U njoj mu je sunce bilo,
O njoj sanjô u samoći,
I šaptao ime milo
Duge dane, duge noći.

Ali zaman čežnja draga
Kad mrazevi pred njom stoje:
S tvojih usnâ oduva ga
Dah studeni duše tvoje.

Ti vidjela nisi tade
Kako tužno, bez pokoja,
S tvojih usnâ mrtav pade
Jadni listak – ljubav moja.

Na sestrinom grobu

Sve prolazi, pada,
Sve zaborav krije,
Ali moja tuga
Još prestala nije...

Još jednako srce
Uzdahe mi vije,
Još jednako suza
Za tobom se lije.

Ja ne mogu, sejo,
Uvenuli cv'jete,
Zaboravit' nikad
Uspomene svete.

Ja se sjećam, sjećam
Onih zlatnih dana,
Kad kucahu naša
Srca razdragana.

Ja se sjećam svega:
Kad, prepuni sreće,
Po poljani ravnoj
Izbirasmo cv'jeće...

Oh, sjećam se, sjećam
I ljubavi tvoje,
Sa kojom si uv'jek
Susretala svoje.

Što se više sjećam
Sve je tuge više,
Još ne može duša
Sliku da ti zbriše.

Sve prolazi, pada,
Ali tuga tajna,
U mojoj je duši
Kao vječnost trajna.

Valjda samo „časak"
Što me minut' neće –
Sa srca mi, duše
Tu tugu odn'jeće.

Ja ne mogu, sejo,
Uvenuli cv'jete,
Zaboravit' nikad
Uspomene svete.

Na Stražilovu

Koliko puta tebe pohodih mišlju mladom
   I ljubljah tvoja mjesta miline rajske puna!
U sanku kol'ko puta šetah se tvojim hladom
   I slušah slatke pjesme iz tvojih gustih džbuna,
Štono ih male tice, kazujuć' radosti svoje,
   Veselo poje!

Ali i na javi pohodi tebi, evo,
   Sin kršne Herceg-zemlje, oj goro puna slada,
Gdjeno je mlađani Branko najslađe pjesme pjevô
   I gdje mu zlatni spomenik u slavi blista sada,
Spomenik koji, ako vrijeme jednom sruši,
   U srpstva neće duši.

Oj druzi, braćo mila, dignimo pehar gori
   Žarkog i ljupkog vina – što nam ga Srijem dava,
Kliknimo jasno skupa, neka se do neba hori,
   Neka po Stražilovu zašumi cvijeće i trava:
     Slava ti, Branko, slava!

Na svetim grobovima

Sjeni Vojislavljevoj

Sklopivši oči, na krilima snova
Na vaše ploče gde se bršljan spleo,
Grobovi sveti srpskih vitezova,
Dolazim sada u bolima sveo...
Ovdje, gdje sreća leži nam i trune,
Gdje b'jelom orlu malaksaše krila,
Gdje pade svjetlost Lazareve krune
I Vuka prokle Nemanjina vila,
Vama ću pričat', o grobovi sveti,
O hladnom bolu u kom srce svelo,
O suzi ovoj što mi s oka leti
I vječnom mraku što mi tamni čelo.
Ustajte, kosti! Dižite se, žrtve!
Gledajte strane gdje vam Srpstvo strada,
Pazite kako usred noći mrtve
Guši se, davi u ponoru jada!
Raskinut v'jenac ljubavi, vrlina,
Još živi leglo odmetnika hudi';
Uzora nema, nema brata, sina –
Mala nam snaga, jer je malo ljudi;
Izroda jato još nam sreću davi –
U srce majke mač bodu krvavi.
Plačite, kosti, oj grobnice svete,
Jer našoj sreći izrodnici pr'jete...
Kosti se dižu i s grobova lete
Krvave kletve u sveštenom glasu:
„Prokleti da su... prokleti da su...!"

Gledajte kako izgledaju sada
Vrtovi srpski besplodni i prazni,
A omladina – uzdanica, nada –
Postala dremež i duhovni mazni;

Treba li zbora, uglađenih r'ječi –
Tu svoju snagu kušaju, ne štede,
Al' prazni govor jade nam ne l'ječi –
Trudi i podvig otadžbini vr'jede.
Radnika nema da se dignu smjelo,
Viteškim djelom da umore grudi,
Rosom života da se cv'jeće svelo
U srpskom vrtu ponovo probudi.
A majke naše u porodu svome
Ne glede više uzdanje i nadu,
Već slabe trske koje vjetri lome
I niske duše, koje puzit' znadu.
A nađe li se koje srce sjajno
Da pođe stazom koja sreći vodi,
Nebraća zlobom smjer mu truju tajno –
Kopaju groblje majci i slobodi,
I paklom prže ona sveta djela
Koja bi vila u vijence splela.
Plačite, kosti, oj grobnice svete,
Jer našoj sreći izrodnici pr'jete...
Kosti se dižu i s grobova lete
Krvave kletve u svještenom glasu:
„Prokleti da su... prokleti da su...!"

O, stan'te, kosti, stišajte se, boli,
Pa gled'te tamo naše hrame sjajne,
U kojim' Srbin svom se Bogu moli
Pritisnut morem nevolje beskrajne.
Oni što pričest iz putira daju,
Ocima svetim nazivlju se smjelo –
Od'jela njina gled'te kako sjaju,
Al' paklom gori njino crno djelo:
Krstom se krste, al' krstovi oni
Lažni su znaci pobožnosti blage,
Njih gnusno srce po bespuću goni –
Plač im je smijeh otadžbine drage;
Njihova duša rasadnik je hudi –
Demonskog smjera što vrline slama;
Namjesto Boga, u njima se budi

Duh niskih želja, zablude i srama.
Malo ih ima da im čista ruka
U hram sv'jetlom kandioce pali,
Malo ih ima što bi posred muka
Za svetu vjeru sebe žrtvovali.
Nečisto leglo, pokvarene duše,
Srpski nam oltar sa nevjerom guše.
Plačite, kosti, oj grobnice svete,
Jer našoj sreći izrodnici pr'jete...
Kosti se dižu i s grobova lete
Krvave kletve u svještenom glasu:
„Prokleti da su... prokleti da su...!"

Kunite, kosti! Sa grobova vaših
Plačite, sjenke slave neumrle,
Jer vaš se porod vašega djela plaši,
Kleca na putu vaše staze vrle.
Umire plamen viteštva i ljudi,
Orlova nema da slobodu jave,
Gorama srpskim mrtvi sanak bludi,
Pepeo cvili svetitelja Save...
Bačene gusle trpe bole svoje,
Guslaru srpskom srce jadom svelo,
A glasne strune poražene stoje,
Jer nema tića da im slave djelo...
Ustajte, kosti! Dižite se, žrtve!
Gledajte strane gdje vam Srpstvo strada,
Pazite kako usred noći mrtve
Guše se, davi u ponoru jada!
Raskinut v'jenac ljubavi, vrlina,
Još živi leglo nevjernika hudi';
Uzora nema, nema brata, sina –
Mala nam snaga, jer je malo ljudi;
Izroda jato još nam sreću davi –
U srce majke mač bodu krvavi.
Plačite, kosti, oj grobnice svete,
Jer našoj sreći izrodnici pr'jete...
Kosti se dižu i s grobova lete
Krvave kletve u svještenom glasu:
„Prokleti da su... prokleti da su...!"

Na ubogom polju...

Na ubogom polju moga zavičaja
Ne čuje se pjesma veselja i žetve,
Samo šum žalosni robinje Neretve
Hladan vjetar nosi preko pusta kraja.

Ovoj zemlji Gospod sreće dao nije,
Pritiskô je jadom i čemerom dugim;
Dok se sunce rađa narodima drugim,
Nas studena zima razdire i bije.

O, zar nije dosta nevolje i tuge,
I surova pute što reže i bode?!
Vaj, uzaman more naše krvi ode...
Moja jadna zemljo, mi smo i sad sluge.

Gdje su naše muke...? Gdje su naše žrtve?
Zar ne čuje niko: sve jače i jače
Krv naših otaca kako ljuto plače
I kako se tresu one kosti mrtve?

Teško nama...! Eno, tuđin se veseli
I sva blaga naša otima i hara...
I Bog mu pomaže i njime se stara,
A naš crni seljak crna hljeba želi.

Na ubogom polju svoga zavičaja
On ne pjeva pjesmu veselja i žetve...
Samo šum žalosni robinje Neretve
Hladan vjetar nosi preko pusta kraja.

Na vrhu Kačanika

Živojinu J. Rankoviću, potpukovniku

U grimizu zore, lep kô plod sa grana,
Kô polje gde rujni makovi se žare,
Sa litijom narod hrli sa svih strana
Uz klisuru pokraj Nerodimke stare.

S decom u naručju vedre majke hode;
Trče cure, momci, zažarena lika;
Nejaku unučad sedi starci vode,
I svi bi što brže na vrh Kačanika.

Onamo je Marko dojezdio danas –
Šarac kopa, rže, silan Marko pije,
A na travi sablje salomljene dvije
I dva koplja bojna... I Musa Arbanas,

Rasporen, držeći još balčak od srebra,
Leži nauznačke. Grdosija prava.
Tri mu srca plamte ispod troja rebra,
A na jednom, eno, ljuta guja spava.

„Tebe Boga hvalim!", šumi lišće s grma.
Poju reke, bašte, gajevi i vrela,
I sve... I dok zvona svud zvone kô srma,
I kô krune trepte gradovi i sela

U grimizu zore, lep kô plod sa grana,
Kô polje gde rujni makovi se žare,
S litijom narod hrli sa svih strana
Uz klisuru pokraj Nerodimke stare...

Na žalu (I)

Izronio mesec. Ovde, blizu seke,
Oseća se miris kadulje i smreke.

Prostrlo se more kô svileno platno,
I u noći spava providno i zlatno.

Jedna lađa sporo površinu reže,
Stari ribar tegli za krajeve mreže;

I na mekom sjaju, kao srma čista,
U širokoj pređi lov obilni blista.

S tornjem, u pristranku, malo selo ćuti.
Tiho. Svrh stene se krug meseca žuti.

Na žalu (II)

Svrh hridi sjedim. Na kamenja siva
Silazi suton i prozirna tama.
S jedrom, daleko, stremi lađa sama,
I zadnji galeb kruži. More sniva.

Negda, kô tica pun rodnih gnijezda,
Moja bi duša u ove trenute
Letila gori na svijetle pute –
Na sjajan susret srebrnih zvijezda.

Ovdje, na žalu, pokraj tvojih vala,
O more moje, nekada je blistô
Jedan dvor zlatan, kô stanište čisto
Perla i tvojih crvenih korala.

O znaš li, one noći kada prodre
Pjesma zvijezda, kako bi pun srme,
U akordima što radošću grme,
Tvoj talas pljuskô pragove mu modre?!

Pri mjesečini, pozno, kad se jave
I rode novi cv'jetovi u rosi,
Jedna bi nimfa, s ljiljanom u kosi,
Uz njih se pela dižuć' oči plave.

I na terasi, gdje ružine krune
Povijaju se, u šuštanju vela
Uza me ona veselo bi sjela,
Harfine tanke dirajući strune.

U tome času, s jedrima od platna
Plava kô nebo, popalo bi lukom
Brodova jato, a s njih mašu rukom
Radosti, sreća, i snovi... Sa zlatna

Balkona mi smo, na pozdrave njine,
Ruže i guste krune hrizantema
Bacali doli, puni toplih trema,
Na plavi zaton... Sve u sjaju pline –

Po talasima sirene se njišu,
I dok im vjetri mrse kosu dugu,
One zasiplju živo jedna drugu
Šakom korala... Stare bašte dišu

Okolo dvora; behar leti s grana;
Golubi moji, šušteći kô svila,
Srebrna svoja razvijaju krila
I prhnu luci s visokih altana.

I dok im trepte ispod grla šare,
Prelivaju se u čudesnoj boji,
Kako bi milo, golubovi moji,
Kružili jedra i zlatne brodare...!

O more, gdje su, gdje su časi oni?
Gdje su terase, ruže? Sreća gdi je?
Ja vidim ništa ostalo mi nije
Do magle što me udara i goni.

Skrhane lađe plutaju, a svrh te
Studene hridi golubova moji'
Srebrno perje raščupano stoji,
I mlade krvi tople kapi drhte...

Kako su sada moje staze oštre...!
Meni se čini, sve više i više,
Kô da uz pljusak jedne crne kiše
Po meni tuku gvozdene komoštre.

Gdje kročim, svuda samo grmlja drače,
Razvale, groblja zvijezda i nada...
Na stubovima srušenih arkada
Preda mnom moja zlatna nimfa plače.

Nada

Kad oblaci nebo skriju,
I u crno sve zaviju,
Pa od danka stvore noć,
Ko nam veli: „Sve će minut',
Kroz oblak će opet sinut'
Sunce sveto, božja moć?"

Kad nam snijeg dolje skrije,
Kad nas zima ledom bije
I srdito širi jed,
Ko nam duši glasa kreće:
„Doć će opet pramaljeće,
Rastopiće tvrdi led?"

Pa i starca, kom' su dani
Već života izbrojani,
Kom' je grobak iskopan,
Ko ga tješi u toj bijedi,
Pa mu šapće: „Starče s'jedi,
Još ćeš živit' koji dan?"

Kad nas sudba bičem šine,
Pa nam sreća naglo mine,
A dušu nam stegne vaj,
Ko nam ne da malaksati,
Ko nas milim glasom prati:
„Svakoj b'jedi dođe kraj?"

To je tajna sila sveta,
Što oko nas vječno l'jeta;
To je nada – rajska moć!
To je zvijezda najmilija,
Što nas krijepi, što nam sija
Kroza mrklu tavnu noć.

Naš apostol

Seni Jovana Skerlića

Ne, oblaci smrti pokrili te nisu,
U rukama tvojim jošte zublje gore!
Mi vidimo jasno gde se svake zore
U lepoti rađaš na dalekom visu –

Na gorama zlatnim tvojih zlatnih dela.
Još čujemo tebe i gledamo u te –
Pod zastavom tvojom omladina cela
S mladom snagom stupa na velike pute.

Vruća srca svoja tvojom verom poji,
Plašt ogrće na se plamenova tvoji',
I u duši nosi pesmu živih vrela.

Lepa deca Juga tvojom vatrom gore,
Tvojim letom lete – da te svake zore
Zagrle na visu tvojih zlatnih dela.

Naš stari dome...

Naš stari dome, kako si oronô!
Kapije tvoje niko ne otvara,
Po njima mirno crv dube i šara –
Grize, kô čežnja jedno srce bono.

Evo mi sobe! O duvaru jošte
Ikona visi, prašljiva i sama,
I u me gleda i šapće iz rama
O dobu sreće, djetinjstva, milošte.

Ovdje sam prve stihove napisô,
Ovdje je s dušom poletila misô
Visoko, tamo gdje se istok žari.

Ovdje mi negda bješe raj... A sada?
Na moje srce grobna zemlja pada,
I ja se rušim kô ti, dome stari...

Naša otadžbina

Otadžbino! Ko bi znao
Sve đerdane grla tvog,
Koje ti je navek dao
Iz kutije svoje Bog.

Najlepša si ti na svetu!
S tvoga nedra trepti raj!
Sav u sjaju, sav u cvetu,
Svaki ti se blista kraj!

Gde su pevci bogodani
Da u jedan sliju poj:
Sve lepote što ih hrani
Nepregledni prostor tvoj!

Svud jezera, reke, vrela,
Gde se plavi neba krug;
Svuda polja, njive, sela,
I do luga zelen lug.

Po pristranku stada divna
Rasula se kao sneg,
Dok u reci, punoj grivna,
Ogleda se s kulom breg.

Tamo, gdeno vila deli
Junacima lovor-cvet,
Svrh timora orô beli,
Krstaš orô širi let.

Pa gle gora gusti venac,
Gde se ljulja pesme zvuk!
Srbin, Hrvat i Slovenac
Tu zapinju zlatni luk –

Ako kada tu, pod jelom,
Svog dušmana čuju glas,
Da mu oštrom reču strelom:
„Stoj, dušmane! Evo nas!"

Otadžbino! Ko bi znao
Sve đerdane grla tvog,
Koje ti je nàvek dao
Iz kutije svoje Bog.

Kô najlepšu na tom svetu
Rukama te grli On,
Da bi večno, sav u cvetu,
Tvoj džinovski blistô tron!

Zdravo zemljo, puna raja!
Dok za vekom teče vek,
Nek sa svakog tvoga kraja
Razleže se slave jek!

Naša pesma

Putevi su naši putevi lepote –
Pogledajte, oni s alahom se ljube.
O hrastove njine krše se i krote
Sve vekovne bure naše svađe grube.

Na timoru bratstva, jedinstva i svesti,
Eno, naš se barjak leprša i vije –
Mi pevamo svetlu pesmu što će stresti
Svu hrđu gde ona još otpala nije.

Na nas vrani grakću, grakću sa svih strana,
Ali naše duše orlovi su lepi,
Pa pobeda grmi sa njinih megdana
I u špilju beže zlokobnici slepi.

Kolevka je ova zemlja bila nama
I jednako ona svima nam je mati,
Mi smo jedno vrelo iz jednoga kama
I imenom jednim svi ćemo se zvati.

Na očima našim više mraka nema,
Pred njima vidici otvoreni stoje –
Mi letimo sjaju carskih dijadema,
Gde ognjene duše zažižemo svoje.

Putevi su naši putevi lepote –
Pogledajte, oni s alahom se ljube.
O hrastove njine krše se i krote
Sve vekovne bure naše svađe grube.

Naša poezija

Kraljice moja, šta je s tobom bilo?
Gdje su ti sile, gdje je oganj sveti,
Tvoj glas božanski, što iz duše leti,
I tvoje misli ovjenčani zrak?
Zar tvoje srce, tvoje moćno krilo,
Tvoj žarki polet i istinu sjajnu
I tople nade i ljubav beskrajnu
Okova teški i duboki mrak?

Moj narod tebe ne poznaje više.
Ti si mu sada kô koketa prava
Što svakom milost i poljupce dava
I lažnim bleskom zavarava nas;
Blijedo doba s tvog čela briše
I zadnji spomen oreole tvoje,
Svetlosti neba pogažene stoje
I tvoj proročki sledio se glas.

Kako si jadna! Sputano ti krilo
U maglu srlja ne znajući metu;
Za lažni nakit i za toaletu
Ti si sve dala: istinu i žar;
I sada si pusta, kao što bi bilo
Nebo bez sunca, zv'jezda, zore plave;
U tebi nema kapi krvi zdrave –
Umri! Il' snova daj svetlost i žar!

Naši mornari

Mi ostavljamo tvoja topla nedra –
Zbogom, o zemljo sa žalima dragim!
Obaspi tvojim blagoslovom dragim
Kormilo naše, katarke i jedra!

Pred nama more pjeni se i muti
I čekaju nas ponori i spile.
Neka ih. Mi smo jači no sve sile,
Sve duše naše timori su kruti.

S burom ukoštac hvatamo se, mati;
Hoćemo sunca, hoćemo slobode!
Naš Markov topuz iskače iz vode,
On će nam snage za pobedu dati.

Prebrodićemo sve puteve smelo
I vratiti se preko zlih dubina,
Sa krunom punom carskijeh rubina –
Njome da tvoje ukrasimo čelo!

Za te će slatka biti smrti čaša!
A ti ćeš tvojim lovorom, što cvjeta,
Pokriti naše grobove, o sveta,
Topla i draga kolijevko naša!

Našoj gori

Al' divna bješe, goro, oj naša goro mila!
Divno je svuda majsko kitilo tebe cv'jeće,
Viš' tebe suri orô širio moćna krila
Kličuć' ti pjesme sreće...

Al' mjesto njega sada viš' tebe s' tama vije...
I mile grane tvoje, kô pakla demon klet,
Pomaman vihor lomi, mraznim te krilom bije,
Čupa ti svaki cv'jet...

Ne čuješ više pjesme, vesele pjesme tvoje,
Nad tobom vila plače, a krešti sovin glas...
Milosti za te nema – sve strane n'jemo stoje –
I nebo ne čuje nas...

Ne čuva se tako obraz i poštenje!

Gligoriju M. Jeftanoviću

Ne čuva se tako obraz i poštenje!
Ko hoće da narod i vodi i brani,
Taj u duši vječno muški ponos hrani –
On ne puzi, on se uz Golgotu penje.

Zastavu ti svoju bješe narod predô,
I za tobom pođe i u borbu stade,
Al' ti eto, vođo, posrnu i pade...
Gdje ti oči bjehu? Što nijesi gledô?

Zar ti što do juče bješe orô smjeli,
Ti u kog je vjera založena bila,
Zar blatom da sada kaljaš svoja krila?
Pred tiranom našim da poklekneš, je li?

On ti pruži časti, on te uvis diže,
A do juče, znaš li, s njime si se klao!
Gdje je ljudski ponos? On je eto pao –
Prevaljeni soko u prašini gmiže.

Može li ti narod prostiti to djelo?
Jesu li to puti duša svijetlijeh?
Ne, to je znaj, vođo, jedan teški grijeh
I ljaga što kalja junakovo čelo.

Ne čuva se tako obraz i poštenje!
Ko hoće da narod i vodi i brani,
Taj u duši vječno muški ponos hrani –
On ne puzi, on se uz Golgotu penje.

Ne gazite gusle naše!

Ne gazite gusle naše, jer će strašnu kletvu reći:
Otpadnici Boga živog, pred guslama treba kleći!
    Tu je narod duše slio
      S dušama se zagrlio,
Zaciknule duše jadom, kô na božjem strašnom sudu,
Spopašće vam čelo tama, smrtna strava dušu hudu.

Ne hulite ime naše, zar bez srca žive grudi?
Il' mislite neznalice, neznalice i neljudi?
    Tä ljudi smo, znamo mr'jeti,
      Kad imenu propast pr'jeti;
Znamo mr'jeti, znamo pasti, kô djedovi što nam paše,
Znamo skinut' sram i rugu, gnusnu ljagu s časti naše.

Ne sijte nam otrov-sjeme tamo, gdje nam cv'jeće niče,
Zar sinovi srpske majke podlacima da nam sliče?
    Vojvodinom Svetog Save
      Zar izrodi da se jave?
Pa da braći lance kuju, na muke ih više meću,
Grobnim mrakom da zastiru svoga roda milu sreću?

Ostav'te nas... Još je nade, pod pepelom žara ima,
Mutni oblak burom gonjen najzad plane gromovima,
    Kletve naše Bog će čuti
      I nebo će odjeknuti,
Po prsima majke naše krvca će se naša liti,
A u krvci, svetoj krvci, vi ćete se utopiti!

Ne kuni me...

– Pod prozorom –

Ne karaj me, milo zlato,
Što ti blage snove kratim;
Ah, ja ginem, ginem strasno
I od slatkog bola patim.

Meni srce mira ne da;
Ti ga, sunce, cv'jetom stvori,
Pa sad samo u te gleda –
Da procvjeta il' sagori.

Ne mogu...

Ja nikada tebe mrziti ne mogu
Tebe, b'jeli sv'jete, kom je mnogi dao
Ime crnog pakla, a na podsmjeh Bogu,
Što te svetom mišlju uskrsnuti znao.

Ne mogu te mrzit'! Tu pod nebom tvojim
Ja osjećam ljubav, što me s tobom spaja,
Ja pred tvojim likom s pobožnošću stojim
Kao čisti anđô pred dverima raja.

Jest, na brzoj struji, kojom život brodi,
Često ispih pehar pun jada i tuge –
Al' kad zlatno sunce na nebu se rodi,
Il' kad spazim tamo veličanstvo duge;

Kad proljeće mlado darove donese
I kad rosom prespe ljubičice plave,
Pa se s lakom ševom duša mi uznese
Daleko, daleko, u visine plave:

Ja u tome času zaboravim bole
I sve suze majke, što ih duša roni,
Moje usne šapću, tiho Boga mole,
I ja čujem kako glas nebesa zvoni.

Pa utješen vjerom zagrlit' bih htio
Nebo, sunce, brda zavičaja moga,
Pa da s njima zborim i šapućem ti'o
I ljubim ih tako do izdaha svoga!

Ne prespavaj vijek...

Ne prespavaj vijek, no pohodi one
Što nevoljno cvile sa surovih puta!
Njih, pogledaj samo, kao stoku gone,
Zar ne vidiš rane od željeznih knuta?

Je li ti u duši žar veliki Hrista,
Bije li ti srce vrlošću Čovjeka,
Vjeruješ li Slovo gdje Misao blista
I u slavu Oca teče kô rijeka:

Ne odvrati lice! Pruži ruke svoje
Onima u jarmu što nevoljno stoje
I čekaju sunca kroz maglu i oluj!

Pomozi i spasi! Nevolju spriječi!
Izgrli, ižljubi! Rane izliječi!
Il' ridaj i plači i sa bratom boluj!

Ne pristupaj

Ne pristupaj mome hramu,
U kome si sv'jetlost bila –
Pusti moju tugu samu
Da po njemu širi krila...

U tom hramu duše moje
Za te više mjesta nema,
Za te samo kletve stoje
Što ih mrtvo srce sprema...

Ne pristupaj, jer se s plačem
Osvetnička vjera budi,
Da krvavim jurne mačem
U ledene tvoje grudi.

Ne pružaj ruke!

Ne pružaj ruke sa plačem i tugom
Dok čuješ srce da kroz grudi bije!
Ne sklanjaj glavu niti budi slugom –
Sokolom budi što se nebu vije!

Sujeti mrskoj ne čini po ćudi,
U vrtlozima nevolje ne kloni!
Bezglasna st'jena ljutom gromu budi,
U sebi duša neka suze roni.

Uzdigni glavu, kao što vrh diže
Stoljetno borje, kroz oblak i tamu!
Život je borba – nek oluja stiže,
Sunce će snova rodit' se u plamu.

Uzdanjem svetim diži duhu krila
I budi borac koji časno pada;
Ali ne kloni pod teretom sila;
Sudbine gorke, nevolje i jada!

Nemoj da tuđa zalaže te ruka –
Ako si sirjak, ne daj duhu da je:
Znoj i krv tvoja, u vihoru muka,
Neka te hrani dok života traje!

Ne pružaj ruke! Nemoj biti slugom,
Sujeti mrskoj ne čini po ćudi!
N'jemo, kô st'jena, bori se s tugom!
Uz prkos sveme sv'jetu gordim budi!

Ne vjeruj...

Ne vjeruj u moje stihove i rime
Kad ti kažu, draga, da te silno volim,
U trenutku svakom da se za te molim
I da ti u stabla urezujem ime –

Ne vjeruj! No kasno, kad se mjesec javi
I prelije srmom vrh modrijeh krša,
Tamo gdje u grmu proljeće leprša
I gdje slatko spava naš jorgovan plavi,

Dođi, čekaću te! U časima tijem,
Kad na grudi moje priljubiš se čvršće,
Osjetiš li, draga, da mi t'jelo due,
I da silno gorim ognjevima svijem,

Tada vjeruj meni, i ne pitaj više!
Jer istinska ljubav za riječi ne zna;
Ona samo plamti, silna, neoprezna,
Niti mari, draga, da stihove piše!

Ne zastani!

Ne zastani! Sve dalje i dalje,
Tamo gdje te tvoja vjera zove!
Bog, koji ti svoju milost šalje,
Vodiće te na podvige nove.

Ne daj srcu da ga slutnja svlada,
Niti oku da ga suza rosi;
Tamo kud te zove snaga mlada
Svoj krst teški na plećima nosi!

Blago onom koga proviđenje
Pod bremenom put Golgote sprema!
Na nj svijetlo čeka vaskrsenje
I njegovoj slavi konca nema.

Pred njime će poniknuti zloba,
Što mu negdje oštri vijenac splela,
Kad on silan digne se iz groba,
A zâr božji zagrije mu s čela.

Ne zastani! Kroz maglu duboko
S krstom stupaj uz goletnu stranu!
Svoje čelo podigni visoko
I raduj se vaskrsnome danu!

Nemilosrdnom bogatašu (I)

Popô si se sred milina,
Dvor ti zlato, svila krasi;
Bogataš si od davnina –
Al', čovječe, prašina si.

Sirotinja tuži, cvili,
U jadu joj teku časi;
A ti ležiš u toj svili –
Al', čovječe, prašina si.

Do ušiju dopiru ti
Sirotinjske muke glasi;
Ti prezireš taj glas ljuti –
Al', čovječe, prašina si.

Ti je goniš, a ne vidiš
Kako suzom lice kvasi;
Ti si silan, ti s' ne stidiš –
Al', čovječe, prašina si.

Zamalo ćeš, oj smrtniče,
Na svijetu tako biti,
Zamalo ćeš, oj smrtniče,
Jer ć' i tebe zemlja skriti.

Preminuće sva milina,
Ostavićeš svoje dvore;
I oni će bit' prašina,
Vremena će da ih sore.

Imaj srca! Budi čovjek!
Nek te djela dižu svude,
Pa ćeš tako živit' dovijek' –
I kad t' jelo prah ti bude!

Nemilosrdnom bogatašu (II)

Al' si sretan, bogatašu,
　Imaš srebra, zlata;
Uživanja razna
　Od Boga ti data.

Bez muke i briga
　Sjediš u tvom stanu,
A od leda mrzne
　Srce sirotanu.

Kao guja cvili,
　Pa te tužan moli,
Da mu dadeš hljeba,
　Da gladi utoli.

A ti kanda ne znaš,
　Ne čuješ mu glasa,
Ne razum'ješ muku,
　Strepnje i užasa.

Na mekanoj svili,
　Pokraj tople peći,
U spokojstvu ležiš,
　U najvećoj sreći.

Al' sjeti se, sjeti
　I tog sirotana,
Pomozi mu sada
　Sred čemernih dana.

Ud'jeli mu jadnom,
　Ne goni ga s praga,
Oh, tako ti Boga!
　Oh, tako ti Blaga!

Imaj srce, s kojim
   Osjećaj se spaja;
Ne zaborav' na to
   U svili, sred sjaja.

Vrši dužnost svoju,
   Budi srcem čovjek,
Sirotana tješit'
   Slava ti je dov'jek.

Ud'jeli mu jadnom,
   Ne goni ga s praga,
Oh, tako ti Boga!
   Oh, tako ti blaga!

Nemir

O, kako me trese ovo gluho doba –
Mjesečina sjajna kao sedef sušti,
I šedrvan što mi pod pendžerom pljušti,
I dušeci ovi i mirisna soba...!

Gdje si...?! Tebe samo volim, rekla sam ti!
Ja sam tvoja bašta, i sve ljeto moje
Ove noći, dragi, meni svjetlilo je,
I po mome granju toplo voće plamti...

Na te čeka... Hodi, hodi mi što prije!
Hodi dokle hladna jesen došla nije,
Po plodove moje, iz maglenih luka!

Moj bumbule, sleti u jabuke moje:
Selimino njedro gori, sazrelo je –
Hoće tvoga stiska, hoće tvojih ruka...

Neretva

Nada mnom, u bašti, mašu breskve pune
Zelenih lepeza i prvog zarutka;
Pripilo se sunce i u lisne krune
Kao da bi htjelo sve zlato da utka.

Ja, naslonjen na zid, prekrštenih ruka,
Gledam kako doli, o hridinu šuplju,
Neretva se lomi, a s visokih kuka
Naga djeca skaču i s vikom se kuplju,

Dok najmanje jedno po prudu se valja.
Galebovi kruže. Nekoliko pralja
Pratljačama mlate, i o greben greda

Razbija se eho, mre. Rijeka čista,
Prepuna smaragda, putuje i blista,
I red bliskih kuća u njoj se ogleda.

Nesrbima

Podižite sile vaše,
Mi se toga ne bojimo?
Na poljima od megdana
Više slave mi brojimo!

Srbin nije slaba trska,
S kojom volja vjetra kreće,
Poginuće časno, sveto,
Al' se nikad klanjat' neće.

On je oblak, koji vječno
Svjetskog b'jesa bura goni,
Al' se silno nebo trese
Gromovima kad zazvoni.

Nije Srpstvo, nije, nije
Jedna mala kaplja rose,
Pod zaštitom Boga slave,
Okeanom stvorilo se!

Pa može li koja sila
Isušiti more ovo,
Na čijem se valu blista
Besmrtnosti zlatno slovo?!

Nek svi b'jesi paklom jurnu,
Nek se stravom munje pale –
Okean će uv'jek nebu
Veličanstvom bacat' vale.

Nevinašcu

Kô najljepše sunce na proljetnom danu
Tvoj osmejak blagi snaži me i grije –
A u slatkom sanku tvoja duša pije
Iz božje ruke anđeosku hranu.

Ja vidim anđelka kako s pažnjom bdije
I nad tobom drži svetog mira granu;
U kol'jevci tvojoj, u malenom stanu,
Tvoje carstvo mirno uzano ti nije...

No kad prođu dani, koji brzo lete,
Da l' će tvoje srce za tu čednost znati
I u sebi hranit' zrak istine svete?

Hoće li te tada blagosiljat' mati?
Hoće li ti sužanj da vijence plete
Ili će te novim tiraninom zvati...?

Nevjernica bajna

Umoreno sunce „zbogom" sv'jetu reče,
Na doline cvjetne spustilo se veče,
A u slatkom času tihanoga mira
Sjetne glase budi slavujeva lira.
I sve sebi mami, i sve sebi zove,
Neka sluša kome ljubav, pjesma gove.

Na obali kitnoj blaženoga Nila
Visoka se palma s granama uzvila,
Pod granama njenim, na travicu meku,
Sjetan pastir sjeo – s frule glasi teku.
A željno mu pogled pro ravnina bludi,
Neka tajna žudnja prožima mu grudi.

Za čas frula stane, stišaju se glasi,
Mjesto tanke frule čuju se uzdasi...
Oj što nema krila, oj što leta nema,
Da se njojzi tamo u dvorove sprema?
Ali našto krila, sama će mu doć'!
Da poljupcem njenim zasladi mu noć...

Nigdje duše žive, tek što lahor l'jeće,
Pa leluja travu i šareno cv'jeće;
Na nebu se, eno, i mjesec već plavi
U punome sjaju divotno pojavi,
Pa kô da mu veli: „Oj pastiru mladi,
Ne čekaj je, drugog sa poljupcem sladi..."

I ponoć već prođe i mjesec već zađe,
A još pastir mladi spokojstva ne nađe,
Jednako mu oko pro ravnina bludi,
Jednako mu žudnjom podižu se grudi:
Za čas frula stane, stišaju se glasi,
Mjesto tanke frule čuju se uzdasi...

A kad veo noći sa neba se diže
I na istok vedri mlada zora stiže,
Kad kroz cvjetne ravni, i dolju i goru,
Bezbroj glasa kliknu u jednom horu:
Nevjernica bajna s tuđincem je bila,
A mlađani pastir u dubini Nila...

Nezida (I)

Crtica iz hercegovačke prošlosti

I

Ako hoćeš da na javi
Anđeoski poznaš sjaj.
Ili cv'jetak mirisavi
Što izdiše slatki raj;

Ako tvoja misô živa
Za svemilja gine plam,
Il' za tajnam' što ih okriva
U vječnosti božji hram;

Il' ako si veće klonô
Pa životu tražiš dan:
A ti gledni čedo ono,
Što Arslagin krasi stan.

Haj, Nezide crno oko
Prožiže ti ognjem grud,
Dušu diže na visoko
I rajsku joj daje ćud.

Kad kroz guste kose njene
Tihog vjetra prođe šum,
Ružičin se miris krene
I opije tvoju um...

I voli je Arslan-aga
Milu šćerku, jedin' cv'jet,
Nema od nje dražeg blaga,
U njojzi mu sav je sv'jet.

Na ljubavi slatkom krilu
On je ljulja noć i dan,
I prostire meku svilu
Gdje boravi blagi san.
Teško slugi, koji ne bi
Poslušao njenu ćud!
Taj j' izbrojô dane sebi
I samrtni viđô sud...

II

Spustila se noćca čarobna i mila –
Naokolo svuda čas spokojstva vlada,
S daljnih gora vjetrić laka diže krila,
Pa u ravne dolje na cvjetiće pada.

Svud je tako mirno, svuda sanak šeće,
Samo jedna duša jošte budna stoji –
Kroz perivoj cvjetni Nezida se šeće,
Pa mirisnim zrakom željno dušu poji.

Pod ružicom gustom slavujak se prenô
Pa joj ljupko pjeva pjesmu svoga žara,
U zelenom lišću šapat se pokrenô,
Kô da s tajnim glasom neba razgovara.

Iz čašice male cv'jet joj miris nudi
I opojen pred njom lagano se njija,
U svjemiru pjesma anđelska se budi,
Pa se bliže njojzi na njedarca svija.

Zanesena miljem pramaljetne noći
I mirisnim zrakom, što ga vjetrić njija,
Topila se ona u svemilja moći
I slušala glasak što se s neba svija.

Ali najedanput prenu se i trže,
Kao duša, kada čudan-sanak sniva,

A kad l'jepi pogled u daljinu vrže
Vidje, gdje joj stupa jedna slika živa.

Nije slika sanka: kao hrast u gori
Što se nebu diže, pred nju hajduk stade –
junačkim pregnućem crno oko gori,
Široka mu pleća, snažne grudi mlade.

Kô sićane zv'jezde sjaju toke puste,
Te pred njima mrači mjesečina plava,
Po ramenu pao perčin kose guste,
Za pojasom ljuti jatagan mu spava.

Preplašena vrisnu, pa bježati krene,
Al' joj na put stade hajduk kroka laka:
„Oj, Turkinjo l'jepa, ne plaši se mene,
Nisam haramija, niti avet mraka.

Ja sam hajduk srpski, stan mi je u gori,
Podigoh se tamo sa zlotvora kleta,
Sa zlotvora, što mi mukom narod mori,
Rad zemlje se digoh, za prava joj sveta.

Jest hajduk sam ljuti, borba mi je sveta,
Ali hajduk sprski i ljubiti znade,
Oj, Turkinjo mlada, čedo rajskog cv'jeta,
Bez tebe mi nema života ni nade.

Nemam, nemam mira ni danju ni noći,
Otkad tebe poznah moje srce gori,
Zanesena duša tvoga milja moći
Samo tebe sniva, tvoje ime zbori,

Kada tavna noćca razvije krila
I spusti se sanak, zaspe gora, šuma,
A meni se čini da je zora mila,
Jer mi tvoja slika vlada carstvom uma.

Hoćeš moja biti, golubice b'jela,
Ti stvoreno čedo u poljupcu zore?

Za te srce bije, teče krvca vrela,
Za te, l'jepi stvore, moje grudi gore...!"

Zadrhtala moma, zadrhtale grudi –
Ponositi hajduk srce joj prisvaja,
U milju i stravi glas joj se probudi:
„Kaurine mladi, nas vjera razdvaja."

„Vjera... ali nikad naše ime milo,
Naša srca jednom srpskom krvcom biju,
Nas je jedne zemlje odnjihalo krilo,
Jedan isti zračak naše duše piju.

Ljubav, rajsko čedo, ona nema mjere –
Putima je njenim neuvelo cv'jeće,
Ne poznaje ona prepreka, ni vjere,
Slobodna je ona, slobodno se kreće..."

Kô na plavom nebu prvi sunca zraci
Zasinulo oko Turkinjice bajne:
Diže ruku, pa mu s grudi ružu baci,
Pa pobježe vješto u dvorove sjajne...

U junaku krvca zaplamtila živa...
Saže se, pa ružu mirisavu diže,
Na grudi je stiska, stoput' je cjeliva –
Pa prepunan nade svojoj gori stiže...

Ali od to doba mnoge noći bajne
Nezida je išla u perivoj cvjetni,
Slavuj samo znade za poljupce tajne
Što joj s usana pije onaj hajduk sretni.

Samo vjetrić onaj što pokreće granje,
Samo potok mali, što kroz cv'jeće hrli,
Samo zv'jezde vide tajno milovanje
I Nezidin šapat: „Oj, grli me, grli!"

Svaka misô njena na daleko leti
Za hajdukom srpskim u zelenoj gori,
Pa se u tom duša slatkih r'ječi sjeti
I ona ih često u samoći zbori:

„Ljubav, čedo rajsko, ona nema mjere
Putima je njenim neuvelo cv'jeće,
Ne poznaje ona prepreka, ni vjere
Slobodna je ona, slobodno se kreće...!"

III

Na sve strane milo prosulo se cv'jeće –
Kô u rajskom hramu svuda miris vlada,
Ispod ljupkog neba slatka pjesma l'jeće,
Sve se miljem kr'jepi, sve se sreći nada.

Samo krasno čedo Arslan-age silnog,
Nije više tako veselo i čilo,
Ne pol'jeće osm'jeh s lica joj umilnog,
Sjetno njeno čelo, sjetno oko milo...

Zaludu je babo miluje i mazi,
Zaludu je mnoge sluškinjice dvore,
Zalud sv'jetlo ruho i sjajni almazi,
Njeno mlado srce tajne tuge more...

Njene rubin-usne, gdje je šećer pao,
Preko volje mlada mora drugom dati –
Obećô je babo, obećô i dao...
I skoro će stići okićeni svati.

Đul-beg, Ture mlado, nigdje mira nema,
Troši blago svoje pa saraje diže,
Po odajam' meku, tanku svilu sprema,
Jer mu skoro, eto, Đul-Nezida stiže.

Oh, kako mu duša zlatne snove sniva
Kako mu se u njoj plamen strasti budi:

On će one usne da ljubi, cjeliva
On će mirisati Nezidine grudi...

IV

Mirna noći pala. Nebeskim svemirom
Njihaju se zv'jezde – zlaćani talasi,
A u sjajnom dvoru Arslan-age – širom
Razl'ježu se pjesme i veselja glasi;

Tamburica zvoni, sve dalje i dalje
Sićani joj zvuci u prostor se kradu,
Arslan-aga sjutra svoju šćerku šalje
Za ljubovcu milu Đuli-begu mladu.

Vesele se svati, redom age mlade,
Po prsima njinim vidiš zlato, svilu,
Sa mostarskom bistrom rakijom se slade,
Da ih bolje sanak zaljulja na krilu...

A zaklonjen sjenkom mirisavih grana
U vrtu je hajduk očekivô žudno,
Silno grudi dišu, duša uzdrhtana,
Čeznućem mu gori uv'jek oko budno...

Dok veselje teče, dok se Turci slade
Sa zanosnim glasom tamburice sitne,
U perivoj cvjetni Nezida se krade,
U divnome ruhu nevjestice kitne...

„Hajde, hajde, dušo – moj carevi gradu!
Bježi, bježi sa mnom u duboke gore,
Za nedragog babo udaje me mladu –
Sinoć su mi svati pohodili dvore.

„Al' neka ih, neka, zalud su im hodi,
Tebi evo dođoh, zaštitnik mi budi,
Oj, hajduče divni, sa sobom me vodi
Jer bez tebe moje uvenuće grudi...

„Od onoga časa kad se meni javi
Moja duša vene, uzdiše i gine,
A misô mi samo tebe jednog slavi –
Ja umirem za te, divni gorski sine..."

Pa kô leptir šarni na krunicu cv'jeta
Pada milo čedo junaku na grudi,
Planu hajduk sretni sa poljupca sveta
I preli se duša s božanstvenom žudi...

Iščeznuli glasi, izumrle r'ječi,
Samo im se usne u usne upile –
Slatko slavuj pjeva, mila pjesma zveči,
Iz sanka se bude zlatokose vile...

Pružilo se polje, svud se cv'jeće njiha,
A po cv'jeću hajduk pomno s pl'jenom gredi
Sa vedroga neba srebren mjesec sija,
Pa putnike noćne sa milinom sl'jedi...

U podnožju gore, hajdučkoga stana,
Starodrevni jedan manastir se diže
Oko njega lipe šume sa svih strana,
A između lipa bistar potok stiže...

Jošte noćca vlada, jošte danka nije,
U ćeliji stari iguman počiva,
Nad njim anđô mira sa svetinjom bdije
I dušom mu tiho spokojstvo razliva.

Al' na vrata neko najedanput lupi
I prekide sanak dobrom starcu blagom,
Zaškripnuše vrata, preda nj lako stupi
Ponositi hajduk s vjerenicom dragom.

„Blagoslovi, oče, igumane sveti,
Oprosti mi, što ti noćas ne dam mira,
Ti nam mlade duše s blagoslovom spleti,
U svetome hramu tvoga manastira.

Vjerenica moja Turkinja je mlada
Al' joj krvca gori u srpskome žaru,
Da joj drugo ime, nek se zove Nada,
Blagoslovi, oče – vodi nas oltaru."

Niz staračko lice potekoše suze,
Suze, koje samo dobra duša stvara,
Pa u suvu ruku brojanice uze
I odvede čeda u hram pred oltara.

Pred ikonom divnom svetitelja Save
Kandioce gori polako i ti'o,
A iguman diže ruke im viš' glave:
„Blagoslov vam, djeco, Bog vam čuvar bio."

A u tome trenu, u tom milom času,
Tajanstveni glasi zabrujaše širom,
Na mladence zračak purpurni se rasu,
Obasja im lica svetinjom i mirom...

V

S neba noćca diže krila
S gora bježi blagi san,
Na istoku zora mila
Sa poljupcem budi dan.

Slavuj pjeva pjesme blage –
Razl'jeva se rajska slas',
A u dvoru Arslan-age
Veselja je stao glas...

Snuždili se kitni svati –
Tavan im je, mutan gled,
Arslan-agu muka prati
i dušu mi bije led.

Gnjev mu sija s mračnog oka
Duboki mu ječi glas:

„Za din, vjeru i Proroka,
Zar đaurin kaljat' nas?

„Sram, poruga zar da pane,
Na Arslagin pošten dom?
Nek osvete puške plane,
Nek đaurin pozna grom.

„Azurala! Za čas', vjeru
Za Proroka i za din!
Ko je Turčin u poćeru,
Nek đaurski krepa sin!"

Al' sokola ko će stići
Kad razvije burni let?!
Ko se smije tamo dići
Gdje boravi gorštak svet?

U visini gore krasne
Srpski hajduk pjeva poj:
„Klikni, vilo, pjesme jasne,
Sav je danas svijet moj.

Meni nebo više dade
Neg' što ima c'jeli sv'jet,
U zagrljaj meni pade
Rajskog vrta prvi cv'jet!

Ne treba mi više sreće,
Sva je sreća meni dar,
Imam čedo, rosno cv'jeće
Pred njim gubi ljupku čar.

Imam zvijezdu! Šta su one
Što nebeski rese hram?
Pred njom nebo, sunce tone
Sažiže ih njezin plam!
Ja sam sretan kô što nije,
Goro čarna, sinak tvoj,

Sloboda mi odsvud sije,
Anđelak me grli moj!

Ljubi mene, moja Nado –
Meni te je dao Bog –
Nek izgori žiće mlado
Na plamenu oka tvog!

Pjevaj, goro, pjesmu milu
Nek je nebu nosi let!
Jer u tvome sada krilu
Anđeoski imaš cv'jet...!"

Nezida (II)

(Iz hercegovačke prošlosti)

Povrh kule Arslan-age,
Crni gavran razvi let,
S graktanjem se kuli nage
I skloni se u vrlet...

Palo krilo noći blage
Zemlju kr'jepe rajska slas',
A u kuli Arslan-age
Tamburica zvoni glas.

Arslan-aga mira nema
Sjutra mu je svečan dan,
On daljini šćerku sprema
U Đul-bega bogat san.

U odaji age mlade
Posjedale na ćilim,
S rakijom se bistrom slade,
I potežu gusti dim.

Po prsima s toka njini'
Ražljeva se zlatni sjaj,
Kao noći u tišini
Sitnih zv'jezda trepetljaj.

I već skoro eto dana,
Sa gora se krade san,
Turci piju bez prestana
I čekaju budni dan.

Šala teče, sm'jeh se hori,
Tamburica zvoni glas –

Samo jedne grudi mori
Bolna tuga i užas.

Svaki smijeh, šala svaka
Nezidi je smrtni cik,
Kao pustoš crnog mraka
Neveseo njezin lik.

Duši njenoj sve je gluho,
Crno, kao pakla bog,
Zalud biser njeno ruho
Kiti miljem čara svog.

Na prozor je sjela mlada
Daljom bludi njezin gled,
Kao da se nekom nada,
Pomno sluša svaki gred.

„Doće... doće... Al' već evo
Nadanju je mome kraj,
Snažnim krilom lupa petô
Da nav'jesti zorin sjaj."

„Borka nema... dan već sviće
Al' se gasi danak moj –
Eto skoro svati stiće
I razviti barjak svoj."

„Babo, babo, slavi sreću,
Kad ti jutros svane dan
Ti ćeš čuti radost veću,
Gdje se hori kroz tvoj stan..."

„Ova duša, grudi ove
Drugome su davno dar...
Borko, Borko... tebe zove
Moga srca silni žar..."

„Ali kad nam sudba brani
Vječni poljub, slavu, brak,
Nek proteku moji dani
Kad jutrošnji sine zrak."

„Tebi gvožđe, evo grudi,
Ti poljubi nevin lik,
Ti mi, gvožđe, jutros budi
Najmiliji vjerenik..."

I klonulo žiće mlado,
Ugasnuo oka plam,
Tajanstveni mir je vladô
Kô kroz rajski čisti hram.

Vedri istok sunce zlati,
Skladno pjeva tičji hor,
U to doba kitni svati
Pohodili nevin dvor.

„Azurala! Curu dajte!"
Barjaktarev ode glas –
„Hajte, curu ne čekajte!"
Kulom jeknu na užas.

„Oj, Đul-beže, sanjaj snove,
Nek te diže želja roj,
Ali nikad grudi ove
Obvit' neće stisak tvoj."

„Ljubav nema svoje mjere,
Čudnovat je njezin cv'jet,
Ne poznaje ona vjere,
Slobodan je njezin let."

I sve stade i zaćuta
I razvi se smrtni strah,
Vrh handžara oštra, ljuta
Oteo je nevin dah...

A viš' kule Arslan-age
Crni gavran razvi let,
S graktanjem se kuli nage
I skloni se u vrlet...

U vječnosti je mnoge dane
Odnijeo burni mah,
I pod kosom smrti hladne
Mnogog žića prestô dah.

Srušila se kula stara
Po njoj bršljan vije splet,
Ali kad se ponoć stvara
Tu uzdiše jedan cv'jet:

„Ljubav nema svoje mjere,
Čudnovat je njezin cv'jet,
Ne poznaje ona vjere,
Slobodan je njezin let..."

Ni prostor, ni sudba...

Ni prostor, ni sudba, što nam sreće brani,
Od mene te nikad rastaviti neće.
Kad na poljsko cv'jeće
Pada zračak rani,

Ja te gledam. Kad se zlatno sunce rodi,
Milujem ti vlasi. Kad mali slavuji
Zapjevaju slatko u šumskoj slobodi,
Tvoj mi glasak bruji.

Kad lagani vjetrić kroz ružice pirne,
Ljubim njedra tvoja. U zv'jezdama sjajnim
Gledam oči tvoje; i sred noći mirne
Ja se molim za te anđelima bajnim...

Nije davno bilo...

Nije, braćo, nije davno bilo,
Kad mi srce sreće pjesme vilo;
Nije, braćo, nije davno bilo,
Kad sam bio momče lako, čilo,
Kad sam mogô stići i uteći,
Igrat' kolo, svoga druga grleći,
A u grudi da mi buji snaga,
Od umora da nema ni traga.

Nije, braćo, nije davno bilo,
Kada sam se, momče, ponosilo:
Snažnom miš'com, što 'no mačem vlada,
Jakim grud'ma, gdje je plamen nada;
Jasnim glasom ljuljao sam goru
Kad bih jutrom pozdravljao zoru,
I osvitak bijeloga dana,
– Ao, pjesmo, dosad nepjevana...

Nije, braćo, nije davno bilo,
Kad sam imô moje zdravlje milo.
Kad sam bio kao bor u gori,
Sa kime se hladni vihor bori,
Ali, evo, izgubih ga rano,
Na grudi mi neki teret panô,
Pokraj srca bona mač me bode,
Po tamnini moje misli brode...

Ali neću, očajati neću!
Opet mene nade oblijeću:
Kada sine divno pramaljeće
Pa po goram' kad razaspe cv'jeće
Ja ću hodit' u te čarne gore,
U te divne, u vilinske dvore,
Šarno cv'jeće mirisat' će svudi
Miomir će izvidat' mi grudi...

Opet ću biti momče čilo,
Brzo, hitro kao tičje krilo,
Moć' ću kolo poigrati lako,
Grleć' druga, grleći ga jako;
Horiće se opet pjesme moje
Po gorici gdje i slavuj poje,
Moć' ću, rode, opet tebi služit';
Dužan sam ti – moram se odužit'.

Nimfa

Pređi pute, duge staze,
  O moj dragi, meni hodi!
Tajni časi evo slaze,
  Noć je puna jorgovana
I pahulje rosne s grana
  Padaju po vodi...

Ovdje ispod gustih iva
  Gdje se njiše trska mlada,
Tvoja draga tebe sniva,
  I u kose ljiljan meće,
I od slatke gine sreće,
  I tebi se nada.

Hodi... Stišaj slatke bole,
  Plam njedara mojih nagi';
Mjesec sjaje kroz topole,
  Moje srce strasno gori,
Beskrajna me čežnja mori –
  Ja umirem, dragi...!

Nisi samo srcu mila...

Nisi samo srcu mila,
  Što ti čednost lice krasi,
I što dahom rajskog cv'jeta
  Mirišu ti meke vlasi;

Nisi samo srcu mila,
  Što ti oko suncem grije,
Što su tvoje r'ječi blage
  Anđeoske melodije;

Nisi samo srcu mila,
  Što osmejak usta tvojih
U dubini duše mlade
  Diže oltar nada mojih;

Nisi samo srcu mila,
  Što si čedo raja sveta,
Već i stoga, što si pupolj
  Srpske grane, srpskog cv'jeta!

Noć (I)

Ne trepti list na grani,
Niti se lahor kreće,
Džbuni su uspavani:
Trava i rosno cv'jeće
Po tihom zraku siplju mirise daha svog.

Sa jatom snova tajni'
Anđeo mira bludi,
U visu zv'jezda sjajni'
Rajska se pjesma budi
I po svjetovi zračni s njome se javlja bog.

Podigni oči bajne
Hramu nebesa tije',
Nek vide zv'jezde sjajne
Najljepše zv'jezde dvije
U kojima se rađa svjetlost života mog.

Noć (II)

Noć je nijema,
Tebe nema,
  Nema sanka mog;
Duh se bori,
Jad ga mori
  Al' ne čuje Bog...

Čelo stisnem,
Ciknem, vrisnem,
  Zovem sreću, spas:
Gluho doba
S pusta groba
  Javlja mi se sovin glas.

Zv'jezde sjaju –
U mom kraju
  Samo golem mrak,
Samo katkad tvoja slika
Što ozari mučenika
  Kô mogilu varljiv zrak...

Noć (III)

Nebesa trepte. Gluho doba stiže,
Pletu se sjenke preko trava mekih;
Nad timorom se zlatna kruna diže –
Mjesec se vraća s puteva dalekih.

Kako je lijep, kako li je mio
Taj mladi putnik usred noći tije!
Darove zlatne, što ih s neba snio,
On plavom cv'jeću u čašice lije.

Miluje, ljubi polja i pristranke,
Blista na valu strmenijeh vrela,
I provlači se u maglice tanke –
U b'jela jata povrh mirnih sela.

Šapće i strepi s klasićem nemirnim,
Bdije nad sankom skrivenih ljubica,
Pa dalje plovi morima etirnim
U zlatnom kolu nesanih zvjezdica.

I mene zove, sankom me opija:
Dragoj me vodi u samotne dôce,
Zlatne joj ruže po kosama svija
I sa mnom ljubi pod b'jelo groce...

Noć (IV)

Kako je milo u ovoj samoći!
Jezero sjajno snom dubokim spava;
Treperi nebo, a tamo, u noći,
Obrasla trnjem streme brda plava.

Šumori vjetar i u polumraku
Miriše divljim ružama i smrekom,
A tamo tanka magla po vrbaku
Zamrsila se s mjesečinom mekom.

Pokriven granjem borovine modre,
Ja ležim ovdje na zaspaloj kosi;
Do mene jedva zrak mjesečev prodre
Sanjiv i blijed, okupan u rosi.

Jedna se grana povila pa ti'o
Šapće mi nešto, kao da je bajka,
Ili bi jedan sveti pozdrav bio
Što mi ga s neba dobra šalje majka?

Il' posvećena moja mladost rana
Pohodi mene u ovome kraju,
Pa priča meni, iz minulih dana,
O dugoj čežnji, poljupcu i raju?

O, ko bi znao? Tamo u vrbaku
Ja čujem šumor i molitvu snova;
Treperi nebo, a u polumraku
Umire tužno pjesma labudova.

Noć (V)

Ukočila se. Noć, kô avet strašna,
Zaprla nogom u zemlju, a glavom
U crni prostor neba nedomašna,
Pa šiba vjetrom i munjom krvavom.

Lomi se vazduh, i huji i ječi,
Okean sinji valom oblak hvata.
Na trošnom brodu zadnji mornar kleči,
I tešku sudbu on vidi i shvata.

I moli Oca... No još jednom voda
Širokim valom pljusnu preko broda,
I ču se prasak i pošljednji jauk.

I slušaj, negdje, kô da Gospod plače,
A Noć se ceri, i sve više, jače
Nebesa hvata kao crni pauk.

Noć je...

Noć je... Tebi nije san pokoja dao
   Da ti ljute rane u prsima hladi;
Sâm, bez druga, brata, neutješno gineš,
   Stradalniče mladi...

Gluha ti samoća okovala snagu,
   Pritisla ti srce spomenima dana,
Bez suze, bez bola, kad si sreću brao,
   Kô plodove s grana;

Kad ti duša tekla slobodno, beskrajno,
   Puna sv'jetlog sunca, kao talas oni
Niz pučinu plavu kad se burno otme
   I daleko skloni.

No sve je proteklo... Ti kroz suze gledaš
Dogorjele ognje i povelo cv'jeće;
Proljeće ti davno umrlo pod mrazom
   I vratit' se neće...

Al' čuj šapat oni! Slušaj šumor blagi!
To je sveti poziv Milosti i Tajne.
Zar ne vidiš majku?! Nad njom nebo plavo
I zvijezde sjajne.

Ona tebe zove – da razgoni oblak
Pod kojim ti zebu iznurene snage;
Za duboke rane mehleme ti nudi
   Obilne i blage:

Eno, bistre vode pod topolom struje;
Eno, laki vjetrić niz brda se svija,
A jezero plavo, puno zv'jezda zlatnih,
   Lagano se njija!

Zar ne vidiš u njoj Ljubav i Slobodu,
Ne osjećaš dušu što joj prostor kruži?!
Na njedrima njenim sveti su oltari,
Gdje sâm Gospod služi!

Hajde! Tu ćeš naći izgubljeno blago:
Utjehu za bole, srcu sreće trajne;
Zar ne vidiš Majku?! Nad njom nebo plavo
I zvijezde sjajne!

Noć je vedra

Noć je vedra, noć je tako mila,
Nebom trepti beskonačni sjaj;
Slatki sanak raširio krila,
Mirom krepi svaki kut i kraj.

Kroz daleku ubavu i cvjetnu
Pun ljubavi šumi potok drag,
A slavuja milopjesmu sjetnu
Po ravnina nosi vjetrić blag.

A ja blažen u spokojstva žaru
Grlim liru i budim joj glas,
Pjevam pjesmu ljepoti i čaru –
Duša slavi pramaljeća kras.

Boga slavim! Njemu himne leću,
Čiste himne iz srdašca mog!
On mi dade blaženstvo i sreću,
Slatku milost blagoslova svog.

Boga slavim! Njemu duša šilje
S toplom hvalom žarki slavopoj,
On mi dade najsvetije milje,
Ljubav tvoju i zagrljaj tvoj!

Noć pod Ostrogom

Odahnite, grudi, u ovoj slobodi,
Na ovoj visini gdje sâm Gospod bdije,
A ti, brdska vilo, amo k meni hodi
Da pjevamo pjesmu koja duše grije.

Gle, noć tiha brodi i odorom mekom,
Prepunom zvijezda, krš pokriva goli;
I ja čujem kako, u carstvu dalekom,
Pred oltarom neba za nj se Bogu moli.

Ovo nije vjetar sa visokih strana
Što polako slazi pa vrh grma tine,
To njezina duša miropomazna
U molitvi blagoj javi se i mine.

Dok tamo daleko, za vrhove one
Što se k nebu dižu kao znamen sveti,
Svečano i mirno jasna užba tone
I kô zlatna kruna spram istoka trepti.

U meni se rađa jedno zlatno doba,
Jedno žarko sunce sve veće i veće;
Kao da sam vladar od svijeta oba,
U duši mi puno pokoja i sreće.

Ovdje u slobodi blizu Boga stojim,
A preda mnom, doli, slobodna i smjela,
Plava Zeta teče i hujanjem svojim
Uspavljuje skromna crnogorska sela.

Kako je lijepa! Kako li je mio
Onaj govor vala u dubokoj noći!
Kô Simzerla dobra da se javlja ti'o
Svevaskrsnom pjesmom negdje u samoći.

O rijeko srpska, koliko je dana
Krv osvetna tekla u bistroj ti vodi!
Da sada, pod sjenkom lovorovih grana,
Putnicima pričaš o vječnoj slobodi!

Gledajući tebe ja, pun snaga novi',
Gledam u budućnost domovine moje,
I cjelivam dušom tebe i krš ovi,
Ovaj bedem tvrdi gdje orlovi stoje.

Ja znam: jednog dana sa obala tvoji'
Genije će poći preko srpskih strana,
I roblje, što sada pogruženo stoji,
Propojaće himnu vaskrsnijeh dana!

Hoće, akobogda! I grobovi travni
Naših praotaca plinuće u žaru,
Da pozdrave djela pokoljenja slavni'
I kandilo slave na srpskom oltaru!

Odahnite, grudi, ovdje, u slobodi,
Ovdje blizu neba, pod kivotom svetim!
Gle, nebesa trepte, zlatna užba brodi –
Vilo, daj mi krila, da letim, da letim.

Noć u Boki

Herceg Novi ćuti... Tek s Tvrtkova grada
Iz bršljana svelog, pun bola i jada,
Sveti glasak zvoni...
Da l' to dobri anđô nad mogilom nada
Blage suze roni...?
Il' ranjeno tiče u tu nojcu crnu
Sa počinka svoga s cijukom prhnu?

Ne, ja znadem glasak što se bolom kreće:
To Lovćenska vila na ruine sleće
Pa ih suzom kvasi.
Za zlatnijem dobom, što se vratit' neće,
Zlatne trga vlasi
I cjeliva bršljan – cigli v'jenac sveo,
Na razvali kralja što se tužan spleo.

Noć u Trpnju

Trpanj ćuti. Pred njim leži voda plava.
U daljini s lađe laterna se žari.
U obruču spila, kô same utvari
Što iz mora streme, mali zaton spava.

Sinoć otploviše ribari daleko,
Samo po zatonu vidim jednu barku,
S čeljadima, plovi. Neko vozi, neko
Stao, ostve drži i vreba, dok žarku

Rasplamtjelu zublju diže cura jedna
I njome svijetli. S mora nepregledna
Tiho vjetar dođe, i pramenje meko

Mrsi joj. Sve ćuti. Samo s hridi one
Gladan čagalj viče. I mjesec daleko,
Kô tepsija zlatna, za pučinu tone.

Noćna fantazija

Sedim na steni, blizu jedne crne
Studene reke, s obalama kukâ;
Kô vihor kada kruži preko luka,
Ona iz grotla svog huji i srne.

Majska noć. Ali kô svodovi kripte
Tamna, i jedva nazre se dno međe.
Pevaju tice sve ređe i ređe;
I u mom srcu kobne slutnje kipte:

Buljina negde čuje se na panju...
Ja htedoh da se duša noćas krepi
Na zlatnom vrelu melodija lepi',
No mraka ploča obara se na nju.

Evo ih...! Vidim pustahije stare –
Udesi noćni mašu mi sa vode...
U lađi sa dva krnja jedra brode,
A oči im se u dupljama žare.

Čuj, krešte! Muklo glas odleže dalje
Niz reku. Svaki, sur, ohol i ledan,
Na vratu drži helebardu. Jedan
Na kljunu lađe stoji s plamom palje.

Kô paučina na jedra se lepe
Perčini dima i kidaju snova.
Već korab stiže kraju, a s krova
Urliče besno četa noći slepe.

Jedan po jedan skokom grdne žabe
S palube skaču, a zelen i zao
Onaj sa paljom u pročelje stao
I za njim, eno, svi iz kuke grabe.

Pratim ih kradom. Gde će u to doba?
Na vrata moje bašte, eno, srnu...
I čuj, već udar ječi kroz noć crnu,
I daska praska, i rasprsla oba

Klonuše krila... Sad u lepom pitôm
Gradine moje, s tapšanjem i jedom,
Probiše hrđe... Stabladršću redom
Svilenim lišćem i behara kitom.

I snova udar za udarom poče –
Iverje sočno leti na sve strane,
Posrću stabla i krše se grane
Uz vodoskoke o pervaze ploče.

Rasipaju se pahuljice bele;
Po plotovima svetnjaci se skriše;
Odbegle tice iz gradine cele,
I mojih lepih stabla nema više.

Nikad mi nije 'vako duša zebla,
Niti je 'vaka zima tresla mene...
Pogledaj! Tamo sada grube sene
Na hrpu slažu oborena debla.

Onaj sa zubljom, zelen, dole kleče –
Pripali stabla; stade piska grana,
Pište kô deca kada sa svih strana
Oko njih grme pobune i seče.

Izbi dim gusti – pokuljaše riđa
Runa i začas poviše se svuda,
Još jedva što se pod pramenjem viđa
Putanja bela gde baštom krivuda.

Šinu bič jedan, pa drugi, pa treći
Plamena hitra, i kao merdžani
Varnice pršte, igraju po strani,
I požar raste sve veći i veći.

Kô polip, s bezbroj čoporka i knuta,
S iskrama, krvav, i viši od svije',
U ćemer neba plam uzdrhtan bije
Kroz dima vela čađava i žuta.

A naokolo, uz poslednje luče
Stabala mojih, dusi giblju stasom,
Igraju kolo i urliču glasom,
Kô da u badnje bezbroj malja tuče.

I noć sve crnja. Rekô bih da na nju
Rastopljen katran rijekama lije...
Strašna...! Sa kula pozna ura bije,
I negde buči buljina na panju.

Noćna pjesma malijeh Srpkinja

Oj zvjezdice naše mile,
 Što širite treptav sjaj!
Poigrajte lake, čile,
 Drž'te bratski zagrljaj.

I mi ćemo zagrljeni,
 Pjevat', širit' kola splet,
Nek se njiha premileni
 Od pjesmice gorski cv'jet.

Pjesmom ćemo slavit' Boga,
 Pozdravljati srpski rod,
I reći mu: „Samo t' sloga,
 Obnoviće slavni hod.

Zasjat' će ti sunce sreće,
 Rasvijetlit' tavnu noć,
A sa svake strane – teć' će
 Vrela, što će davat' moć.

Pašće okov sred ponora,
 Tvojoj muci doć' će kraj;
Pjevaće ti vila s gora,
 Minuće je ljuti vaj.

A soko će letit' sivi,
 Udešavat' burni klik,
Kad ti sloga, hoj oživi,
 Kad cjelivaš njezin lik!"

Rodu ćemo tako reći,
 Nas malenih čuće glas;
Zbližiće se slozi, sreći
 Kucnuće im željni čas.

Ded zvjezdice bajne, mile,
Raširite kola splet.
I mi ćemo s vama, čile,
Igrat', pjevat', slavit' sv'jet!

Nojca brodi...

Nojca brodi, zlatne zv'jezde vodi,
Na tvoj prozor mjesečina sjaji,
A ja hodim, sobom tugu vodim –
Mutno oko sjetnu suzu taji.

Gledam gore u prozore tvoje,
Čekam sreću da se meni javi –
Ali okna zatvorena stoje
I smiju se jadu što me davi.

Tako listak, kad se grobu sprema,
Plačuć' gleda u nebesa siva
Ali sunca, više sunca nema –
Mirno sunce za maglicom sniva.

Nostalgija

Ja vidim, kad tajno tvoja suza pada,
Na hladnoj terasi pri sjaju mjeseca,
I tvoj glas ja čujem kako bono jeca
Na odar od svile kada kloneš mlada.

Kô robinja crna, nijema i vjerna,
Tebe moja duša prati svako doba;
Zar ne čuješ nigda uzdah kô sa groba –
Ne osjećaš miris pelena čemerna?

U baštama tvojim ono rosa nije,
To su suze duše, što ih dugo lije
Pri sjaju zvijezda u gluhom pokoju.

U kandilu tvome to žižak ne gori,
To ti duša moja svoj blagoslov zbori
I prosipa na te tužnu svjetlost svoju.

Novi srpski mač

Kad strašna bura diže se smjelo
   Po nebu srpskom rastrije mrak,
Kad presta teći sreće nam vrelo,
   Kad sunca našeg potavni zrak;

Kad sa svih strana sudba nam crna
   Bičeve sprema da sruši nas,
Kad splete v'jenac oštroga trnja,
   Kad Srbu dođe krvavi čas;

Kad ono diže aždaja ljuta
   Otrovnu glavu na sveti dom,
Da Srba svakog proždre, proguta,
   Ognjište da mu satre grom!

Kad Srbin osta bez krune mile,
   Slobodu kad mu otrže vrag,
Kad na njeg' mnoge jurnuše sile,
   Da utre njemu ime i trag:

Preziruć' ropstvo, odvažno, čilo –
   Tješeći majci užasan plač,
Očevi naši na vraško krilo
   Jurnuše smjelo, trgoše mač!

Braniše njime slobodu svetu,
   I sunca opet zasija zrak,
Goniše njime aždaju kletu –
   I Srbin opet postade jak.

Al' doba ovo i ovi dani
   Za borbu drugi pružaju mač,
Čim ćemo blažit' bolove rani
   I tješit' majke tužne nam plač;

Čim ćemo opet do sreće stići
Podignut' njezin sv'jetao stan,
Čim ćemo opet slavu nam dići
Što 'no je sruši crn Vidov-dan.

Mač taj je, braćo, učenje škola,
Marljivost, volja, uzdanje, nad!
Dižimo škole! Ljubav i volja
Neka nas vodi na sveti rad.

Tä čujmo glasove Svetoga Save:
„Učite! Ljub'te se! To vam je moć:
To je mač novi, koji do slave
Dovešće braću kroz tavnu noć."

Novo pokoljenje

Pesniku Narodnog jedinstva (Petru Preradoviću)

Na vrelu bratstva oprasmo očiju vid,
I više mi nismo slepi...
Oprasmo mrlje, i krv, i greh, i stid,
I sad smo kô bogovi lepi!

Gle duše, što ih vekovni točio crv,
U jedan splele se venac –
Jedna je loza i jedna kraljevska krv
Srb, Hrvat i Slovenac.

Sa naših njiva jedan se hori poj
Uz naša rala i brâne –
Tri stara hrasta razdiru magleni sloj
I suncem ogrću grane...

U pokajanju prošle su rane i vred
Što smo ih borbama dugim,
Kada se kobno smejao satana bled,
Zadali jedni drugim...

S temeljem vere sagradili smo hram,
Podigli stubove trajne;
U kandilima zažegli svešteni plam
Vaskrsne misli sjajne...

U sveto kube molitve diže se glas
Iz grla miliona:
Bože bratimstva, Ti večno vodi nas
I štiti od faraona...!

Tamo, gde maše lovora zlatni splet,
Sad naši brodovi brode

Svrh bela jedra, olujni šireći let,
Klikće orô slobode.

Na vrelu bratstva oprasmo očiju vid,
I više mi nismo slepi...
Oprasmo mrlje, i krv, i greh, i stid,
I sad smo kô bogovi lepi!

Beleška o autoru

Aleksa Šantić, srpski književnik (Mostar, 27. maj 1868 – Mostar, 2. februar 1924). Pohađao je Trgovačku školu u Ljubljani, radio kao trgovac u Mostaru, potom se posvetio književnosti i kulturnoj delatnosti – bio je urednik časopisa *Zora*. Pisao je neoromantičarsku ljubavnu, pejzažnu i zavičajnu liriku elegičnog tona u rasponu od idiličnih slika detinjstva do turobnih, a sporadično i socijalno-kritičkih slika savremenosti. Napisao je i dve uspele jednočinke u stihu, *Pod maglom* (1907) i, prema motivima narodne balade, *Hasanaginicu* (1911). Ljubavnim pesništvom nastalim pod uticajem muslimanske narodne pesme stekao je trajnu popularnost i status barda srpskog i bosansko-hercegovačkog pesništva orijentalne atmosfere. U rodoljubivom pak pesništvu služio se njegoševskom stilizovanom frazom u maniru devetnaestovekovne sentencioznosti i patosa. S nemačkog je prevodio H. Hajnea i F. Šilera. Pesme je skupio u više izdanja zbirke *Pjesme* (1891, 1901, 1908, 1918), te u zbirci *Na starim ognjištima* (1913).

Sadržaj

Prolog	5
Ako hoćeš...	7
Ako hoćeš pjesme moje...	8
Ako moje pjesme...	9
Akšam	10
Ali-begov sevdah	11
Anahoreta	14
Anđeo ljubavi	16
Anđeoska slika	17
Apoteoza Zmaj-Jovanu Jovanoviću	19
Avali	25
Badnje veče	27
Bajka	28
Balada	30
Bard	31
Beg Rašid-beg	32
Begler-beg	33
Begovima	35
Behar	36
Beli zeka	38
Besmrtnom Ljubi Nenadoviću	39
Bilo jedno momče Crnogorče	40
Bir Hadži-Bobo	43
Blago nama	45
Blago tebi...	46
Bog se smilovao	47
Boginjo	48
Boka	49

Bolnik	50
Bolovi	52
Bona Najlo...	53
Borba	54
Bori se...!	55
„Bosanskoj Vili"	57
Božanski poj	59
Braća	60
Braći	63
Brankova duša	65
Ciganče	67
Cigančica	68
Crnku	69
Crnogorka	70
Crv	71
Cvijetak u rosi	72
Časovi	73
Čekanje	74
Čela	75
Čestitka	76
Čežnja (I)	77
Čežnja (II)	78
Da li čuješ...?	79
Danilu Iliću i njegovim drugovima	80
Divna je zora	81
Dok je snage...!	82
Duša	84
Đačka pjesma	85
Đurđevo jutro...	87
Đuri Jakšiću	88
Ej konjicu...	90
Elegija (I)	91
Elegija (II)	93

Emina	94
Epilog	95
Esad-paši	96
Fantazija	97
Gavranovi	99
Gavrilo Princip	101
Gdje mnidijah...	102
Gdje je razmah snage?	104
Gledao sam	105
Gledao sam...	106
Gledao sam nebo...	107
Gojkovica	109
Gola nam je zemlja...	110
Golom stijenju	111
Gondže ružo...	112
Gore naše...	114
Gori	116
Goro moja...	117
Gorštak	118
Gospođici	120
Grivna (I)	121
Grivna (II)	128
Grivna (III)	136
Guslama	140
Hadži-Patak	142
Hafizov raj	145
Haj, nek planu srca mlada!	147
Haj veselo!	148
Hajde, dušo...	149
Hajdemo, muzo...	150
Harfi	151
Harfo moja...	152
Hej, slavno je Srbin biti	154

Hercegovac na molitvi	155
Hercegovac na stijenju	156
Hercegovče	158
Himna (I)	160
Himna (II)	162
Himna (III)	163
Himna (IV)	164
Himna (V)	165
Himna društva „Prosvjete"	167
Hljeb	168
Hodi, draga...	169
Hodi, milo čedo moje	170
Hor Srpkinja	171
Hraniteljka	172
Hristos plače	173
Hristov put	174
Hrizantema	175
I opet mi duša sve o tebi sanja	176
Idila	177
Igralo se more...	178
Imade vas mnogo...	179
Istočni zraci	181
Iz Bir Hadži-Bobina dolafa	188
Iz bolničke ćelije	192
Iz daljine	194
Iz „Ljubičica"	195
Iz „Salona"	198
Izabranik	200
Izgnanik	201
Ja i moj prijatelj	218
Ja mišljah...	219
Ja na brdu – zora sviće	220
Ja ne mogu ovdje...	223

Ja ne znam da si meni...	224
Ja te ljubim...	225
Jedan lovorov list	227
Jedna noć despota Đurđa Brankovića	228
Jedna suza	230
Jedno veče	231
Jednom danku...	232
Jela	233
Jelka	235
Jesen	238
Jeseni moja...	239
Jesensko veče	240
Jesenje strofe	242
Jesenji dan	243
Još ljubiti mogu...	244
Junacima	245
Jutarnje zvono	246
Jutro	247
Jutro na Kosovu	248
Jutro žetve	249
Kad svene milja...	253
Kajmakčalan	254
Kako je svuda tamno...	255
Kamotuča	257
Kiridžije	258
Kletva	263
Ko mi može pesmu uzet'	264
Kobna večer	265
Koga da poštujemo?	266
Kolebanje	268
Koliko puta...	269
Komšinice	271
Kosovka	272

Kosovsko cvijeće	274
Kovač (I)	276
Kovač (II)	277
Kraj	278
Kralj i prepelica	279
Kralju Petru	280
Kumanovo	282
Lahor	284
Laku noć	286
Laku noć...!	287
Laste	288
Lav	289
Legenda	290
Legija smrti	291
Leptir	292
Leptirova pjesma	293
Lijepa je Hana...	294
Lovćenu	296
Lucifer	297
„Luči"	298
Ljeljov dar	300
Ljubav (I)	301
Ljubav (II)	303
Ljubičici	304
Ljubi...!	305
Ljubim...	306
Ljubim li te...?	307
Ljubimo se	308
Maj	309
Majci (I)	311
Majci (II)	313
Majci svoga naroda	314
Majčin govor	316

Mala Srpkinja	317
Malom Milenku	319
Marseljeze	320
Materi	321
Mati (I)	323
Mati (II)	325
Mati (III)	326
Među Srpkinjama	328
Mesečina	330
Meteor	331
Mi smo na po puta...	332
Mi znamo sudbu...	333
Mila	334
Mileti Jakšiću	335
Milivoju Dragutinoviću	336
Milo mjesto	337
Mirna noć	338
Mirte	339
Mis Irbijeva	346
Miti Popoviću	347
Mitos	349
Mjesec je sjao...	350
Mjesecu	353
Mladencima	355
Mladi mornar	356
Mladoj Kosovljanci	357
Mladoj Srpkinji	359
Mladom prijatelju	360
Mladost (I)	361
Mladost (II)	363
Moj otac	365
Moj život	366
Moja je budućnost...	367

Moja komšinica	368
Moja ljubav (I)	370
Moja ljubav (II)	371
Moja molitva (I)	373
Moja molitva (II)	374
Moja noći...	375
Moja otadžbina	376
Moja pjesma	377
Moja soba	378
Moja staza	379
Moje Srpstvo	380
Moje tice, zbogom!	381
Moja tico mala...	382
Moja zvijezda	383
Moji očevi	384
Moji putevi	385
Mojoj seji	386
Molitva	387
Molitva...	388
Molitva male Zorice	389
Moliš se...	390
Momčilo	392
Mome anđelu	393
Mome bratu u daljini	394
Mome milom drugu	395
More	396
Mornaru	398
Moru	400
Mrak	401
Mraz	402
Muzi	403
Na brijegu	404
Na čelu ti sunce blista...	405

Na dan prenosa kostiju Gavrila Principa i njegovih drugova	406
Na dnu vala	407
Na Dunavu	408
Na groblju (I)	409
Na groblju (II)	411
Na grobu Joanikija Pamučine	412
Na grobu mile mi sestre	414
Na grobu srpskog sveštenika	416
Na izvoru	418
Na Jadranu	419
Na Kosovu	420
Na mermeru česme	421
Na mjesečini (I)	422
Na mjesečini (II)	424
Na molitvi (I)	425
Na molitvi (II)	426
Na moru	427
Na mrtvoj straži	429
Na obali (I)	430
Na obali (II)	432
Na obali Drača	433
Na očevu grobu	435
Na odru brata Jevtana	437
Na po puta	438
Na počinku	439
Na podvigu	440
Na posao	441
Na potoku	442
Na povratku	444
Na pripeci	446
Na prodaju evo zeke	447
Na prozoru	448
Na putu	449

Na rad	450
Na rastanku	451
Na rumene usne tvoje...	453
Na sestrinom grobu	454
Na Stražilovu	456
Na svetim grobovima	457
Na ubogom polju...	460
Na vrhu Kačanika	461
Na žalu (I)	462
Na žalu (II)	463
Nada	465
Naš apostol	466
Naš stari dome...	467
Naša otadžbina	468
Naša pesma	470
Naša poezija	471
Naši mornari	472
Našoj gori	473
Ne čuva se tako obraz i poštenje!	474
Ne gazite gusle naše!	475
Ne kuni me...	476
Ne mogu...	477
Ne prespavaj vijek...	478
Ne pristupaj	479
Ne pružaj ruke!	480
Ne vjeruj...	481
Ne zastani!	482
Nemilosrdnom bogatašu (I)	483
Nemilosrdnom bogatašu (II)	484
Nemir	486
Neretva	487
Nesrbima	488
Nevinašcu	489

Nevjernica bajna	490
Nezida (I)	492
Nezida (II)	502
Ni prostor, ni sudba...	506
Nije davno bilo...	507
Nimfa	509
Nisi samo srcu mila...	510
Noć (I)	511
Noć (II)	512
Noć (III)	513
Noć (IV)	514
Noć (V)	515
Noć je...	516
Noć je vedra	518
Noć pod Ostrogom	519
Noć u Boki	521
Noć u Trpnju	522
Noćna fantazija	523
Noćna pjesma malijeh Srpkinja	526
Nojca brodi...	528
Nostalgija	529
Novi srpski mač	530
Novo pokoljenje	532
Beleška o autoru	535

www.ingramcontent.com/pod-product-compliance
Lightning Source LLC
Chambersburg PA
CBHW021845300426
44115CB00005B/19